Wolfgang Wessely • Casebook Strafprozessrecht

manual

Wolfgang Wessely

Casebook Strafprozessrecht

13., überarbeitete Auflage

Wien 2025

facultas

Dr. Wolfgang Wessely ist Privatdozent an der Universität Wien und Außenstellenleiter am Landesverwaltungsgericht Niederösterreich

Bibliografische Information Der Deutschen Nationalbibliothek

Die Deutsche Nationalbibliothek verzeichnet diese Publikation in der Deutschen Nationalbibliografie; detaillierte bibliografische Daten sind im Internet über http://dnb.d-nb.de abrufbar.

Alle Angaben in diesem Fachbuch erfolgen trotz sorgfältiger Bearbeitung ohne Gewähr, eine Haftung des Autors oder des Verlages ist ausgeschlossen.
Copyright © 2025 Facultas Verlags- und Buchhandels AG
facultas Universitätsverlag, 1050 Wien
www.facultas.at, office@facultas.at
Alle Rechte, insbesondere das Recht der Vervielfältigung und der Verbreitung sowie der Übersetzung, sind vorbehalten.
Satz: Wandl Multimedia-Agentur, Groß Weikersdorf
Printed in the EU
ISBN 978-3-7089-2455-7

Vorwort

Die Erfassung des Strafprozessrechts bereitet dem Studierenden erfahrungsgemäß häufig Probleme. Dieses Buch soll – durch eine Darstellung des Stoffes anhand kleiner Fälle – einen Beitrag dazu leisten, das Verständnis des Strafprozessrechts zu erleichtern.

Es soll und kann keinen Ersatz für ein entsprechendes Studium der gängigen Lehrbücher darstellen, versteht sich aber als eine Ergänzung im Sinne einer effektiven Prüfungsvorbereitung.

Das vorliegende Werk berücksichtigt die Änderungen insbesondere durch das Strafprozessrechtsänderungsgesetz 2024, BGBl I 2024/157, und spiegelt damit die seit 1. Jänner 2025 maßgebliche Rechtslage wider.

Ich hoffe, dass das vorliegende Werk seinem Zweck, das Strafprozessrecht anschaulich darzustellen, aber auch ein entsprechendes Problembewusstsein zu wecken, gerecht wird.

Wien, Juni 2025 Wolfgang Wessely

Inhaltsverzeichnis

Abkürzungsverzeichnis

ABGB	Allgemeines Bürgerliches Gesetzbuch, JGS 1811/946 idgF
Abs	Absatz
aE	am Ende
aF	alte Fassung
aM	anderer Meinung
Anm	Anmerkung
AnwBl	Österreichisches Anwaltsblatt; zitiert: AnwBl Jahr, Seite
Art	Artikel
arg	argumentum
AVG	Allgemeines Verwaltungsverfahrensgesetz 1991 (AVG), BGBl 1991/51 (WV) idgF
BA	Bezirksanwalt
BG	Bezirksgericht
BGBl	Bundesgesetzblatt
BlgNR	Beilage(n) zu den stenographischen Protokollen des Nationalrats; zitiert: BlgNR Nummer, Gesetzgebungsperiode Seite
BMJ	Bundesminister(ium) für Justiz
BMJ-E	Bundesministerium für Justiz, Einführungserlass (Zweiter Teil) zur Strafprozessnovelle 1999 („Diversion“) vom 24.11.1999, JMZ 578.015/35-II 3/1999
BR	Bezirksrichter
B-VG	Bundes-Verfassungsgesetz in der Fassung von 1929, BGBl 1930/1 idgF
bzw	beziehungsweise
dh	das heißt
EBRV	Erläuternde Bemerkungen zur Regierungsvorlage
EGMR	Europäischer Gerichtshof für Menschenrechte
EGVG	Einführungsgesetz zu den Verwaltungsverfahrensgesetzen 1991 (EGVG), BGBl 1991/50 (WV) idgF
EMRK	Europäische Menschenrechtskonvention, BGBl 1958/210 idgF
ER	Einzelrichter
EvBl	Evidenzblatt der Rechtsmittelentscheidungen (in der Österreichischen Juristen-Zeitung); zitiert: EvBl Jahr/Nummer
f, ff	und der/die folgende/n
FN	Fußnote
G	Gesetz
GenProk	Generalprokuratur
GP	Gesetzgebungsperiode
GRBG	Grundrechtsbeschwerdegesetz, BGBl 1992/864
grds	grundsätzlich
hL	herrschende Lehre
hM	herrschende Meinung
HV	Hauptverhandlung
idgF	in der geltenden Fassung
idR	in der Regel
ieS	im engeren Sinne
insb	insbesondere

iSd	im Sinne des/der
iVm	in Verbindung mit
JAB	Justizausschussbericht
JBl	Juristische Blätter; zitiert: JBl Jahr, Seite
JGG	Jugendgerichtsgesetz, BGBl 1988/599 idgF
KH	Plenarbeschlüsse und Entscheidungen des kk Obersten Gerichts- und Kassationshofes, veröffentlicht von der Redaktion der Allgemeinen Österreichischen Gerichtszeitung und in der Folge von der kk Generalprokuratur; zitiert: KH/Nummer
kk	kaiserlich-königlich
WKStA	Zentrale Staatsanwaltschaft zur Verfolgung von Wirtschaftsstrafsachen und Korruption
LG	Landesgericht
Lit	litera/-ae
NB	Nichtigkeitsbeschwerde
NBzWdG	Nichtigkeitsbeschwerde zur Wahrung des Gesetzes
OGH	Oberster Gerichtshof
ÖJZ	Österreichische Juristen-Zeitung; zitiert: ÖJZ Jahr, Seite
ÖJZ-LSK	ÖJZ-Leitsatzkartei; zitiert: ÖJZ-LSK Jahr/Nummer
OLG	Oberlandesgericht
PA	Privatankläger
PB	Privatbeteiligte/r
RGBl	Reichsgesetzblatt
RIS-Justiz	Rechtssätze der ordentlichen Gerichte im Rechtsinformationssystem des Bundes
RM	Rechtsmittel
Rsp	Rechtsprechung
RZ	Österreichische Richterzeitung; zitiert: RZ Jahr, Seite oder Jahr/ Nummer
SMG	Suchtmittelgesetz, BGBl I 1997/112 idgF
SPG	Sicherheitspolizeigesetz, BGBl 1991/566 idgF
SSt	Entscheidungen des österreichischen Obersten Gerichtshofes in Strafsachen und Disziplinarangelegenheiten, veröffentlicht von seinen Mitgliedern unter Mitwirkung der Generalprokuratur; zitiert: SSt Bandzahl/Nummer
StA	Staatsanwalt, Staatsanwaltschaft
StAG	Staatsanwaltschaftsgesetz, BGBl 1986/164 idgF
StGB	Strafgesetzbuch, BGBl 1974/60 idgF
StPO	Strafprozessordnung 1975, BGBl 1975/631 idgF
stRsp	ständige Rechtsprechung
SV	Sachverständige/r
Ua	unter anderem, und andere
vgl	vergleiche
VStG	Verwaltungsstrafgesetz 1991 (VStG), BGBl 1991/52 (WV) idgF
LVwG	Landesverwaltungsgericht
Z	Zahl, Ziffer
ZPO	Zivilprozessordnung, RGBl 1895/113 idgF

Grundsätzliches

1. Einleitung

Kernstück des österreichischen Strafprozessrechts ist die StPO. Sie wurde 1945, 1960 und zuletzt 1975 wiederverlautbart und beruht im Wesentlichen auf der StPO des Jahres 1873. Die StPO ist in ihren Grundzügen ein Werk des Liberalismus, konzipiert im bewussten Gegensatz zum Inquisitionsprozess der Kriminalgerichtsordnung Josephs II. (1788) unter Berücksichtigung grundlegender Forderungen der Revolution des Jahres 1848, wie etwa Verfahrensöffentlichkeit und Laienbeteiligung.

Im Laufe der Zeit hat die StPO eine Reihe von zum Teil bedeutsamen Änderungen – namentlich die Neugestaltung des Ermittlungsverfahrens durch das StrafprozessreformG, BGBl I 2004/19, bzw die Neuregelung der Sicherstellung/Beschlagnahme/Auswertung von Datenträgern bzw Daten durch das StrafprozessrechtsänderungsG 2024, BGBl I 2024/157 – erfahren.

Gleichzeitig wurden die Bestimmungen der StPO durch Sonderbestimmungen in Nebengesetzen (zB JGG, GRBG, VbVG) ergänzt und überlagert. Dies ist Mitursache dafür, dass das österreichische Strafprozessrecht nicht nur durch die (entwicklungsgeschichtlich bedingte) Vielschichtigkeit der StPO, sondern auch durch Rechtszersplitterung geprägt ist. Bisweilen bestehende Systembrüche tragen das ihre dazu bei, dass das Erfassen des Strafprozessrechts dem Studierenden erfahrungsgemäß häufig Probleme bereitet.

Es wird daher, ehe an eine Lösung von Detailproblemen gegangen werden kann, vor allem gelten, sich im Strafprozessrecht grds zurechtzufinden. Dazu soll der folgende Abschnitt eine Orientierungshilfe bieten.

2. Der Aufbau der StPO

Der **1. Teil** der StPO enthält einleitend **grundsätzliche** („allgemeine“) **Bestimmungen**, namentlich die Positivierung teilweise auch verfassungsmäßig vorgegebener Grundsätze des Strafprozessrechts (zB Anklageprinzip, Grundsatz der materiellen Wahrheit; §§ 2 ff).

Im Anschluss daran stellt die StPO die **„Akteure“ des Strafprozesses** vor, nämlich die Gerichte, die Anklage- und Beschuldigtenseite sowie weitere (mögliche) Verfahrensbeteiligte (zB Haftungs- und Privatbeteiligte). Geregelt sind zunächst die Strafverfolgungsbehörden, mithin die Sicherheitsbehörden („Kriminalpolizei“) und die StA. Hier finden sich auch Regelungen über die beim OGH eingerichtete GenProk, wenngleich es sich bei dieser um keine Anklagebehörde handelt. Von besonderer Bedeutung ist die Ermächtigung zur Ergreifung einer NBzWdG (§ 23). Danach wendet sich das Gesetz den Gerichten zu. Von besonderer Bedeutung sind vor allem die Regelungen über die sachliche, funktionelle und örtliche Zuständigkeit. Das nächste Hauptstück enthält im Wesentlichen Bestimmungen über den Beschuldigten und seine Verteidigung (notwendige Verteidigung, Wahl-, Amts- und Notverteidigung). In diesem Zusammenhang finden sich auch Regelungen über das Rechtsinstitut der Verfahrenshilfe. Schließlich regelt die StPO die Institute der Privatbeteiligung und der Privatanklage.

Nach dieser „Vorstellung" der Verfahrensbeteiligten und der Statuierung „gemeinsamer", dh das gesamte Verfahren betreffender, Bestimmungen folgt der **Aufbau** der StPO jenem **eines Strafverfahrens**.

In ihrem **2. und 3. Teil** regelt die StPO den Gang des **Ermittlungsverfahrens**, während dessen bzw nach dessen Abschluss die StA über ihr weiteres Vorgehen (Einstellung, Anklage) zu entscheiden hat (§§ 190 ff). An dieser Stelle finden sich sowohl die materiellen (AT II) als auch die prozessualen Regelungen betreffend die – eine Beendigungsmöglichkeit darstellende – Diversion (§§ 198 ff). Im Rahmen des Ermittlungsverfahrens regelt das Gesetz aber auch einen Großteil des Beweisrechts, wie etwa den SV-, den Zeugen- und den Beschuldigtenbeweis, aber auch prozessuale Zwangsmittel, wie Festnahme und U-Haft.

Dem Fortgang eines Strafverfahrens (vor einem Schöffengericht) entsprechend folgen im **4. Teil** die Bestimmungen über das **Haupt- und das RM-Verfahren** und hier zunächst jene über die Anklage sowie über die Vorbereitungen zur HV. Danach wendet sich das Gesetz der HV vor Schöffengerichten (das **Verfahren vor Schöffengerichten** wird von der StPO als „**Musterverfahren**" gesehen), den Urteilen und den RM gegen solche Urteile zu. Dementsprechend finden sich in der Folge (im **5. Teil)** Sonderbestimmungen über das Verfahren (HV, Urteil, RM) vor Geschworenengerichten.

Hierauf folgen Verfahrensbestimmungen allgemeiner – dh alle Gerichte betreffender – Art wie solche über außerordentliche RM (Wiederaufnahme, Wiedereinsetzung, Erneuerung des Verfahrens), über das Anschlussverfahren, Verfahrenskosten und Vollstreckung von Urteilen. Schließlich finden sich eine Reihe von Sonderverfahrensbestimmungen etwa für die Verhängung vorbeugender Maßnahmen oder des (erweiterten) Verfalls.

Danach regelt die StPO – wiederum aufbauend auf dem Schöffenverfahren – Besonderheiten des BG- und des ER-Verfahrens. Die StPO wird durch Bestimmungen über das Mandatsverfahren, die bedingte Nachsichten bzw das Überwachungsverfahren abgeschlossen.

Der dargestellte, einem Verfahrensablauf entsprechende Aufbau (Verfahrenseinleitung, Ermittlungsverfahren, Entscheidung) setzt sich im Detail, etwa in den Bestimmungen über die HV vor einem Schöffengericht, aber auch in jenen über das RM-Verfahren, fort. Das Wissen um den Aufbau und die Systematik ermöglicht es, die im konkreten Fall anzuwendende Norm – wenn diese (wie bei bestimmten Paragraphen unbedingt erforderlich) nicht ohnehin bekannt ist – zu finden. Zu beachten ist freilich, dass die aufgefundene Norm durch Sonderverfahrensbestimmungen (etwa für Jugendstrafsachen) überlagert sein kann.

3. Die Prüfung strafprozessualer Fälle

Anders als für materielle Strafrechtsfälle gibt es für die Lösung strafprozessualer Fragestellungen kein Prüfungsschema im eigentlichen Sinn und kann die Lösung – je nach Kenntnis der Materie und Art und Weise der Fragestellung – unterschiedlich aussehen. Folgende Prüfungsschritte können aber – insb am Beginn oder in komplizierteren Fällen – als Anhaltspunkte für eine entsprechende Fallprüfung dienen:

1. Voraussetzung einer ordnungsgemäßen Falllösung ist auch bei der Bearbeitung strafprozessualer Fälle die Erfassung des zu beurteilenden Sachverhaltes. Sofern sich dieser nicht schon aus der Angabe ergibt, sondern etwa auf der selbst erarbeiteten materiell-rechtlichen Lösung basiert, empfiehlt es sich, die für die strafprozessuale Beurteilung relevanten Momente (zB Zuständigkeit) der strafprozessualen Prüfung voranzustellen.

Ist der Sachverhalt in einer bestimmten Hinsicht unvollständig und ergänzungsbedürftig, so ist darüber hinaus festzuhalten, von welchen Prämissen bei der Fallprüfung ausgegangen wird.

2. Danach gilt es, die jeweils anzuwendende Norm zu finden, wobei – sofern die Norm (wie bei bestimmten §§ unbedingt erforderlich) nicht ohnehin bekannt ist – dem eingangs vorgestellten „roten Faden“ zu folgen ist. In diesem Zusammenhang dürfen aber auch Sonderverfahrensbestimmungen (etwa für Jugendstrafsachen) nicht übersehen werden.

3. Steht die anzuwendende Norm fest, empfiehlt sich zumindest zu Beginn oder bei komplizierten Bestimmungen, diese zu zitieren. Die angewendeten §§ sollten immer möglichst präzise genannt werden.

4. Schließlich ist der Sachverhalt unter die Norm zu subsumieren und das Ergebnis zusammenzufassen.

Etwa:

A misshandelt X am Körper und fügt ihm dadurch eine an sich schwere Körperverletzung zu (§ 84 Abs 1 StGB). X verstirbt in der Folge aufgrund eines bei der Behandlung unterlaufenen Kunstfehlers des Arztes. Gegen A wird darauf ein Strafverfahren wegen § 86 Abs 1 StGB eingeleitet.

In der HV stellt er den Antrag auf Beiziehung des Sachverständigen S zur Klärung der Frage der Schwere des Sorgfaltsverstoßes des Arztes. Der Vorsitzende möchte dem Antrag keine Folge geben.

Wie hat er vorzugehen?

1. Aufgrund des Strafrahmens (ein bis zehn Jahre) ist das Verfahren vor einem Schöffengericht zu führen (§ 31 Abs 3 Z 1).

2. Die anzuwendende Norm betrifft daher das Schöffenverfahren und dort wiederum die Regelungen betreffend die HV („2. Amtsverrichtung des Vorsitzenden und des Schöffengerichts bei der Hauptverhandlung"). Zur Fragebeantwortung sind daher §§ 232 Abs 1 und 238 Abs 1 heranzuziehen.

(Dieser Punkt ist freilich bei der Fallprüfung nicht zu dokumentieren.)

3. Grds obliegt die Verhandlungsleitung (und damit auch die Entscheidung über Anträge der Parteien) gemäß § 232 Abs 1 dem Vorsitzenden.

Möchte der Vorsitzende allerdings (ua) einem unbestrittenen Antrag eines Beteiligten keine Folge geben, so entscheidet hierüber gemäß § 238 Abs 1 das Schöffengericht mit Beschluss.

(Besteht – wie hier – zwischen Bestimmungen ein Regel-Ausnahme-Verhältnis, so ist zunächst die Regel, danach die Ausnahme zu zitieren.)

4. Über den Beweisantrag hat der Vorsitzende daher eine Entscheidung des Schöffengerichts herbeizuführen.

In jedem Fall ist auch bei der Lösung strafprozessualer Probleme auf einen klaren und übersichtlichen Aufbau zu achten und jeder Prüfungsschritt (oben 1., 3. und 4.) entsprechend zu dokumentieren, sodass der Prüfer den Gedankengängen folgen kann.

I. Zuständigkeiten

Unter Zuständigkeit von Behörden bzw Gerichten versteht man deren gesetzmäßigen Wirkungsbereich. Man unterscheidet zwischen
- sachlicher,
- funktioneller und
- örtlicher Zuständigkeit.

Zunächst ist zu klären, welche Behörde (insb StA) bzw welches Gericht ihrer bzw seiner Art nach zur Behandlung einer bestimmten Sache bzw zur Setzung einer bestimmten Prozesshandlung zuständig ist. Besondere Bedeutung erlangt diese Beurteilung vor allem im Hauptverfahren, in dem sich die **sachliche Zuständigkeit** der Gerichte (§§ 30 ff) grds nach dem Strafrahmen richtet (**allgemeine Zuständigkeit**). Ausschlaggebend ist die abstrakte Strafdrohung, sodass sowohl der geringere Strafrahmen des § 287 StGB als auch die Überschreitungsmöglichkeit des § 313 StGB bzw eine mögliche Qualifikation nach § 278c StGB zu beachten sind (§ 29 Abs 2). Gleiches gilt richtigerweise auch für die Erhöhung des Strafrahmens bei Rückfall (§ 39 StGB; strittig).

Abgesehen davon teilt die StPO einzelnen Gerichten die Behandlung bestimmter Straftaten zu (zB § 31 Abs 3 Z 2 bis 6a). Diese **Eigenzuständigkeiten** gehen der allgemeinen Zuständigkeit vor.

Von der Zuständigkeit zur Führung des Hauptverfahrens sind schließlich Zuständigkeiten in anderen Verfahrensabschnitten (zB im RM-Verfahren) zu unterscheiden (die Zuordnung der Sache insb nach dem Verfahrensabschnitt nennt man **funktionelle Zuständigkeit).**

Steht fest, welche Behörde bzw welches Gericht ihrer bzw seiner Art nach das Verfahren bzw einen Abschnitt desselben zu führen hat, ist zu klären, welche Behörde bzw welches Gericht (unter mehreren gleichartigen) konkret zuständig ist. Diese Zuteilung zur Behandlung erfolgt aufgrund örtlicher Anknüpfungspunkte (**örtliche Zuständigkeit,** §§ 25 ff, 36 f).

Die örtliche Zuständigkeit knüpft grds an jenen Ort an, an dem die Tathandlung gesetzt wurde oder gesetzt hätte werden sollen, auch wenn der Erfolg an einem anderen Ort eingetreten ist oder hätte eintreten sollen (**Tatortprinzip**). Liegt der Tatort im Ausland oder ist er unbekannt, so richtet sich die Zuständigkeit **subsidiär** (in dieser Reihenfolge) nach dem Ort des (beabsichtigten) **Erfolgseintritts**, nach dem **Wohnsitz** oder Aufenthalt des Beschuldigten, schlussendlich im
- Ermittlungsverfahren nach jenem seiner Betretung bzw nach dem Zuvorkommen, im
- Hauptverfahren nach dem Sitz jener StA, die die Anklage einbringt.

Zur Verschiebung bestehender Zuständigkeiten kann es insb aufgrund von Bestimmung, Übertragung oder Delegierung (§§ 28, 28a, 39) sowie aufgrund eines Zusammenhanges (§§ 26, 37) kommen.

1. A begeht in Krems

a) eine Nötigung (§ 105 StGB, Strafrahmen bis ein Jahr oder 720 Tagessätze).
b) einen schweren Diebstahl nach §§ 127, 128 Abs 1 Z 5 StGB, wobei der Wert der gestohlenen Gegenstände € 300.000 beträgt.

Welches Gericht ist im Hauptverfahren sachlich und örtlich zuständig?

a) Aufgrund des Strafrahmens wäre an sich das BG sachlich zuständig. Verfahren wegen des Vergehens des § 105 StGB sind allerdings von dessen Zuständigkeit ausdrücklich ausgenommen (§ 30 Abs 1 Z 1) und werden – in Form einer Eigenzuständigkeit – dem LG als ER zugewiesen (§ 31 Abs 4 Z 2).

b) Aufgrund des Strafrahmens wäre an sich das LG als ER sachlich zuständig (§ 31 Abs 4 Z 1; beachte, dass die Tat erst dann unter § 128 Abs 2 StGB zu subsumieren ist, wenn der Schaden € 300.000 übersteigt). Übersteigt der durch die Tat herbeigeführte Schaden jedoch € 50.000, fällt das Verfahren sachlich in die Zuständigkeit der Schöffengerichte (§ 31 Abs 3 Z 6a).

a) und b) Aufgrund des Tatortes ist im konkreten Fall gemäß § 36 Abs 3 das LG Krems örtlich zuständig (Gerichtsstand des Tatortes).

2. Wie 1.a)

a) A hat die Tat im Alter von 17 Jahre begangen und ist in Wien wohnhaft.
b) A begeht die Nötigung im Vollrausch (§ 287 StGB).

Ändert sich die Zuständigkeit?

a) Beim Verfahren gegen A handelt es sich gemäß § 1 Z 4 JGG um eine **Jugendstrafsache**.

Da die Halbierung der Obergrenze und der Entfall der Untergrenze des Strafrahmens (§ 5 Z 4 JGG) für die Abgrenzung der **sachlichen Zuständigkeit** zwischen Schöffengericht, ER und BG außer Betracht bleibt (§ 27 Abs 2 JGG), ändert sich an der Zuständigkeit des ER nichts.

Hinsichtlich der sachlichen Zuständigkeit in Jugendstrafsachen, namentlich der Besetzung des Gerichts, sind allerdings die besonderen Bestimmungen des JGG (§§ 27 f JGG) zu beachten. Das jeweilige Gericht wird „als Jugendgericht" tätig.

Für das Verfahren örtlich zuständig ist gemäß § 29 JGG – abweichend vom Tatortprinzip der StPO – das Gericht, in dessen Sprengel der Beschuldigte zum Zeitpunkt des Beginns des Strafverfahrens (§ 1 Abs 2 StPO) seinen gewöhnlichen Aufenthalt hat.

Im konkreten Fall ist daher zur Führung des Verfahrens der ER beim StrafLG Wien als Jugendgericht sachlich und örtlich zuständig.

b) Ausschlaggebend ist jeweils der **konkret anzuwendende Strafrahmen.** Der Strafrahmen des § 287 Abs 1 StGB ist durch jenen des im Rauschzustand begangenen Deliktes (hier: § 105 StGB) eingeschränkt und beträgt daher bis zu einem Jahr.

Gemäß § 30 Abs 1 ist daher – da § 287 StGB ein selbständiges Delikt ist, kommt die oben genannte Ausnahme von der Zuständigkeit (§ 30 Abs 1 Z 1) hier nicht zur Anwendung – das BG sachlich zuständig.

3. *A schickt von Graz eine Briefbombe nach Wien, um X zu töten. X stirbt (§ 75 StGB).*

Welches Gericht ist im Hauptverfahren sachlich und örtlich zuständig?

Gemäß § 31 Abs 2 Z 1 ist das Geschworenengericht sachlich zuständig.

Örtlich zuständig ist primär das **Gericht des Tatortes** (§ 36 Abs 3). Da die Tathandlung (Aufgabe des Briefes) in Graz gesetzt wurde, ist das Hauptverfahren vor dem StrafLG Graz als Geschworenengericht zu führen. Dass der Erfolg in Wien eingetreten ist, ist für die Zuständigkeit unbeachtlich.

4. *Wie 3.*

a) *A (Wohnort Graz) schickt die Briefbombe von München nach Wien.*

b) *A (deutscher Staatsangehöriger, Wohnort Graz) schickt die Briefbombe von München nach Triest.*

c) *A hat nur Verletzungsvorsatz (§ 87 StGB), die StA nimmt hingegen in ihrer Anklageschrift Tötungsvorsatz an (§ 75 StGB).*

Ändert sich die Zuständigkeit?

a) Die Frage der Zuständigkeit stellt sich immer nur dann, wenn österreichische Gerichte grds zur Führung eines Strafverfahrens zuständig sind, also ein Fall der **inländischen Gerichtsbarkeit** unterliegt. Die diesbezüglichen Bestimmungen finden sich im StGB (§§ 62 ff StGB).

Der Mord unterliegt gemäß §§ 62 iVm 67 Abs 2 StGB der inländischen Gerichtsbarkeit. Weil es sich hier aber um eine **Auslandstat** (Tatort im Ausland) handelt, ist gemäß § 36 Abs 3 das Gericht zuständig, in dessen Sprengel der Erfolg eingetreten ist, also das StrafLG Wien als Geschworenengericht (§ 31 Abs 2 Z 1).

b) Der Mord unterliegt nicht der inländischen Gerichtsbarkeit.

c) Für die sachliche Zuständigkeit ist das Anklagevorbringen (also die rechtliche Beurteilung des Sachverhalts durch die StA) ausschlaggebend (EvBl 1993/22). Im Übrigen ist das Gericht an die Rechtsansicht der StA nicht gebunden und darf von ihr abweichen (§ 262).

Die sachliche Zuständigkeit ist in jeder Lage des Verfahrens wahrzunehmen. Gelangt das Gericht zu einer anderen rechtlichen Beurteilung des Sachverhaltes als die StA, so darf es in der HV seine Unzuständigkeit allerdings nur dann aussprechen, wenn die Sache vor einem Gericht höherer Ordnung zu führen wäre.

Im konkreten Fall ist daher gleichwohl das StrafLG Graz als Geschworenengericht sachlich und örtlich zuständig.

5. *A ist mit dem Zug auf dem Heimweg von einem Urlaub in den Niederlanden. Bei einer routinemäßigen Kontrolle (Gerichtsbezirk Schärding) stellt die Polizei bei A eine geringe Menge Suchtgift sicher, woraufhin Anklage erhoben wird. A wohnt in Mödling.*

Besteht eine Möglichkeit, das Hauptverfahren vor dem BG Mödling zu führen?

Grds ist zur Führung des Hauptverfahrens jenes Gericht örtlich zuständig, in dessen Sprengel die Tat begangen wurde (§ 36 Abs 3), im konkreten Fall daher das BG Schärding.

Jedoch sind die OLG innerhalb ihres Sprengels sowie der OGH bundesweit berechtigt, dem an sich zuständigen Gericht aus Rücksichten der öffentlichen Sicherheit oder aus anderen wichtigen Gründen, zB Kostenersparnis (RZ 1971, 62) oder Erleichterung der Beweisführung, ausnahmsweise die Sache abzunehmen und sie einem anderen gleichrangigen Gericht (innerhalb ihres Sprengels) zuzuweisen (§ 39). Möglich ist eine Delegierung ab Beginn des Hauptverfahrens (vgl aber § 28).

Auch im konkreten Fall könnte insb angesichts der Möglichkeit einer vorläufigen Einstellung (und der entsprechenden Überwachung) gemäß §§ 35 ff SMG die Delegierung an das Wohnortgericht des Angeklagten (BG Mödling) erwogen werden. Sie wäre – da sie zwei OLG-Sprengel berührt – vom OGH zu verfügen.

6. *A soll angeklagt werden, weil er in Wien einen Raub (§ 142 Abs 1 StGB) und danach in Krems einen Diebstahl (§ 127 StGB) begangen hat.*

Welches Gericht ist im Hauptverfahren sachlich und örtlich zuständig?

Zur Verschiebung der sachlichen und örtlichen Zuständigkeit kann es ua kommen, wenn

- demselben Beschuldigten mehrere Taten zur Last gelegt werden (**subjektive Konnexität**),
- sich an derselben strafbaren Handlung zwei oder mehrere Personen beteiligen (**objektive Konnexität**) oder
- einem Beschuldigten mehrere Taten zur Last liegen und sich zumindest an einer davon ein anderer beteiligt (**gemischte Konnexität**).

Gehören die Strafsachen vor Gerichte verschiedener Ordnung, so wird das jeweils höchstrangige Gericht zuständig.

Im konkreten Fall hat A zwei strafbare Handlungen begangen, sodass ein Fall subjektiver Konnexität vorliegt und die Verfahren gemäß § 37 Abs 1 gemeinsam zu führen sind. Da hinsichtlich des Raubes das StrafLG Wien als Schöffengericht (§§ 31

Abs 3 Z 1, 36 Abs 3), hinsichtlich des Diebstahls das BG Krems (§§ 30 Abs 1, 36 Abs 3) zuständig wäre, ist das Hauptverfahren gemeinsam vor dem StrafLG Wien als dem höherrangigen Gericht zu führen.

7. Wie 6.

a) *B hat dem A aus München für den Raub eine Pistole geschickt. A benützt diese Pistole. Das Ermittlungsverfahren wurde von der StA Wien geführt.*

b) *A verkauft die Beute aus dem Raub in Krems an C, den er über die Herkunft aufklärt (§ 164 Abs 3 StGB).*

c) *A und der jugendliche B (wohnhaft in Krems) haben bei dem Diebstahl zusammengewirkt (§ 12 1.Fall).*

d) *A und der jugendliche B (wohnhaft in Krems) haben bei dem Raub zusammengewirkt (§ 12 1.Fall).*

e) *Wie d) A und B begehen einen schweren Raub mit schweren Dauerfolgen (§§ 142 Abs 1, 143 Abs 2 StGB).*

f) *Wie b) A ist Jugendlicher (wohnhaft in Wien).*

a) Zu klären ist zunächst die Frage der inländischen Gerichtsbarkeit. Wenngleich der Tatort des Tatbeitrages des B nicht in Österreich liegt, ist die inländische Gerichtsbarkeit aufgrund § 64 Abs 1 Z 8 StGB bzw §§ 62 iVm 67 Abs 2 StGB gegeben. Gehören gemeinsam zu führende Sachen an sich vor Gerichte gleicher Ordnung, so zieht (im Fall objektiver bzw gemischter Konnexität) das für einen unmittelbaren Täter zuständige Gericht das Verfahren gegen Beteiligte (Bestimmungs- und Beitragstäter) an sich (§ 37 Abs 2). Das Hauptverfahren gegen A und B ist daher gemeinsam vor dem StrafLG Wien als Schöffengericht (§ 31 Abs 3 Z 1) zu führen.

b) Wenngleich hier kein Fall der objektiven bzw gemischten Konnexität vorliegt, sind die Verfahren gegen A und C gemeinsam zu führen, da die Handlungen „sonst in einem engen sachlichen Zusammenhang" stehen (§ 37 Abs 1 letzter Satz). Die letzte Alternative des § 37 Abs 1 ermöglicht insb die Verbindung von Verfahren wegen Vor- und Anschlusstaten (zB § 164 StGB). Zu denken wäre hier aber auch an Verfahren, denen ein gemeinsamer Lebenssachverhalt zugrunde liegt (zB Verkehrsunfall mit mehreren Beschuldigten).

c) Bei der Verbindung von Strafsachen gegen Erwachsene und Jugendstrafsachen (nicht hingegen bei solchen wegen Taten junger Erwachsener) sind die Bestimmungen der StPO von § 34 JGG überlagert. Grds sind die Strafverfahren gemeinsam vom für die Jugendstrafsache zuständigen Gericht zu führen (§ 34 Abs 1 JGG).

Die Strafverfahren *können* allerdings (ua) gesondert geführt werden, wenn die Strafsache gegen den Erwachsenen vor ein Gericht höherer Ordnung gehört (§ 34 Abs 2 Z 2 JGG). Offen lässt das JGG, ob das Verfahren gegen den Erwachsenen diesfalls vom für den Jugendlichen zuständigen Gericht oder von jenem zu führen ist, das dafür bei isolierter Betrachtung zuständig wäre (die Regelung scheint im Hinblick auf das Grundrecht auf ein Verfahren vor dem gesetzlichen Richter bedenklich). Zu erwägen wäre, dass die Gründe des § 34 Abs 2 JGG zu jenen hinzutreten, die – in analoger Anwendung des § 27 – eine Ausscheidung des Verfahrens gegen Mitbeschuldigte ermöglichen; § 36 Abs 4 wäre diesfalls analog anzuwenden. Folglich (das JGG normiert Sonderzuständigkeiten) wäre das Verfahren gegen A bei Verfahrenstrennung vom StrafLG Wien als Schöffengericht zu führen.

Werden die Verfahren gemeinsam geführt, ist das LG Krems als Jugendschöffengericht zur Entscheidung berufen.

d) Mangels Anhaltspunkten für das Vorliegen einer Ausnahme gemäß § 34 Abs 2 JGG ist das LG Krems als Jugendschöffengericht zur Führung der Verfahren zuständig.

e) Aufgrund der konkreten Strafdrohung wäre das Verfahren gegen A vor einem Geschworenengericht zu führen (§ 31 Abs 2 Z 1), jenes gegen B allerdings gemäß § 27 Abs 2 JGG (die Strafdrohung beträgt zufolge § 5 Z 3 JGG sechs Monate bis zehn Jahre) vor einem Schöffengericht. Die Verfahren dürfen daher gemäß § 34 Abs 2 Z 2 JGG getrennt geführt werden.

f) Die Möglichkeit der Verbindung von Strafsachen gegen Erwachsene und Jugendstrafsachen ist nach dem Wortlaut ausschließlich auf Konnexitätsfälle beschränkt; eine Anknüpfung an das Bestehen eines engen sachlichen Zusammenhanges (§ 37 Abs 2 letzter Satz) findet sich in § 34 Abs 1 JGG hingegen nicht. Ausgehend vom Wortlaut des § 34 Abs 1 JGG wären die Verfahren gegen A und C daher getrennt zu führen. Jenes gegen A vor dem StrafLG Wien als Jugendschöffengericht (§ 31 Abs 3 Z 1, §§ 27 Abs 2, 29 JGG), jenes gegen C vor dem ER des LG Krems (§§ 31 Abs 4 Z 1, 36 Abs 3).

Dagegen könnte ins Treffen geführt werden, dass § 34 Abs 1 bloße Modifikationen der Regeln über die Verfahrenskonzentration in der StPO darstellen sollte (EBRV 486 BlgNR 17. GP 36). Dies überzeugt aber insoweit nicht, als der Gesetzeswortlaut des JGG die mit dem StPÄG 1993 bewirkte Änderung des damaligen § 56 StPO (nunmehr § 37 StPO) gerade nicht nachvollzogen hat. Folgt man diesem Ansatz gleichwohl, wären die Verfahren an sich zu verbinden und grds vor dem StrafLG Wien als Jugendschöffengericht zu führen. Das Verfahren gegen C könnte jedoch nach § 34 Abs 2 Z 1 JGG ausgeschieden werden und wäre dann vom StrafLG Wien als ER zu führen (§ 36 Abs 4).

8. *A ist des Vergehens des § 159 Abs 1 und 4 Z 2 StGB vor dem ER angeklagt.*

a) *Noch vor Durchführung der schon anberaumten HV*

b) *Nachdem das Gericht die HV zwecks Einholung eines ergänzenden Gutachtens vertagt hat*

c) *Während offener RM-Frist*

d) *Nach vorläufigem Rücktritt von der Verfolgung (§§ 201 Abs 1, 209 Abs 1)*

wird auch eine gegen ihn erhobene Anklage nach §§ 146, 147 Abs 3 StGB rechtswirksam. Wie wirkt sich dies auf das laufende Verfahren aus?

Ist zu dem Zeitpunkt, zu dem eine Anklage rechtswirksam wird, ein Hauptverfahren gegen den Angeklagten anhängig, so sind die Verfahren nach den Regeln des § 37 Abs 1 und 2 zu verbinden und – bei Gerichten verschiedener Ordnung – vom höchstrangigen fortzuführen (§ 37 Abs 3).

a) Da hinsichtlich des weiteren Verfahrens eine sachliche Zuständigkeit des Schöffengerichts (§ 31 Abs 3 Z 1) besteht, hat der ER die HV abzuberaumen und (analog §§ 485 Abs 1 Z 1, 450) mit Beschluss seine Unzuständigkeit auszusprechen. In weiterer Folge liegt es an der StA, die für die Verfahrensfortführung erforderlichen Anträge zu stellen.

b) Wenngleich das Gebot des § 37 Abs 3 nicht danach differenziert, in welchem Stadium des Hauptverfahrens sich die Sache befindet, macht bereits § 263 Abs 2 deutlich, dass das Gesetz eine Verbindung nicht gleichsam um jeden Preis anstrebt. Mag der vorliegende Fall auch nicht unter diese Bestimmung subsumiert werden können, so scheint die Wertung da wie dort gleich, sodass eine analoge Anwendung erwogen werden könnte. Der ER hätte demnach das Verfahren zu Ende zu führen; im weiteren Verfahren wäre nach § 31 StGB (Strafe bei nachträglicher Verurteilung) vorzugehen. Folgt man dieser Ansicht nicht, hätte der ER mit Unzuständigkeitsurteil vorzugehen; die HV wäre hinsichtlich des ersten Faktums (§ 159 StGB) vom Schöffengericht zu wiederholen (vgl ähnlich § 276a).

c) Mit Bekanntmachung des Ersturteils endet das Hauptverfahren. Eine Verbindung kommt nicht mehr in Betracht.

d) Eine Verbindung kommt nach § 37 Abs 2 aE nicht in Betracht, wenn das Gericht hinsichtlich der ersten Straftat vorläufig von der Verfolgung zurückgetreten ist. Wird das Strafverfahren allerdings nach § 205 nachträglich fortgesetzt, ist der Fall – je nach Konstellation – wie unter a) oder b) zu lösen.

9. *A und B sind gemeinsam des schweren Betruges (§§ 146, 147 Abs 3 StGB; Tatort Wien) verdächtig. Ferner soll A Untreue (§ 153 Abs 1 StGB; Tatort Linz) begangen haben. Während das Faktum des schweren Betruges rasch spruchreif ist, erweisen sich hinsichtlich § 153 StGB ergänzende, sehr langwierige Erhebungen und damit eine Vertagung der HV als unausweichlich.*

Weil sich A und B während des Verfahrens in U-Haft befinden, verfügt die StA die Trennung der Verfahren und tritt jenes wegen Untreue an die StA Linz ab. In einem Einspruch gegen eine von dieser verfügten Durchsuchung der Wohnung des A (§ 117 Z 2 lit b) wendet A deren örtliche Unzuständigkeit ein. Mit Erfolg?

Welches Gericht ist zur Entscheidung berufen?

Nach § 106 Abs 1 steht im Ermittlungsverfahren jeder Person, die behauptet, durch die StA in einem subjektiven Recht verletzt zu sein, weil eine Ermittlungs- oder Zwangsmaßnahme unter Verletzung von Bestimmungen dieses Gesetzes angeordnet wurde, die Möglichkeit des Einspruchs an den ER (Rechtsschutzrichter) offen. Zu den angesprochenen, den Beurteilungsmaßstab bildenden Regelungen zählen dabei richtigerweise auch jene betreffend die sachliche (dieser Alternative kommt im Verhältnis zwischen StA und WKStA Bedeutung zu) und örtliche Zuständigkeit. Durch die sachlich oder örtlich unzuständige StA angeordnete Ermittlungs- bzw Zwangsmaßnahmen sind (soweit nicht ausnahmsweise § 25a Abs 1 Anwendung findet) rechtswidrig und verletzten den Betroffenen in seinem Grundrecht auf ein Verfahren vor dem gesetzlichen Richter. Über den Einspruch hat jenes LG (als ER; § 31 Abs 1 Z 3) zu entscheiden, an dessen Sitz sich die StA befindet, die das Verfahren führt (§ 36 Abs 1), im konkreten Fall daher das LG Linz.

Der Einspruch ist daher zulässig. Fraglich ist, ob er auch berechtigt ist: So kann die StA nach § 27 auf Antrag des Beschuldigten oder von amtswegen anordnen, dass das Ermittlungsverfahren wegen einzelner Straftaten oder gegen einzelne Beschuldigte getrennt zu führen ist (sog **Ausscheidung),** um Verzögerungen zu vermeiden oder die Haft eines Beschuldigten zu verkürzen. Gerade Letzteres ist hier der Fall. Zur Frage, ob die durch den Zusammenhang begründete Zuständigkeit nach Ausscheidung iS einer perpetuatio fori aufrecht bleibt, verschweigt sich das Gesetz an dieser Stelle. Dagegen spricht, dass das Gesetz an dieser Stelle – abweichend von § 36 Abs 4 bzw auch § 20a abs 4 aE – keine entsprechender Anordnung trifft. Für die Annahme einer perpetuatio fori kann ins Treffen geführt werden, dass das Gesetz – anders als in § 25 Abs 2 und 3 – keine Anhaltspunkte dafür erkennen lässt, dass die durch den Zusammenhang begründete Zuständigkeit nur vorübergehender Natur sein soll. Die Praxis folgt dem letztgenannten Ansatz.

> ***10.*** *Wie 9. Das Gericht verfügt die Ausscheidung der Untreue. In seiner gegen das in der Folge ergangene Urteil des BG Linz erhobenen Berufung wendet A die Unzuständigkeit des BG Linz ein.*
>
> *Mit Erfolg?*

Nach § 37 Abs 4 kann das Gericht auf Antrag der StA oder eines Angeklagten oder von Amts wegen unter den Voraussetzungen des § 27 eine getrennte Führung der Verfahren anordnen. Da mit dem Abschluss des Verfahrens zumindest die Haft des B beendet werden könnte, liegen diese Voraussetzung vor.

Nach § 36 Abs 4 lässt die Ausscheidung die durch den Zusammenhang begründete **Zuständigkeit** idR unberührt. Scheidet jedoch (ua) ein LG eine in die Zuständigkeit der BG fallende Sache aus, so ist die Sache grds jenem Gericht abzutreten, das für sie an sich (dh nach § 36 Abs 3) zuständig wäre (hier: BG Linz). Einer Abtretung nach Rechtswirksamkeit der Anklage könnte jedoch im Kollegialverfahren § 213 Abs 5 entgegenstehen. Ob dies der Fall ist, mithin § 213 Abs 5 gegenüber § 36 Abs 4 die speziellere Norm darstellt oder umgekehrt, könnte fraglich sein. Richtigerweise wird letzterer Lesart der Vorzug zu geben sein, sodass das BG Linz zur Entscheidung zuständig war.

11. *A, Mitarbeiter der Fremdenpolizei, soll mehrfach Lokalinhaber vor bevorstehenden Razzien gewarnt haben. Auch soll A in einen Raufhandel verwickelt gewesen sein. Im Zuge der Ermittlungen wegen §§ 91, 302 bzw 310 StGB ergeben sich Anhaltspunkte dafür, dass er für die Warnungen mehrere Male zu Thermenwochenenden im Gesamtwert von mehr als € 3.000 eingeladen worden sein soll (§ 304 Abs 1 und 2 StGB).*

a) *Wie hat die StA vorzugehen?*

b) *Um die Sache mit dem Raufhandel im kurzen Weg zu erledigen und weil das Verfahren ohnehin wieder auf seinem Schreibtisch „landen“ werde, lädt der zuständige StA den Zeugen Z. Z ist darüber erbost und erhebt Einspruch, da die StA für die Sache unzuständig sei. Wie hat das Gericht darüber zu entscheiden?*

c) *Wie b) Was ändert sich, wenn die WKStA nachträglich erklärt, sie hätte die Zuständigkeit ohnehin nach § 20a Abs 4 rückübertragen müssen?*

d) *Die StA geht korrekt vor. Nach Prüfung der Sache überträgt die WKStA die Sache an die StA Wien. Darf diese die Sache an die StA St. Pölten abtreten, wenn sie sich für örtlich unzuständig erachtet?*

a) Wie jede andere Behörde hat auch die StA ihre sachliche und örtliche Zuständigkeit amtswegig zu prüfen und die Sache erforderlichenfalls – ebenso amtswegig – an die zuständige Behörde weiterzuleiten (vgl § 25a Abs 2). Nach § 20a Abs 1 Z 5 obliegt die Führung des Ermittlungsverfahrens wegen des Vergehens nach § 304 Abs 1 StGB bei einem € 3.000 übersteigenden Wert der Bereicherung der WKStA. In Fällen des Zusammenhangs mit derartigen Straftaten hat die WKStA gemäß den §§ 25a, 26 und 27 vorzugehen (§ 20a Abs 4), zieht also grds auch solche Verfahren an sich, die mit dem bei ihr anhängigen nach § 26 gemeinsam zu führen sind.

Aus der Vorrangstellung der WKStA (vgl § 20b) ergibt sich zunächst, dass Verfahren von der an sich zuständigen StA an diese abzutreten sind, wenn sich Anhaltspunkte für die Begehung einer der in § 20a Abs 1 genannten Straftaten ergeben; ob ihre Zuständigkeit begründende Umstände vorliegen oder nicht, ist sodann von der WKStA zu klären.

Zumal alle gegen A eingeleiteten Verfahren nach § 26 Abs 1 grds gemeinsam zu führen sind, hat sie die StA zunächst an die WKStA abzutreten. Gelangt diese zum Ergebnis, dass A keine Vermögensvorteile von mehr als € 3.000 erlangt hat bzw kein entsprechender Vorsatz gegeben war, hat sie die Verfahren grds rückzuübertragen (vgl aber § 20b Abs 3). Fraglich könnte mit Blick auf § 20a Abs 4 (arg: hinsichtlich anderer Taten) sein, ob dies hinsichtlich des Verfahren wegen § 91 jedenfalls gilt, es also der WKStA verwehrt ist, dieses Verfahren selbst zu führen. Dies wird – nicht zuletzt mit Blick auf die ratio legis (Konzentration von Strafsachen, die besondere Kenntnisse des Wirtschaftslebens oder Erfahrungen mit solchen Verfahren verlangen, bei Spezialisten [vgl auch § 20b Abs 1]) zu bejahen sein. Die WKStA wird daher insoweit mit einer Rückabtretung vorzugehen haben.

b) Wenngleich Ermittlungsmaßnahmen der StA auch bei einer Zuständigkeit der WKStA nicht schlechthin ausgeschlossen sind, liegt hier kein Anhaltspunkt dafür vor, dass es sich bei der Vernehmung des Z um eine unaufschiebbare Maßnahme handelt, sodass die StA zur Ladung des Z (sachlich) unzuständig war. Dass die Voraussetzung für eine Rückübertragung nach § 20a Abs 4 vorlagen, ändert daran nichts, zumal diese Beurteilung ausschließlich der WKStA obliegt (während dies im Fall der in § 20b Abs 1 und 3 genannten Delikte zweifellos Sinn macht, bleiben Sinn und Zweck dieser Konstruktion im Übrigen [also etwa im vorliegenden Fall] dunkel). Das Gericht wird daher dem Einspruch Folge zu geben haben.

c) An dieser Beurteilung ändert sich auch dann nichts, wenn die WKStA erklärt, sie hätte das Verfahren ohnehin an die StA rückübertragen müssen, zumal eine solche Übertragung lediglich ex nunc wirkt.

d) Mit der Übertragung gelten die allgemeinen Zuständigkeitsregeln der §§ 25 f, sodass zwar keine Rückübertragung an die WKStA, wohl aber eine Weiterleitung an eine andere zuständige StA möglich ist (§ 25a Abs 2). Erachtet sich die StA Wien daher als örtlich unzuständig, hat sie die Sache an die StA St. Pölten abzutreten.

II. Die Verfahrensbeteiligten

1. Die Ankläger

Das Anklagerecht steht grds dem Staat, vertreten durch die StA, zu (staatliches Anklagemonopol); lediglich in Ausnahmefällen kann das staatliche Anklagerecht durch den Privatbeteiligten – als Subsidiarankläger – wahrgenommen werden.

Das staatliche Anklagemonopol wird in bestimmten Fällen durchbrochen und die Verfolgung (abgestuft) in das Ermessen Privater gestellt.

Ausschließlich im Ermessen des Geschädigten steht die Strafverfolgung im Falle der **Privatanklagedelikte** (die Strafverfolgungsinitiative geht vom Privaten aus).

Davon unterscheiden sich die **Ermächtigungsdelikte**, bei denen die Strafverfolgungsinitiative von der StA ausgeht, die Strafverfolgung aber im Interesse des Geschädigten nur mit dessen Ermächtigung zulässig ist.

Delikt	Strafverfolgungs-initiative	Verfolgung liegt im Ermessen von	Kostenrisiko für Opfer
Offizial-	StA	StA	nein
Ermächtigungs-	StA	StA/Privaten	nein
Privatanklage	Private	Privaten	ja

12. A hat dem X € 350 gestohlen. X möchte die Bestrafung des A erwirken. Wie hat er vorzugehen?

Hat A dabei irgendwelche Fristen zu beachten?

Gemäß § 80 Abs 1 ist jedermann berechtigt, strafbare Handlungen (zweckmäßigerweise nur Offizial- bzw Ermächtigungsdelikte) der Kriminalpolizei oder der StA anzuzeigen. Erfolgt die Anzeige bei der Kriminalpolizei, so hat sie ihr grds nachzugehen und der StA nach Maßgabe des § 100 zu berichten.

Da es sich beim Vergehen des § 127 StGB um ein Offizialdelikt handelt, dh die Verfolgung auf Antrag des öffentlichen Anklägers (StA) zu erfolgen hat, wird er den obigen Sachverhalt bei einer der genannten Stellen zur Anzeige bringen.

Das Anzeigerecht des A ist unbefristet. Die Anzeige wird allerdings nur dann sinnvoll sein, wenn noch innerhalb der Verjährungsfrist (§§ 57 f StGB) eine Vernehmung als Beschuldigter (§§ 164, 165) oder die Androhung oder Ausübung von Zwang gegen den (bekannten oder unbekannten, jedenfalls aber bestimmten) Täter wegen einer bestimmten Tat in Betracht kommt (§ 58 Abs 3 Z 2 StGB). Die Setzung sonstiger Ermittlungsschritte (zB Einholung eines Gutachtens, Zeugenvernehmungen) genügt insoweit nicht (anders § 1 Abs 2 für den Beginn des Strafverfahrens sowie § 32 Abs 2 VStG).

13. *Wie 12.*

a) *X ist der Großvater von A, wohnt aber nicht im selben Haushalt.*
b) *Wie a) A ist ein Jugendlicher.*
c) *Wie a) A weiß nicht, dass die € 350 dem X gehören.*

a) Der Diebstahl wurde im Familienkreis begangen, sodass § 166 StGB zur Anwendung kommt (zumal A und X in gerader Linie verwandt sind, ist ohne Bedeutung, dass sie nicht in Hausgemeinschaft leben). Die materiellen Privilegierungen finden sich in den Abs 1 und 2, die prozessuale in Abs 3. Demnach handelt es sich hier um ein **Privatanklagedelikt** (§ 71 Abs 1).

X muss daher innerhalb offener Verjährungsfrist beim zuständigen Gericht Anklage einbringen (§ 71 Abs 3).

b) Privatanklagen wegen **Jugendstrafsachen** sind gemäß § 44 Abs 1 JGG unzulässig. An die Stelle des Privatanklagedeliktes tritt ein **Ermächtigungsdelikt** (§ 92). X wird den Sachverhalt daher der Kriminalpolizei bzw der StA anzuzeigen (§ 80 Abs 1) und die Ermächtigung zur Verfolgung zu erteilen oder sich dem Verfahren als PB anzuschließen haben. Alleine die Erstattung einer Anzeige genügt nicht.

c) Die Folgen dieses Irrtums über die Voraussetzungen für die Privilegierung sind strittig. Richtigerweise ist in prozessualer Hinsicht der tatsächliche (nicht der vom Täter angenommene) Sachverhalt ausschlaggebend, sodass auch in diesem Fall ein Privatanklagedelikt vorliegt. Prozessual ist daher der (Tatbild-)Irrtum des Beschuldigten – anders als allenfalls für die materielle Beurteilung – unbeachtlich (vgl RIS-Justiz RS0094986).

14. *A beschimpft auf der Ringstraße lautstark den Polizisten B (§ 115 StGB).*

a) *Was ist zur Einleitung eines Strafverfahrens erforderlich?*
b) *B erteilt die Ermächtigung erst nach der ihm eingeräumten Frist. Welche Konsequenz hat dies?*
c) *B gibt das Schreiben am letzten Tag der ihm eingeräumten Frist zur Post. Zwei Tage später langt es bei der StA ein – rechtzeitig?*
d) *Die Beschimpfung erfolgt auf einer Onlineplattform, wobei der Urheber zunächst nicht eruierbar ist. Welche Möglichkeiten stehen B offen, eine strafrechtliche Verfolgung des Täters zu bewirken?*

a) Die Berechtigung zur Anklage bei Delikten gegen die Ehre ist in § 117 StGB differenziert geregelt. Im konkreten Fall handelt es sich gemäß § 117 Abs 2 StGB um ein **Ermächtigungsdelikt** (§ 92). Die Strafverfolgung bedarf neben der Ermächtigung des Beamten auch einer solchen der vorgesetzten Stelle. Diese muss innerhalb von 14 Tagen ab Anfrage erteilt werden, widrigenfalls das Verfahren einzustellen ist.

b) und c) Bei der Frist des § 92 Abs 1 handelt es sich um eine

- (nicht verlängerbare) **Fallfrist**, bei deren ungenütztem Verstreichen das Verfahren einzustellen ist. Die nachträglich erteilte Ermächtigung (b)) ist unbeachtlich.
- **prozessuale Frist**, bei deren Berechnung die Tage des Postlaufs nicht einzurechnen sind (§ 84 Abs 1 Z 2). Die Ermächtigung (c)) erfolgte daher rechtzeitig.

d) Vorauszuschicken ist, dass die Begehung „während der Ausübung des Amtes oder Dienstes" zwar weder Mündlichkeit noch eine gleichzeitige Anwesenheit von Täter und Beleidigtem voraussetzt. Die beleidigende Äußerung muss aber in diesem Zeitraum unmittelbar dem Beamten gegenüber abgegeben werden (RIS-Justiz RS0093472). Dies trifft hier nicht zu, sodass ein Privatanklagedelikt vorliegt. In derartigen Verfahren findet ein Ermittlungsverfahren grds nicht statt. Wurde jedoch eine Beleidigung im Wege einer Telekommunikation oder unter Verwendung eines Computersystems begangen, kann das Opfer bei Gericht einen Antrag auf Anordnungen nach § 135 Abs 1a oder 2 Z 2 stellen, der den Erfordernissen eines Beweisantrags zu entsprechen hat (§ 71 Abs 1). Die Entscheidung über den Antrag, die Verständigung des ausgeforschten Beschuldigten und die Mitteilung der ausgeforschten Daten an das Opfer obliegt dem ER (Rechtsschutzrichter; § 31 Abs 1 Z 6).

B muss in der Folge binnen sechs Wochen ab Erteilung der Auskunft über die Person des Beschuldigten Privatanklage erheben (§ 71 Abs 3).

15. *Der PA wird auf dem Weg zur HV in einen Verkehrsunfall verwickelt und kommt deshalb zu spät zur HV. Das Gericht stellt daraufhin das Verfahren mit Beschluss ein.*

Kann der PA gegen diesen Beschluss etwas unternehmen?

Grds war die Einstellung des Verfahrens rechtens, weil nach § 71 Abs 7 bei Nichterscheinen des PA in der HV anzunehmen ist, dass er von der Anklage zurückgetreten ist. A kann daher gegen den Beschluss nicht mit Erfolg Beschwerde erheben.

Zu prüfen wäre allerdings, ob der PA gegen die Versäumung der HV erfolgreich die Wiedereinsetzung in den vorigen Stand begehren könnte. Da die mit dem StPÄG 1993 eingeführte Möglichkeit mit dem StrafprozessreformbegleitG I wieder zurückgenommen wurde, kommt auch eine Wiedereinsetzung in den vorigen Stand (§ 364) nicht mehr in Betracht.

16. *Durch einen Zufall erfährt A, dass der mit der Sache betraute StA (S) mit dem Opfer befreundet ist. A möchte aus diesem Grund*

a) *eine von S angeordnete Sicherstellung bekämpfen.*

b) *das Urteil eines Schöffengerichts bekämpfen, weil es sich insb auf von S im Ermittlungsverfahren durchgeführte Vernehmungen eines Mitangeklagten stützt.*

Welche RM wird er wählen und wird er Erfolg haben?

a) Gegen die von S angeordnete Sicherstellung steht dem A die Möglichkeit des Einspruchs offen, wenn er durch einen Akt der StA in seinen subjektiven Rechten verletzt zu sein behauptet (§ 106). Wäre S auch nach § 47 Abs 1 Z 3 verhalten, sich der Ausübung seines Amtes zu enthalten und seine Vertretung zu veranlassen, so wird das Vorliegen eines Befangenheitsgrundes für sich dem Einspruch nicht zum Erfolg verhelfen können, sondern bedarf es darüber hinaus sachlicher Bedenken gegen den angefochtenen Akt (so zu § 7 AVG zB VwGH 30.6.1995, 93/12/0340; gleichartig OLG Graz 11.2.2010, 10 Bs 24/10w).

b) Da alleine die Tatsache der Durchführung von Erhebungen durch ein befangenes Organ diese und die solcherart gewonnenen Ergebnisse nicht mit Nichtigkeit belastet, gilt hier das unter a) Gesagte sinngemäß. Damit wird die Befangenheit – soweit der Ermittlungsakt nicht aus anderen Gründen nichtig ist – im RM-Wege nicht releviert werden können.

2. Das Opfer/Der Privatbeteiligte (PB)

Bereits unabhängig von der Stellung als PB räumt das Gesetz durch die Straftat in ihren Rechten verletzten oder durch sie psychisch erheblich berührten Personen (sog **Opfer)** eine Reihe von Mitwirkungs- (§§ 66, 491 Abs 6) oder sonstigen Verfahrensrechten (§§ 66a f betreffend besonders schutzbedürftige Opfer) ein. Mit der Erklärung, Ersatz für einen erlittenen Schaden oder eine erlittene Beeinträchtigung zu begehren, wird das Opfer zum PB (§ 67), wodurch ihm zusätzliche prozessuale Rechte zuwachsen.

Das Rechtsinstitut der **PB** (im Anschluss- oder Adhäsionsverfahren) ermöglicht – aus prozessökonomischen Gründen – auch die Entscheidung über aus der strafbaren Handlung resultierende zivilrechtliche Ansprüche durch das Strafgericht. Es eröffnet dem Opfer die Möglichkeit, einfacher und billiger zu seinem Recht zu kommen, indem es sich das Prozessrisiko (und die damit verbundenen Kosten) eines Zivilprozesses erspart. Selbst wenn es zu keiner Entscheidung über privatrechtliche Ansprüche kommt, kann das Opfer das **Adhäsionsverfahren** nutzen, einen Zivilprozess „vorzubereiten".

Im Bereich der Klein- und Mittelkriminalität ist die Bedeutung des Rechtsinstitutes der PB im Hinblick auf diversionelle Erledigungsmöglichkeiten (§§ 198 ff) eingeschränkt. Die Interessen eines PB sind aber auch bei einem Vorgehen nach dem 11. Hauptstück als solche des Opfers (iSd § 206) zu berücksichtigen; unmittelbar durchsetzbare Rechte des Opfers (und damit auch des PB) bestehen in diesem Verfahren allerdings nicht.

17. A hat ein überaus wertvolles Gemälde des B zerstört (§§ 125, 126 Abs 2 StGB). B möchte von A Schadenersatz.

Welche Möglichkeiten hat B im Strafverfahren? Wie kann die Entscheidung des Gerichts aussehen?

Da B durch die Straftat einen Schaden erlitten hat, kommt ihm im Strafprozess gegen A die Stellung eines **Opfers** (§ 65 Z 1 lit c) zu und steht ihm die Möglichkeit offen, bis zum Schluss des Beweisverfahrens zu erklären, im Strafverfahren Ersatz für den erlittenen Schaden zu begehren. Mit der Erklärung wird B zum **PB** (§ 67). Die Erklärung selbst kann formlos erfolgen. Über seine wesentlichen Rechte (ua jenes auf Privatbeteiligung [§ 67]) ist das Opfer von der Kriminalpolizei bzw der StA zu informieren (§ 70 Abs 1).

Die Entscheidungen des Gerichts können wie folgt aussehen:

- Ist die Erklärung offensichtlich unberechtigt (zB weil der Anspruch schon befriedigt wurde oder der Geschädigte schon über einen Exekutionstitel verfügt) oder erfolgte sie verspätet, ist sie zurückzuweisen (§ 67 Abs 4 und 5).
- Endet das Verfahren mit einem Freispruch, so ist der PB auf den Zivilrechtsweg zu verweisen (§ 366 Abs 1).
- Endet das Verfahren mit einem Schuldspruch, so ist zugleich über die zivilrechtlichen Ansprüche zu entscheiden. Genügen die Ergebnisse des Strafverfahrens (und die Entscheidung in der Schuld- und Straffrage nicht erheblich verzögernde zusätzliche Erhebungen) zur Beurteilung dieser Ansprüche oder von Teilen davon nicht, so ist der PB auf den Zivilrechtsweg zu verweisen (§ 366 Abs 2).

Eine Abweisung des Antrages (also eine abschlägige Entscheidung in der Sache) ist jedenfalls unzulässig.

18. *Wie 17. Da A anlässlich seiner Vernehmung durch die Kriminalpolizei verspricht, dem B den entstandenen Schaden ersetzen zu wollen, weist die StA die Anschlusserklärung des B zurück.*

Was kann B dagegen unternehmen?

Eine Zurückweisung der Anschlusserklärung kommt – von Verspätungen abgesehen – nur in Betracht, wenn sie offensichtlich unberechtigt ist (§ 67 Abs 4 Z 1). Alleine ein Versprechen des Beschuldigten, den Schaden gutmachen zu wollen, genügt hiefür evidentermaßen nicht.

Gegen die Zurückweisung seitens der StA steht dem B richtigerweise die Möglichkeit des Einspruchs nach § 106 Abs 1 Z 1 offen. Tritt die StA der Ansicht des B bei, so hat sie die Zurückweisung aufzuheben. Andernfalls entscheidet hierüber der ER (Rechtsschutzrichter; §§ 31 Abs 1 Z 3, 106 Abs 4 und 5, 107 Abs 1).

3. Der Subsidiarankläger

Die Rechte des Antrages auf Verfolgung (§ 197c) und auf Fortführung (§ 195) sowie das Recht auf Subsidiaranklage (§ 72) stellen einen – freilich nur eingeschränkten – Ausgleich zum staatlichen Anklagemonopol dar und bieten dem Opfer bzw PB die Möglichkeit, auch dann die strafrechtliche Verfolgung zu betreiben, wenn die StA von der Einleitung eines Strafverfahrens absieht oder von der Verfolgung zurücktritt. Erfolgt der Rücktritt jedoch nach dem 11. Hauptstück, also nach diversioneller Erledigung der Sache, besteht das Recht, die Verfolgung aufrechtzuerhalten, nicht (§ 195).

19. *Die StA stellt das Ermittlungsverfahren wegen des Verdachtes des schweren Diebstahls (§§ 127, 128 Abs 1 Z 5 StGB) nach § 190 Z 2 ein. Welche Möglichkeiten stehen dem PB B offen, die Strafverfolgung des A zu betreiben, wenn*

a) *er vom Rücktritt von der Verfolgung nicht verständigt wurde, sondern davon erst nach einem Jahr durch Zufall erfahren hat?*

b) *seine Forderungen bereits befriedigt worden sind?*

a) Als PB stehen dem B auch alle Rechte des Opfers zu (OGH 24.6.2008, 11 Os 91/08d), sodass ihm grds die Möglichkeit eines **Antrages auf Fortführung des Verfahrens** offensteht (§ 195). Der Antrag ist

- binnen 14 Tagen nach Verständigung von der Einstellung (§ 194), jedenfalls (dh insb auch bei Unterbleiben der Verständigung) aber innerhalb von drei Monaten ab Einstellung **(Fallfrist),** sowie
- innerhalb offener Verjährungsfrist (ÖJZ-LSK 1997/20)

bei der StA einzubringen (§ 195 Abs 2). Im konkreten Fall stehen dem B daher keine Möglichkeiten mehr offen, die Strafverfolgung des A zu bewirken.

b) Die Berechtigung zur Antragstellung nach § 195 steht nur dem Opfer zu. Da B mit Erfüllung der Forderungen seine Stellung als Opfer iSd § 65 Z 1 lit c verliert, stehen ihm keine Möglichkeiten mehr offen, die Strafverfolgung des A zu betreiben.

20. *Wie 19. Was ändert sich, wenn die StA*

a) *nach dem 11. Hauptstück von der Verfolgung zurücktritt?*

b) *im Hauptverfahren außerhalb der HV von der Anklage zurücktritt?*

c) *in der HV von der Anklage zurücktritt?*

Tritt die StA

a) nach dem 11. Hauptstück **(Diversion)** von der Verfolgung zurück, so besteht die Möglichkeit des Antrags auf Fortführung des Verfahrens (§ 195) nicht. Der Antrag ist – mangels Legitimation des B – zurückzuweisen.

b) im Hautverfahren **außerhalb der HV** von der Anklage zurück, so kann der PB innerhalb eines Monats ab Verständigung vom Rücktritt durch das Gericht erklären, die Verfolgung aufrechtzuerhalten. Andernfalls ist das Verfahren mit Beschluss einzustellen (§ 72 Abs 3). Unterbleibt die Verständigung, so steht es dem PB frei, binnen 14 Tagen ab Bekanntmachung des Einstellungsbeschlusses gegen diesen Beschwerde zu erheben (§§ 87 Abs 1, 88 Abs 1) und bei Stattgabe innerhalb offener Verjährungsfrist (ÖJZ-LSK 1997/20) zu erklären, die Verfolgung aufrechtzuerhalten (eine sonstige zeitliche Einschränkung vergleichbar der Dreimonatsfrist des § 195 Abs 2 besteht nicht).

c) in der HV von der Anklage zurück, so ist die Erklärung, die Verfolgung aufrechtzuerhalten, sogleich abzugeben. Ist der PB zur HV (trotz ordnungsgemäßer Ladung) nicht erschienen, so ist der Angeklagte nach § 259 Z 2 freizusprechen (§ 72 Abs 2). Das Subsidiaranklagerecht erlischt. Seine privatrechtlichen Ansprüche muss B auf dem Zivilrechtsweg geltend machen.

21. *G wird vom jugendlichen J leicht verletzt und erstattet Anzeige bei der StA. Diese tritt jedoch*

a) *im Ermittlungsverfahren*
b) *im Hauptverfahren*

von der Verfolgung zurück. Hat G eine rechtliche Möglichkeit, die Verfolgung des J zu erzwingen, wenn J mittlerweile 19 Jahre alt ist?

Als Opfer hat G grds die Möglichkeit, sich dem Strafverfahren als PB anzuschließen (§ 67 Abs 1) und damit – wenn die StA von der Verfolgung zurücktritt – nicht nur einen Antrag auf Fortführung des Verfahrens (§ 195) zu stellen, sondern auch als Subsidiarankläger die Strafverfolgung zu betreiben (§ 72). Die genannten Rechte stehen dem PB nach § 44 Abs 2 JGG allerdings in Verfahren wegen einer Jugendstraftat nicht zu.

Dass J mittlerweile nicht mehr Jugendlicher, sondern junger Erwachsener ist, ist unerheblich.

22. *Bei einem Unfall wird das Auto des A durch Verschulden des B beschädigt. Der Vater des A (V) bezahlt sofort die Reparatur, damit sein Sohn gleich wieder das Auto zur Verfügung hat, und schließt sich später als PB dem Strafverfahren gegen B an.*

a) *Wie hat der ER über die Anschlusserklärung des Vaters zu entscheiden?*
b) *Der Vater des A wird in der Folge als PB zugelassen. Nachdem der StA von der Verfolgung des B zurücktritt, führt der Vater den Prozess als Subsidiarankläger weiter und erwirkt eine Verurteilung des B. Was kann B gegen das Urteil unternehmen?*

a) Jeder durch eine Straftat in seinen strafrechtlich geschützten Rechten Verletzte (Opfer) kann sich dem Strafverfahren mit seinen privatrechtlichen Ansprüchen als PB anschließen (§ 67 Abs 1). Im konkreten Fall ist Opfer allerdings A und nicht dessen Vater. Selbst wenn durch die Bezahlung des Schadens die Forderung auf V übergehen würde, also V Zessionar wäre, könnte V nicht als PB einschreiten (anderes gilt nur für Legalzessionen). Bei den Rechten des Opfers bzw des PB handelt es sich nämlich um öffentlich-rechtliche Befugnisse, die nicht durch zivilrechtliches Rechtsgeschäft auf andere übertragen werden können.

Das Gericht hätte daher die Anschlusserklärung zurückzuweisen.

b) Voraussetzung für ein Einschreiten als Subsidiarankläger ist die Eigenschaft als PB iSd § 67, sodass V zu Unrecht als Subsidiarankläger zugelassen wurde. Das Urteil ist daher nichtig und kann von B mit Berufung wegen Nichtigkeit (§§ 489 Abs 1, 281 Abs 1 Z 9 lit c) mit Erfolg bekämpft werden (OGH 19.7.1989, 15 Os 74, 75/89).

23. Nachdem der StA in der HV von der Verfolgung zurücktritt, erklärt der PB P, die Anklage aufrechtzuerhalten. In der Folge stellt das Gericht das Verfahren nach dem 11. Hauptstück ein.

a) Kann P etwas gegen den Beschluss unternehmen?

b) Wer trägt die Kosten des Verfahrens?

a) Nach § 72 Abs 4 kommen dem Subsidiarankläger im Hauptverfahren die gleichen Rechte wie dem PA und damit (mit den Einschränkungen des § 71 Abs 6) wie dem StA zu; RM gegen Urteile stehen ihm jedoch nur so weit zu, als der PB sie zu erheben berechtigt ist. Fraglich ist nun, ob im vorliegenden Fall auf die vom PA und damit mittelbar vom StA abgeleiteten Rechte zurückgegriffen werden kann und dem P daher nach § 209 ein Beschwerderecht zusteht. Hält man sich vor Augen, dass zum einen der interessierende Beschluss an die Stelle des das Verfahren abschließenden Urteils tritt und zum anderen dem Opfer im Ermittlungsverfahren für den Fall einer Einstellung nach dem 11. Hauptstück keine RM-Möglichkeiten eingeräumt wurden, scheint auch hier nichts anderes gelten zu können (wobei dieser Lösungsansatz auch in der differenzierten Kostentragungsregelung [siehe b)] eine Bestätigung erfahren dürfte). P wird daher seine Ansprüche auf dem Zivilrechtsweg geltend machen müssen.

b) Gemäß § 390 Abs 1 hat der Subsidiarankläger die Kosten in allen Fällen zu tragen, in denen das Verfahren nicht mit einem verurteilenden Erkenntnis endet (siehe auch SSt 55/51). Den Subsidiarankläger trifft jedoch **keine Kostenersatzpflicht**, wenn das Verfahren nach dem 11. Hauptstück beendet wird.

Vielmehr hat der Beschuldigte nach § 388 einen Pauschalkostenbeitrag von bis zu € 250 zu bezahlen. Die Zahlung ist insoweit nachzusehen, als dadurch der zu einer einfachen Lebensführung notwendige Unterhalt des Beschuldigten und seiner Familie, für deren Unterhalt er zu sorgen hat, oder die Erfüllung des Tatausgleiches gefährdet würde.

4. Der Verteidiger

Ein grundlegendes Recht des Beschuldigten besteht darin, sich im Strafverfahren eines Verteidigers seiner Wahl zu bedienen (§§ 49 Z 2, 58). Grds steht es ihm aber auch frei, seine Interessen selbst wahrzunehmen. In bestimmten Fällen normiert das Gesetz allerdings – im Interesse der Rechtspflege, insb im Interesse einer zweckentsprechenden Verteidigung – eine Verpflichtung, sich eines Verteidigers zu bedienen (§ 61 Abs 1).

Das Gesetz trifft nicht nur für den Fall Vorsorge, dass der Beschuldigte dieser Verpflichtung nicht nachkommt (§ 61 Abs 3), sondern auch, dass sich dieser auch dann eines Verteidigers bedienen kann, wenn er nicht die gesamten Kosten der Verteidigung ohne Gefährdung einer bescheidenen Lebensführung tragen könnte (§ 61 Abs 2; vgl auch § 59 Abs 5).

Demnach unterscheidet man:

	Auswahl durch	Entlohnung
a) Wahlverteidiger	Beschuldigten	tarifmäßig durch Beschuldigten
b) Amtsverteidiger	Ausschuss der RA-Kammer	tarifmäßig durch Beschuldigten oder wie e)
c) Verteidiger in Bereitschaft	Beschuldigten aus Liste dazu bereiter Verteidiger	tarifmäßig durch Beschuldigten oder durch den Staat
d) Notverteidiger	Präsident des LG	–
e) Verfahrenshilfeverteidiger	Ausschuss der RA-Kammer	Barauslagen durch den Staat; allenfalls Pauschalbeitrag durch Beschuldigten

24.

a) *Einen Tag vor Beginn der HV wegen eines Mordes (§ 75 StGB) kündigt A seinem Verteidiger die Vollmacht.*

b) *Der gehörlose A wird festgenommen und fordert, einen „Verteidiger in Bereitschaft" kontaktieren zu können. Ein solcher schreitet tatsächlich ein und möchte sein dafür vorgesehenes Honorar geltend machen.*

Wie ist vorzugehen?

a) Das Verfahren findet vor einem Geschworenengericht statt (§ 31 Abs 2 Z 1), sodass ein Fall der **notwendigen Verteidigung** („Verteidigerzwang") vorliegt (§ 61 Abs 1 Z 4).

Dem Beschuldigten steht es grds frei, seinen Verteidiger zu wählen (**Wahlverteidiger**; § 58 Abs 1). In den Fällen der notwendigen Verteidigung ist der Beschuldigte – wenn er nicht schon einen Verteidiger gewählt hat – aufzufordern, einen solchen zu wählen. Wählt er keinen, so ist ihm von Amts wegen ein Verteidiger beizugeben (**Amtsverteidiger**; § 61 Abs 3). Vom Beschluss über die Beigebung eines Verteidigers ist der Ausschuss der zuständigen Rechtsanwaltskammer zu benachrichtigen, damit dieser einen Verteidiger bestellen kann (§ 62 Abs 1).

In dringenden Fällen kann der Vorsteher (Präsident) des Gerichts bei Gericht tätige, zum Richteramt befähigte Personen mit ihrer Zustimmung zu Verteidigern bestellen (**Notverteidiger**; § 62 Abs 2).

Ein solcher dringende Fall liegt hier vor. Da die Bestellung eines Verteidigers im Wege der Rechtsanwaltskammer naturgemäß eine gewisse Zeit in Anspruch nimmt und im konkreten Fall der Prozess nicht ohne Verteidiger geführt werden darf, wäre entweder ein Notverteidiger zu bestellen oder die HV zu vertagen (§ 226 Abs 3).

b) Schreitet in einer Sache ein „**Verteidiger in Bereitschaft**" (§ 59 Abs 4) ein, so ist dieser grds vom Beschuldigten tarifmäßig zu entlohnen. Anderes gilt ua, wenn ein schutzbedürftiger Beschuldigter (§ 61 Abs 2 Z 2) erklärt, dazu aus den in § 61 Abs 2 erster Satz genannten Gründen außer Stande zu sein. Anders als im Fall des Verfahrenshilfeverteidigers ist die Honorarnote auch diesfalls grds an den Beschuldigten zu legen. Wird sie innerhalb von 14 Tagen nicht beglichen, muss der Verteidiger die Honorarnote an den Österreichischen Rechtsanwaltskammertag (ÖRAK) legen und die Forderung an den Bund zedieren. Das Honorar wird vom ÖRAK beglichen, die Einbringung bzw Eintreibung der Forderung wird Sache des Bundes. Sie unterbleibt, wenn beim Beschuldigten die Voraussetzungen der Verfahrenshilfe nach § 61 Abs 2 vorliegen.

25. *Der Mindestrentner R möchte gegen ein BG-Urteil Berufung erheben und diese durch einen Rechtsanwalt abfassen lassen.*

a) *Kann R mit der Beigabe eines Verfahrenshilfeverteidigers rechnen? Was muss er tun?*

b) *Da R vier Wochen nach der HV noch immer nichts wegen des Verfahrenshilfeverteidigers gehört hat, fürchtet er, mit seinem RM an der Ausführungsfrist zu scheitern. Zu Recht?*

c) *Schließlich wird V zum Verfahrenshilfeverteidiger bestellt. Im Zuge eines Gesprächs erfährt er von R, dass dieser zwischenzeitig aus einer Erbschaft zu nicht unerheblichem Vermögen gelangt ist. Kann V gegen seine Bestellung etwas unternehmen?*

d) *Wie c) Was ändert sich, wenn R die Erbschaft erst nach rechtskräftigem Abschluss des Verfahrens macht?*

a) Dem Beschuldigten ist gemäß § 61 Abs 2 ein Verteidiger beizugeben, dessen Kosten er nicht oder nur zum Teil (§ 393 Abs 1a) zu tragen hat (**Verfahrenshilfeverteidiger**), wenn

- er außerstande ist, die gesamten Kosten der Verteidigung ohne Beeinträchtigung des für ihn und seine Familie, für deren Unterhalt er zu sorgen hat, zu einer einfachen Lebensführung notwendigen Unterhaltes zu tragen, und
- die Beigabe im Interesse der Rechtspflege, insb im Interesse einer zweckentsprechenden Verteidigung, erforderlich ist.

In den ausdrücklich aufgezählten Fällen ist die Beigabe jedenfalls erforderlich (demonstrative Aufzählung), sodass sich die Prüfung nur mehr auf die wirtschaftlichen Verhältnisse beschränkt (§ 61 Abs 2).

Weil die Beigabe zur Ausführung einer angemeldeten Berufung jedenfalls erforderlich ist (§ 61 Abs 2 Z 3), wird R nach Prüfung der wirtschaftlichen Verhältnisse ein Verfahrenshilfeverteidiger beizugeben sein. R wird daher abgesehen von der Anmeldung der Berufung (§ 466 Abs 1) einen Antrag auf Beigebung eines Verfahrenshilfeverteidigers stellen.

b) Die Bedenken des R bestehen nicht zu Recht: Hat der Beschuldigte nämlich vor Ablauf der zur Ausführung des RM offenen Frist die Beigebung eines Verfahrenshilfeverteidigers beantragt, so beginnt die Frist ab dem Zeitpunkt neu zu laufen, ab dem dem Verteidiger der Bescheid über seine Bestellung und das Aktenstück, das die Frist sonst in Lauf setzt, oder dem Beschuldigten der den Antrag abweisende Beschluss zugestellt wird (§ 63 Abs 1).

c) Die Bestellung eines Verfahrenshilfeverteidigers erfolgt nach § 62 Abs 1 in zwei Stufen: der beschlussmäßigen Entscheidung über die Gewährung von Verfahrenshilfe an sich und die Bestellung eines konkreten Rechtsanwalts zum Verteidiger durch den Ausschuss der zuständigen Rechtsanwaltskammer. Fallen die Voraussetzungen für die Gewährung von Verfahrenshilfe nachträglich weg (etwa weil sich die wirtschaftlichen Verhältnisse in relevanter Weise bessern), ist diese von amtswegen oder auf Antrag des bestellten Verfahrenshelfers zu widerrufen und ist Letzterer (ex nunc) zu entheben.

V kann daher die Überprüfung des Bestellungsbeschlusses dahingehend beantragen, ob auf Basis der aktuellen Einkommens- und Vermögenssituation des R das Vorliegen der in § 61 Abs 2 genannten Voraussetzungen zu Recht oder zu Unrecht angenommen wurde. Gegen einen allfälligen abschlägigen Beschluss steht ihm die Möglichkeit der Beschwerde nach § 87 offen (OLG Linz 13.1.2010, 9 Bs 415/09g).

d) Zumal der Widerruf der Gewährung von Verfahrenshilfe nur ex nunc in Betracht kommt, bleibt die nachträgliche Erbschaft ohne Bedeutung.

26. *In der Anklageschrift beantragt die StA, den Verteidiger (V) des H, der als einziger mit der schwierigen Materie vertraut ist, in der HV als Zeugen zu vernehmen. Da die Stellung als Zeuge mit jener des Verteidigers unvereinbar sei, beschließt das Gericht, V für das weitere Verfahren von der Verteidigung auszuschließen.*

a) *Was können V bzw H dagegen unternehmen? Mit Erfolg?*

b) *Welche Probleme ergeben sich, wenn ein Verteidiger in der HV als Zeuge vernommen werden soll?*

a) Nach § 60 Abs 1 ist von der Verteidigung insb auszuschließen, gegen wen wegen Beteiligung an bzw Begünstigung hinsichtlich derselben Straftat ein Verfahren anhängig ist, oder wer den Verkehr mit dem angehaltenen Beschuldigten dazu missbraucht, Straftaten zu begehen oder die Sicherheit und Ordnung einer Vollzugsanstalt erheblich zu gefährden. Alleine die beabsichtigte Zeugenvernehmung trägt daher den Ausschluss nicht. Gegen den Beschluss können sowohl V als auch H Beschwerde erheben, der jedoch keine aufschiebende Wirkung zukommt (§ 87; der Beschluss bleibt daher bis zur Entscheidung des RM-Gerichts verbindlich, sodass erforderlichenfalls nach § 61 Abs 3 vorzugehen ist).

b) Sieht man vom Aussageverweigerungsrecht gemäß § 157 Abs 1 Z 2 ab, so ist zu berücksichtigen, dass der Verteidiger bis zu seiner Vernehmung allenfalls dazu verhalten sein kann, den Sitzungssaal zu verlassen (§ 241). Handelt es sich daher um einen Fall notwendiger Verteidigung, so ist für die Beiziehung eines weiteren Verteidigers Vorsorge zu treffen (§§ 61 Abs 3, 221 Abs 1). Nach Vernehmung des Verteidigers steht jedoch einer Übernahme der Verteidigung nichts im Wege.

27. Der ER vergisst, den Verteidiger des wegen § 134 Abs 1 und 3 2. Alt StGB (Strafrahmen sechs Monate bis fünf Jahre) angeklagten

a) *B*

b) *jugendlichen B*

c) *B, von dem nicht abschließend geklärt werden kann, ob er noch Jugendlicher ist,*

d) *B, von dem nicht abschließend geklärt werden kann, ob er noch junger Erwachsener ist,*

zur HV zu laden. Im Einverständnis mit B verhandelt er trotzdem und spricht ihn nach § 134 Abs 1 und 3 1. Alt StGB (Strafrahmen bis zwei Jahre) schuldig. Kann B dieses Urteil im Hinblick auf das genannte Versehen des Gerichts mit Aussicht auf Erfolg bekämpfen?

a) Aufgrund der Anklage liegt hier ein Fall notwendiger Verteidigung iSd § 61 Abs 1 Z 5 vor. Für die Frage der Anfechtbarkeit nach §§ 489, 281 Abs 1 Z 1a sind jedoch nicht die Annahmen der Anklage, sondern die Urteilsfeststellungen ausschlaggebend. Erfolgte der Schuldspruch daher – wie hier – wegen einer Tat, hinsichtlich derer keine notwendige Verteidigung bestand, kann das Urteil aus dem Grund der Z 1a nicht mit Erfolg bekämpft werden (OGH 1.3.2011, 14Os173/10p).

b) Anders als hinsichtlich Erwachsener erstreckt sich die notwendige Verteidigung Jugendlicher nach § 39 Abs 1 Z 4 JGG auf jede HV, ohne dass an eine bestimmte Strafdrohung angeknüpft wird. War daher nicht während der gesamten HV vor dem LG ein Verteidiger des Jugendlichen anwesend, ist das Urteil nach §§ 489 Abs 1, 281 Abs 1 Z 1a nichtig. Diese Bestimmung ist nicht disponibel, das Einverständnis des Angeklagten daher unbeachtlich.

c) Ist zweifelhaft, ob ein Beschuldigter im Zeitpunkt der Verfahrenshandlung das 18. Lebensjahr vollendet hat, kann dies also auch im Wege von Untersuchungen iSd § 37a JGG nicht geklärt werden, sind die für Jugendliche geltenden Verfahrensbestimmungen anzuwenden (§ 1 Abs 2 JGG). Das unter b) Gesagte gilt daher auch hier.

d) Wenngleich § 46a Abs 2 JGG die Zweifelsregel des § 1 Abs 2 JGG bezogen auf junge Erwachsene nicht ausdrücklich für anwendbar erklärt, spricht viel dafür, sie auch auf derartige Zweifelsfälle sinngemäß anzuwenden. Zumal jedoch § 39 JGG auf Verfahren gegen junge Erwachsene keine Anwendung findet, gilt das unter a) Gesagte.

28. *A soll seiner Streupflicht nicht nachgekommen sein, sodass X auf dem Glatteis zu Sturz kam und leicht verletzt wurde. Da er nicht selbst zur HV erscheinen will, ersucht er seine Gattin (G) (mit einer Vollmacht ausgestattet), ihn dort zu vertreten.*

Wie hat das Gericht vorzugehen?

Ist der Angeklagte nicht verhaftet, so kann er sich in der HV vor dem BG grds durch einen Verteidiger als **Machthaber** vertreten lassen. Da – anders als bis zum StrafprozessreformbegleitG I – ausschließlich Verteidiger (iSd § 48 Abs 1 Z 5) als Machthaber in Betracht kommen (§ 455 Abs 2), ist G vom Gericht nicht als Machthaberin zuzulassen. Im Übrigen steht es – nach Maßgabe des § 427 – im Ermessen des Gerichts, nach Durchführung der HV in Abwesenheit des A ein Abwesenheitsurteil zu fällen oder die HV zu vertagen.

III. Ermittlungsmaßnahmen und Beweisaufnahme

Den in der StPO genannten Ermächtigungen kommt vor allem als **Rechtfertigungsgründe** für behördliches Handeln Bedeutung zu (sie statuieren sog **Amts- und Dienstpflichten).** Ihre Kenntnis ist daher auch oder vor allem bei der Lösung materiellrechtlicher Probleme unentbehrlich.

Gemeinsam ist ihnen bei allen Unterschieden der Aufbau. Sämtliche Ermächtigungen sind einerseits an

- **materielle** und andererseits an
- **formelle** Voraussetzungen

gebunden. Eine Unterscheidung und gesonderte Prüfung dieser Voraussetzungen ist vor allem wegen der bisweilen unterschiedlichen Konsequenzen bei deren Nichtvorliegen relevant. Der Beamte ist durch die spezielle Amts- und Dienstpflicht aufgrund der StPO nur dann gerechtfertigt, wenn sowohl die materiellen als auch die formellen Voraussetzungen des Rechtseingriffes vorliegen. Von der strafrechtlichen Haftung des Beamten ist allerdings die Frage zu unterscheiden, ob ein entgegen diesen Bestimmungen erlangtes Ermittlungsergebnis in einem Strafverfahren verwertet werden darf bzw ob dem Betroffenen gegen die fehlerhafte Vorgangsweise RM zur Verfügung stehen.

1. Die einzelnen Befugnisse – Beweismittel

29. *Im Ermittlungsverfahren beantragen der Beschuldigte (B) und der Haftungsbeteiligte (H) die zeugenschaftliche Vernehmung des schwer erkrankten X. Die Kriminalpolizei möchte dem Ansinnen nicht entsprechen, weil zum einen das Beweisthema unerheblich sei und es zum anderen ausschließlich dem Beschuldigten zustehe, im Ermittlungsverfahren Beweisanträge zu stellen.*

a) *Treffen die Annahmen der Kriminalpolizei zu?*
b) *Wie hat sie vorzugehen?*
c) *Welche Möglichkeiten stehen dem B offen, auf die Durchführung der Beweisaufnahme hinzuwirken?*

a) Nach § 55 Abs 1 ist der Beschuldigte berechtigt, die Aufnahme von Beweisen zu beantragen. Eine Beweisaufnahme darf diesfalls ua unterbleiben, wenn das Beweisthema offenkundig ohne Bedeutung ist (Abs 2 Z 1 – **Verbot der vorgreifenden Beweiswürdigung).**

Während der Haftungsbeteiligte im Übrigen dem Beschuldigten im Haupt- und RM-Verfahren gleichgestellt ist (§ 64), gilt dies nicht gleichermaßen im Ermittlungsverfahren. Insb räumt ihm das Gesetz ein entsprechendes ausdrückliches Recht, die

Aufnahme von Beweisen begehren zu dürfen, nicht ein. Dies scheint gerade in jenen Fällen, in denen durch ein Absehen von der Beweisaufnahme im Ermittlungsverfahren der Verlust eines Beweises erheblicher Tatsache droht, aus Effektivitätsgründen nicht unbedenklich (vgl auch § 55 Abs 3).

b) Möchte die Kriminalpolizei einem Antrag auf Beweisaufnahme nicht entsprechen, so hat sie den Antrag mit **Anlassbericht** (§ 100 Abs 2 Z 2) der StA vorzulegen (§ 55 Abs 4). Die StA hat ihrerseits die Beweisaufnahme zu veranlassen oder den Beschuldigten zu verständigen, aus welchen Gründen sie unterbleibt. Dabei steht es ihr grds auch offen, die Beweisaufnahme der HV vorzubehalten, es sei denn, dass dadurch die Gefahr des Verlustes des Beweises erheblicher Tatsachen entstehen würde (§ 55 Abs 3).

c) Entspricht die StA einem Beweisantrag nicht, so steht es dem Beschuldigten frei, dagegen nach § 106 Abs 1 Z 1 Einspruch zu erheben. Während der Einspruch des B inhaltlich zu behandeln wäre, wäre jener des H (zumal er durch die Verweigerung der Beweisaufnahme für sich in keinem subjektiven Recht verletzt sein konnte) als unzulässig zurückzuweisen.

1.1 Der Beschuldigte

30. *In der HV macht der Angeklagte A – den Tatsachen entsprechend – geltend, im Ermittlungsverfahren nur deshalb ein Geständnis abgelegt zu haben, weil ihm*

a) *die Polizei zuvor Fangfragen gestellt habe.*

b) *als starkem Raucher während der 10-stündigen Vernehmung durch die Polizei nicht gestattet worden sei, zu rauchen.*

Darf das Gericht dennoch auf das während des Ermittlungsverfahrens abgelegte Geständnis des B zurückgreifen?

a) Gemäß § 164 Abs 4 dürfen dem Beschuldigten gestellte Fragen nicht unbestimmt, mehrdeutig oder verfänglich sein. Entgegen dieser Bestimmung erlangte Aussagen des Beschuldigten dürfen zu seinen Lasten als Beweismittel bei sonstiger Nichtigkeit (§ 281 Abs 1 Z 2) nicht verwertet werden, wenn durch die angewandte Methode fundamentale Verfahrensgrundsätze verletzen wurden und ihr Ausschluss (mithin das Verwertungsverbot) zur Wiedergutmachung dieser Verletzung unerlässlich ist (§ 166 Abs 1 Z 2 und Abs 2). Wird – wie hier wohl – diese Schwelle nicht überschritten, so können die genannten Verstöße, soweit die Vorgangsweise gleichzeitig gegen Art 6 Abs 1 EMRK verstößt, nur nach Maßgabe des § 281 Abs 1 Z 4 geltend gemacht werden.

b) Nach § 166 Abs 1 Z 1 und Abs 2 dürfen zum Nachteil des Beschuldigten seine Aussagen bei sonstiger Nichtigkeit (§ 281 Abs 1 Z 2) grds nicht als Beweis verwendet werden, soweit sie unter **Folter** zustande gekommen sind. Da die Vorgangsweise die

Schwelle der Folter wohl nicht erreicht, kann ihr nur dann Bedeutung zukommen, wenn sie entweder unter Z 2 zu subsumieren ist oder als Verstoß gegen Art 6 EMRK qualifiziert werden kann (siehe a).

> ***31.*** *Um seine Unschuld zu beweisen, beantragt A im Ermittlungsverfahren,*
>
> ***a)*** *ihn einem Lügendetektortest zu unterziehen.*
> ***b)*** *eine Narkoanalyse („Wahrheitsserum") anzuwenden.*
>
> *Wie ist über den Antrag zu entscheiden?*

Mit der Stellung des Beschuldigten als Prozesssubjekt (dh mit dem **Anklageprinzip im materiellen Sinn**) sind ua solche Methoden unvereinbar, die seinen freien Willen ausschalten (§ 164 Abs 4), wie dies etwa bei der Anwendung eines Lügendetektors oder einer Narkoanalyse der Fall ist.

Derartige Methoden dürfen auch mit ausdrücklicher Zustimmung oder auf Verlangen des Beschuldigten nicht angewandt werden (SSt 48/22). Der Antrag des A ist daher abzuweisen.

> ***32.*** *Nach einem Verkehrsunfall wird dem sich heftig wehrenden A über Anordnung der einschreitenden Polizisten gegen seinen Willen Blut zur Feststellung des Alkoholgehaltes abgenommen. Im darauffolgenden Strafverfahren wird A aufgrund dieses Befundes (1,0 ‰) gemäß § 88 Abs 3 (81 Abs 2) StGB verurteilt. A möchte gegen das Urteil ein RM ergreifen.*
>
> *Welches wird er wählen und wie wird er es begründen?*

Aus der Stellung des Beschuldigten als Prozesssubjekt (bzw aus dem Anklageprinzip im materiellen Sinn) ergibt sich, dass er grds nicht dazu verpflichtet ist, seinen Körper – über einen Augenschein oder eine Beobachtung hinaus – als Beweisobjekt zur Verfügung zu stellen. In einem Graubereich bewegt sich insoweit die Verpflichtung, sich Blut abnehmen zu lassen.

Nach § 123 darf eine Blutabnahme ohne Einwilligung des Betroffenen **(materiell)** insb durchgeführt werden, wenn

- die für die Aufklärung einer Straftat maßgebenden Tatsachen auf andere Weise nicht festgestellt werden können (Abs 1 Z 3) und
- die Person im Verdacht steht, durch Ausübung einer gefährlichen Tätigkeit in alkoholisiertem Zustand eine Straftat gegen Leib oder Leben begangen zu haben (Abs 4 Z 1 lit b).

In **formeller** Hinsicht bedarf sie nach Abs 3 einer gerichtlich zu bewilligenden Anordnung des StA.

Die **Verwertbarkeit** von Ergebnissen zwangsweiser Blutabnahmen differiert nun danach, ob diese aus strafprozessualen oder sonstigen (etwa verkehrsrechtlichen)

Gründen erfolgte. Erfordert sie im erstgenannten Fall, dass alle materiellen und formellen Voraussetzungen ihrer Anordnung vorlagen (Abs 6 Z 1 und 2) und die Ergebnisse dem Nachweis einer Straftat dienen, derentwegen die körperliche Untersuchung angeordnet wurde oder hätte angeordnet werden können (Z 3), kommt in allen anderen Fällen ausschließlich der letztgenannten Voraussetzung Bedeutung zu (Abs 7). Ob die Ergebnisse daher an sich rechtmäßig erlangt wurden oder nicht, ist unerheblich. Dass das Straßenverkehrsrecht eine zwangsweise Blutabnahme nicht vorsieht, hindert daher die Verwertung der solcherart gewonnenen Ergebnisse im gerichtlichen Strafverfahren nicht (anders als im Verwaltungsstrafverfahren – VwSlg 9975 A/1979 [verst Senat]).

Verstöße gegen diese Regelungen können mangels ausdrücklicher Nichtigkeitsdrohung nur nach Maßgabe des § 281 Abs 1 Z 4 (wegen Verletzung des Art 6 Abs 1 EMRK) bzw Z 5 (EvBl 1988/15; EvBl 1988/139) geltend gemacht werden (im Geschworenenverfahren nach § 345 Abs 1 Z 10a [OGH 25.5.2011, 15 Os 162/10b]).

A wird daher eine Berufung wegen Nichtigkeit gemäß § 468 Abs 1 Z 3 erheben.

33. *Im Ermittlungsverfahren weigert sich der Beschuldigte B beharrlich, an einem psychologischen Test mitzuwirken.*

Welche Möglichkeiten stehen zur Verfügung, eine Mitwirkung des B zu erzwingen?

Gemäß Art 90 Abs 2 B-VG darf der Beschuldigte (als Prozesssubjekt) nicht dazu gezwungen werden, unfreiwillig aktiv an der Aufklärung des Sachverhaltes mitzuwirken **(Anklageprinzip im materiellen Sinn;** Verbot eines Zwangs zur Selbstbezichtigung).

Während der Beschuldigte zwar dazu verhalten werden darf, eine körperliche Untersuchung (nach Maßgabe des § 123) zu dulden, scheidet ein Zwang zur aktiven Mitwirkung an medizinischen Untersuchungen (und damit auch an entsprechenden psychologischen Tests) aus.

34. *In der HV macht A – den Tatsachen entsprechend – geltend, von einem V-Mann (V) ohne entsprechende Anordnung durch die StA zur Beschaffung einer größeren Menge Suchtgifts verleitet worden zu sein. A war*

a) *mehrerer kleinerer Betrügereien*
b) *des Suchtgifthandels im großen Stil*

verdächtig. Er wird in der Folge gemäß § 28 Abs 3 SMG verurteilt. Zu Recht?

Nach § 5 Abs 3 ist es ua verboten, Personen zur Begehung strafbarer Handlungen in einer dem Grundsatz des fairen Verfahrens (Art 6 Abs 1 EMRK) widerstreitenden Weise zu verleiten **(Verbot von Lockspitzeln).** Eine gewisse Ausnahme vom generellen Verbot des § 5 Abs 3 statuiert die Möglichkeit des **Scheingeschäfts** nach § 132, mithin insb des Versuchs bzw der scheinbaren Ausführung von Straftaten (materiell mangelt es an der inneren Tatseite), die im Erwerben, im Ansichbringen, Besitzen, Ein-, Aus- oder Durchführen von Gegenständen bestehen, deren Besitz absolut verboten ist (§ 129 Z 3). Von der nach § 5 Abs 3 verpönten Tatprovokation unterscheidet sich der Scheinkauf – den Materialien zufolge (EBRV 25 BlgNR 22. GP 184) – dadurch, dass der verdeckte Ermittler nur die offen erkennbare Bereitschaft eines bereits einschlägig Verdächtigen zur Begehung oder Fortsetzung von Straftaten ausnützt oder ihn darauf anspricht, ob er etwa Suchtgift besorgen könne.

Während im Fall **b)** die Durchführung eines Scheingeschäfts grds in Betracht kommt (da hier [materiell] lediglich die Bereitschaft des A, Suchtgiftdelikte zu begehen, ausgenutzt wird und es insoweit nach § 133 Abs 1 keiner Anordnung der StA bedarf), verbietet sich die Veranlassung im Fall **a)** bereits daraus, dass A eine einschlägige Bereitschaft nicht erkennen lässt.

Dieser Verstoß gegen § 5 Abs 3 hat zur Folge, dass die StA nach § 133 Abs 5 von der Verfolgung abzusehen hat. Gleichermaßen hat das Gericht – in sinngemäßer Anwendung des § 191 Abs 2 – das Verfahren bis zum Schluss der HV mit Beschluss einzustellen. Die Missachtung dieses Verfolgungshindernisses hat eine Nichtigkeit nach § 281 Abs 1 Z 9 lit b zur Folge und kann daher mit Berufung wegen Nichtigkeit bzw NB bekämpft werden.

1.2 Der Zeuge

35. A wird anklagegemäß verurteilt, den X absichtlich schwer am Körper verletzt zu haben. Seine Entscheidung stützt das Gericht dabei vor allem auf Angaben der Ehegattin (E) des A, die diese der Kriminalpolizei gegenüber anlässlich rechtmäßig durchgeführter Erkundigungen machte und die in der HV gemäß § 252 Abs 1 Z 2 (zu Recht) verlesen wurden.

A möchte geltend machen, dass die Aussage nichtig wäre, da E von der Polizei nicht über ihr Aussagebefreiungsrecht belehrt worden wäre. Mit Erfolg?

Wenngleich Zeugenaussagen der E nach § 159 Abs 3 bei sonstiger Nichtigkeit nur verwertbar sind, wenn sie ausdrücklich auf ihr Aussagebefreiungsrecht verzichtet hat, gilt dies nicht für Angaben im Stadium sog **Erkundigungen.** Diese dienen insb der Klärung der prozessualen Stellung des Befragten, also vor allem, ob dieser im weiteren Verfahren Beschuldigter oder Zeuge ist. Entsteht im Zuge solcher Befragungen oder auf andere Weise ein konkreter Tatverdacht gegen eine bestimmte Person, so endet die Möglichkeit von Erkundungen und sind – bei sonstiger Nichtigkeit (§ 152 Abs 1aE) – die Bestimmungen über die Beschuldigten- bzw Zeugenvernehmung anzuwenden.

Da die Erkundigungen rechtmäßig erfolgten und daher die Bestimmungen über den Zeugenbeweis (noch) nicht anzuwenden waren (E daher **Auskunftsperson** und nicht Zeugin war), wird das RM des A nicht erfolgreich sein.

36. *B soll vom V-Mann „Toni" zu einem Suchtgiftverkauf verleitet worden sein. Als der V-Mann im Ermittlungsverfahren als Zeuge geladen werden soll, erscheint anstelle des V-Mannes dessen Vorgesetzter, V. Er könne zwar über den Bericht „Tonis" in der Sache Auskunft geben, wäre aber hinsichtlich „Tonis" Identität nicht von der Amtsverschwiegenheit entbunden.*

Wäre seine Aussage verwertbar?

Gemäß § 155 Abs 1 Z 2 dürfen Beamte bei sonstiger Nichtigkeit ihrer Aussage dann nicht als Zeugen vernommen werden, wenn sie durch die Aussage die ihnen obliegende **Amtsverschwiegenheit** verletzen würden, sofern sie nicht durch ihren Vorgesetzten von der Verschwiegenheitspflicht entbunden wurden (§ 281 Abs 1 Z 2). Dieses **Vernehmungsverbot** besteht nach Abs 2 nicht, soweit der Zeuge im Dienste der Strafrechtspflege Wahrnehmungen zum Gegenstand des Verfahrens gemacht hat oder **Anzeigepflicht** iSd § 78 besteht. Nicht zu diesen aussagepflichtigen Tatsachen zählt nach hM die Identität von Personen, die der Kriminalpolizei unter Zusage der Wahrung ihrer Anonymität Informationen zur Aufklärung einer Straftat zukommen ließen und die nicht selbst im Verdacht der Begehung eines Offizialdelikts stehen. Sie kann grds Gegenstand der Amtsverschwiegenheit sein.

Damit stellt sich die Frage nach der Zulässigkeit von Teilentbindungen. Eine solche wird jedenfalls insoweit bejaht, als sie sich auf verschiedene Fakten (etwa auf einzelne Taten von mehreren) bezieht. Bezieht sich die Entbindung hingegen nur auf einzelne Phasen ein- und desselben Vorganges, so schloss dies nach der älteren Rsp des OGH (zB SSt 27/20; 41/7) die Vernehmung des Zeugen überhaupt aus. Von dieser strengen Linie ging der OGH allerdings in weiterer Folge ab (EvBl 1993/30; OGH 18.4.1995, 14 Os 40/95), um schließlich wieder die grds Unzulässigkeit der Verlesung eines Berichts anstelle der Zeugenaussage eines V-Mannes zu unterstreichen (JBl 2004, 594 mA *Burgstaller*; vgl auch EGMR 23.4.1997, Newsletter 97/3/10). Ob im Fall außergewöhnlich schwerwiegender Straftaten anderes möglich wäre, lässt der OGH offen. Im Ergebnis dürfte die Vernehmung als des V als Zeuge vom Hörensagen im vorliegenden Fall ausscheiden.

37. *Im Ermittlungsverfahren wird*

a) *der Geistliche G mit seinem ausdrücklichen Einverständnis über den Inhalt eines Beichtgespräches*

b) *der Rechtsanwalt R mit seinem ausdrücklichen Einverständnis über den Inhalt eines Gespräches mit seinem Klienten*

vernommen. In der HV wendet der Angeklagte die Unzulässigkeit dieser Vernehmungen ein, da er weder G noch R von der Schweigepflicht entbunden hätte.

Mit Erfolg?

a) Gemäß § 155 Abs 1 Z 1 dürfen bei sonstiger Nichtigkeit ihrer Aussage Geistliche nicht über das vernommen werden, was ihnen in der Beichte oder sonst unter dem Siegel geistlicher Amtsverschwiegenheit anvertraut worden ist (**Vernehmungsverbot**). Dies unabhängig davon, ob der Geistliche seiner Vernehmung zustimmt oder ob der Beichtende den Geistlichen von seiner Verschwiegenheitspflicht entbunden hat (SSt 38/14). Der Einwand wird erfolgreich sein.

b) Gemäß § 157 Abs 1 Z 2 sind Verteidiger, Rechtsanwälte, Patentanwälte, Notare und Wirtschaftstreuhänder berechtigt, über das, was ihnen in dieser Eigenschaft bekannt geworden ist, die Aussage zu verweigern (**Aussageverweigerungsrecht**). Wurde der Zeuge jedoch über dieses Recht informiert und sagt er dennoch aus, so ist seine Vernehmung auch dann zulässig und die Aussage verwertbar, wenn der Rechtsanwalt von seiner Schweigepflicht nach § 9 RAO nicht entbunden war. Fraglich könnte die Verwertbarkeit allerdings dann sein, wenn eine ausdrückliche Information (§ 159 Abs 1) nicht stattfand, der Zeuge sich aber – etwa aufgrund seiner Profession oder vorheriger Vernehmungen – seines Rechts bewusst war. Im Hinblick darauf, dass das StrafprozessreformG erklärtermaßen an der bisherigen Rechtslage nichts ändern wollte, wird es auch weiterhin jedenfalls einer entsprechenden ausdrücklichen Belehrung bedürfen.

38. *A ist als Zeuge zu einer HV geladen und soll dort über die Krankengeschichte des Beschuldigten Auskunft geben. Da er vom Beschuldigten nicht seiner Schweigepflicht entbunden wurde, möchte er die Aussage verweigern. Steht ihm ein Aussageverweigerungsrecht zu, wenn A*

a) der Psychologe
b) der Hausarzt

des Beschuldigten ist?

a) Gemäß § 157 Abs 1 Z 3 steht ua Psychologen ein (der Schweigepflicht gemäß § 54 Abs 1 ÄrzteG 1998 entsprechendes) unbedingtes Aussageverweigerungsrecht zu.

b) Wenngleich auch der Arzt – gleich dem Psychologen – gemäß § 54 ÄrzteG 1998 grds zur Wahrung der ihm in Ausübung seines Berufes anvertrauten oder bekannt gewordenen Geheimnisse verpflichtet ist, kommt ihm mangels ausdrücklicher Nennung in § 157 kein entsprechendes Aussageverweigerungsrecht zu. Da ein Grund für diese Differenzierung nicht ersichtlich ist, bestehen gegen § 157 verfassungs-, näherhin gleichheitsrechtliche Bedenken.

39. *Z ist als Zeuge in einem Mordprozess geladen. Nur er kann die Unschuld des B bezeugen. Durch eine wahrheitsgemäße Aussage würde er sich aber der Gefahr aussetzen, dass gegen ihn*

a) ein Strafverfahren gemäß § 136 StGB eingeleitet wird; Z war unerlaubterweise mit dem Auto des B unterwegs;

b) ein Strafverfahren gemäß § 288 StGB eingeleitet wird; gegenüber der Kriminalpolizei hatte er nämlich noch ausgesagt, keine Angaben machen zu können;
c) ein Verwaltungsstrafverfahren eingeleitet wird; Z hat während seiner Beobachtungen auf dem Gehsteig geparkt.

Ist Z von der Verpflichtung zur Aussage entbunden?

Gemäß § 157 Abs 1 Z 1 ist – als Ausfluss des **Anklageprinzips im materiellen Sinn** – zur Verweigerung der Aussage berechtigt, wer sich durch seine Aussage der Gefahr einer strafgerichtlichen Verfolgung aussetzen würde. Anders als vor dem StPÄG 1993 steht dem Zeugen in diesen Fällen ein unbedingtes Aussageverweigerungsrecht zu; eine Interessenabwägung findet nicht statt.

a) Z kommt daher das Aussageverweigerungsrecht des § 157 Abs 1 Z 1 zugute.

b) Auch in diesem Fall kommt dem Z richtigerweise das Aussageverweigerungsrecht zugute. Entgegen dem klaren Gesetzeswortlaut vertritt der OGH jedoch die Ansicht, dass sich dieser Aussageverweigerungsgrund nicht auf Konsequenzen einer vor der betreffenden Vernehmung in derselben Sache abgelegten Aussage bezieht. Die mögliche Bezichtigung einer strafbaren Handlung nach §§ 288, 289 oder 297 StGB würde somit kein Aussageverweigerungsrecht begründen.

Dem kann insoweit nicht gefolgt werden, als dem verfassungsrechtlich verankerten Verbot eines Zwangs zur Selbstbezichtigung (Art 90 Abs 2 B-VG; Art 6 EMRK) eine Differenzierung nach bestimmten Tatbeständen fremd ist. Ein genereller Ausschluss dieses Grundrechts für einzelne Tatbestände ist demnach unzulässig (aM RIS-Justiz RS0097660).

c) Anders als durch die Gefahr einer strafgerichtlichen Verurteilung wird durch die Gefahr einer verwaltungsstrafrechtlichen Verfolgung das Aussageverweigerungsrecht des § 157 Abs 1 Z 1 nicht begründet, mag auch die drohende Verwaltungsstrafe weit höher sein als eine gerichtliche. Lediglich in Ausnahmefällen kommt ein Aussageverweigerungsrecht gemäß § 158 Abs 1 in Betracht. Anders als nach § 157 ist dieses allerdings nicht unbedingt. Vielmehr hat eine Interessenabwägung stattzufinden.

40. *Wie 39.a) Obwohl Z darlegt, sich durch eine wahrheitsgemäße Aussage der Gefahr auszusetzen, gesteht ihm das Gericht das Aussageverweigerungsrecht nicht zu.*

a) Stehen dem Z hiegegen RM-Möglichkeiten offen?
b) Z möchte sich in der HV eines Rechtsbeistandes bedienen, um seine Rechte zu wahren. Besteht eine solche Möglichkeit?

a) Die richterliche Disposition über die Gewährung des Aussageverweigerungsrechts stellt eine bloß auf den Fortgang des Verfahrens gerichtete Verfügung iSd § 35

Abs 2 dar und hat grds nicht in Beschlussform (§ 86) zu ergehen. Die Entscheidung ist daher weder auszufertigen noch zuzustellen noch steht dem Zeugen dagegen ein RM offen.

b) Wenngleich den österreichischen Verfahrensgesetzen eine ausdrückliche diesbezügliche Regelung fremd ist, scheint es aus verfassungsrechtlichen Gründen (näherhin mit Blick auf Art 6 EMRK) zumindest erwägenswert, ihm ein solches Recht uU zuzugestehen. Dies jedenfalls dann, wenn er es für erforderlich hält, um von seinen prozessualen Befugnissen (insb Aussageverweigerungsrechten iSd § 157 Abs 1 Z 1) selbständig und seinen Interessen entsprechend sachgerecht Gebrauch machen zu können (iSd zum AVG VwGH 13.12.1990, 90/09/0152). Dass der Rechtsbeistand den Zeugen in der Aussage nicht vertreten darf, versteht sich freilich von selbst.

41. *A hat den X ermordet und dabei sein Hemd blutig gemacht. Er flüchtet zu seiner Mutter (M) die das Hemd in ihrer Wohnung versteckt. Als die Polizei bei M nachforschen will, weigert sich diese, eine Durchsuchung der Wohnung zu dulden.*

Aufgrund eines entsprechenden Auftrages führt die Polizei dennoch die Durchsuchung durch und findet das blutige Hemd. In der HV wird dieses als Beweismittel verwendet und trägt entscheidend zur Verurteilung des A bei.

Beurteilen Sie das Verhalten von M sowie jenes der Polizei.

Wenngleich M gemäß § 111 Abs 1 grds verpflichtet ist, der Sicherstellung unterliegende Gegenstände herauszugeben (**Editionspflicht**), darf sie nicht durch Beugemittel dazu verhalten werden (§ 93 Abs 2; **kein Editionszwang**).

Nach § 119 Abs 1 darf eine **Durchsuchung von Orten** durchgeführt werden, wenn (materiell) aufgrund bestimmter Tatsachen anzunehmen ist, dass sich dort ua Gegenstände oder Spuren befinden, die sicherzustellen oder auszuwerten sind (dies trifft im vorliegenden Fall auf das Hemd zu, das nach § 110 Abs 1 Z 1 der Sicherstellung unterliegt). Die Durchsuchung darf (formell) in dem Schutz des Hausrechts unterliegenden Räumlichkeiten idR nur aufgrund eines gerichtlich zu bewilligenden **Auftrags der StA** (§ 120 Abs 1) und nach **Vernehmung** dessen, bei dem sie vorgenommen werden soll, erfolgen.

Da hier keine aktive Mitwirkung des Inhabers der Räumlichkeiten vorgesehen, sondern dieser nur zur Duldung verpflichtet ist, ist sie **auch bei Angehörigen (und beim Beschuldigten) zulässig** und kann im Zwangswege durchgesetzt werden (§ 93 Abs 1). Gleiches gilt im Übrigen auch für die Sicherstellung.

42. *In einem Verfahren gegen X wegen Untreue (§ 153 Abs 1 StGB; Schaden € 500) erachtet das Gericht Informationen über Bewegungen auf den Konten des Y bzw über seine sonstigen Geschäftsverbindungen zur R-Bank (§ 109 Z 4) als* *erforderlich. Zu diesem Zweck soll der ehemalige Mitarbeiter (M) der R-Bank in der HV als Zeuge vernommen werden. In der HV*

a) *verweigert M die Aussage unter Hinweis auf das Bankgeheimnis – zu Recht?*

b) *sagt M aus. Darauf gestützt wird X anklagegemäß verurteilt. In seiner Berufung möchte er geltend machen, dass M nicht hätte vernommen werden dürfen. Mit Erfolg?*

Gemäß **§ 38 Abs 1 BWG** dürfen ua Beschäftigte von Kreditinstituten Geheimnisse, die ihnen ausschließlich aufgrund der Geschäftsverbindungen mit Kunden anvertraut oder zugänglich gemacht worden sind, nicht offenbaren oder verwerten (**Bankgeheimnis**). Die Geheimhaltungsverpflichtung gilt zeitlich unbegrenzt. Sie besteht allerdings nicht in einem Strafverfahren aufgrund einer gerichtlichen Bewilligung gegenüber der StA und Strafgerichten (§ 38 Abs 2 Z 1 BWG).

Spezielle Regelungen für das gerichtliche Strafverfahren enthält **§ 116**. Dieser Bestimmung zufolge haben die Kredit- oder Finanzinstitute in einem gerichtlichen Strafverfahren Auskunft über Bankkonten und Bankgeschäfte (iSd § 109 Z 4) zu erteilen, wenn dies (**materiell**)

- zur Aufklärung einer vorsätzlich begangenen Straftat oder eines Vergehens, das in die Zuständigkeit des LG fällt, erforderlich erscheint (Abs 1),
- diese Straftat zur Geschäftsverbindung oder zu damit im Zusammenhang stehenden Transaktionen einen Bezug iSd Abs 2 aufweist und
- die Verhältnismäßigkeit zum Zweck der Maßnahme gewahrt wird (§ 5).

Die Auskunft (einschließlich ihres Umfanges) ist (**formell**) im Ermittlungsverfahren mit gerichtlich zu bewilligender Anordnung des StA zu verfügen (Abs 4 und 5) und grds dem Kredit- oder Finanzinstitut, dem Beschuldigten und den aus der Geschäftsverbindung Verfügungsberechtigten (sobald diese der StA bekannt geworden sind) zuzustellen (Abs 5, sog **Kontoöffnung**). Im Hauptverfahren tritt an die Stelle der Anordnung des StA ein entsprechender Beschluss des Gerichts (§ 210 Abs 3). Mit der Anordnung stellt die StA (das Gericht) demnach fest, dass das Bankgeheimnis den Strafverfolgungsbehörden bzw dem Strafgericht gegenüber in einem bestimmten Umfang nicht mehr gilt.

Fraglich ist, ob auch die Verpflichtung für das Kredit- oder Finanzinstitut tätiger Personen, über ihnen aufgrund der Geschäftsverbindung anvertraute oder zugänglich gemachte Informationen als Zeugen auszusagen, an das Vorliegen der Voraussetzungen der Abs 1, 2, 4 und 5 gebunden ist. Wenngleich das Gesetz – anders als ursprünglich (§ 145a Abs 1a aF) – eine entsprechende ausdrückliche Regelung vermissen lässt, wird (der ratio legis entsprechend) nach wie vor nichts Anderes gelten und von einer Art Vernehmungsverbot auszugehen sein (dem JAB 406 BlgNR 22. GP 17 zufolge stelle § 116 allen anderen Ermittlungs- und Zwangsbefugnissen gegenüber eine „lex specialis“ dar).

a) Während der Umstand, dass das Verfahren vor einem BG stattfindet, für sich der Rechtmäßigkeit der Kontoöffnung nicht entgegensteht, bestehen im vorliegenden Fall erhebliche Zweifel an der Verhältnismäßigkeit der Maßnahme (vergleichsweise geringer Schaden, Konto eines Dritten). Die Verpflichtung des Zeugen zur Aussage orientiert sich jedoch nicht am Vorliegen der materiellen, sondern lediglich an jenem der formellen Voraussetzungen. Fehlt es daher an einem Beschluss iSd Abs 3 und 4, besteht auch keine Verpflichtung zur Aussage; wurde ein solcher Beschluss – wenn auch rechtswidrig – erlassen, hat der Zeuge auszusagen (zu beachten ist, dass Adressat des Beschlusses nicht der Zeuge selbst, sondern das Kredit- bzw Finanzinstitut sein müsste; ein lediglich dem Zeugen gegenüber eröffneter Beschluss wäre wirkungslos).

b) Die Vernehmung eines Zeugen entgegen den Bestimmungen des § 116 ist nicht nichtigkeitsbewehrt. Die Aussage ist daher der Entscheidung selbst dann zugrunde zu legen, wenn die Voraussetzungen des § 116 für die Vernehmung nicht vorlagen.

43. *A soll seine*

a) *13-jährige Tochter*
b) *Ehegattin*

vergewaltigt haben und wird auf freiem Fuß angezeigt. Gegenüber der herbeigeholten Polizei belastet sie den A noch schwer. Im Zuge einer im Ermittlungsverfahren durchgeführten kontradiktorischen Vernehmung des Opfers verfügt das Gericht (ohne entsprechenden Antrag des Opfers), die Beteiligung der Parteien gemäß § 165 Abs 3 zu beschränken. Anders als vor der Polizei beruft sich das Opfer mehrmals darauf, sich nicht mehr so genau erinnern zu können; für die unterschiedlichen Angaben vor der Polizei hätte es keine Erklärung. In der HV schließlich verweigert es die Aussage, um sich eine nochmalige Befragung zu ersparen. A wird in der Folge primär gestützt auf die Aussage des Opfers vor der Polizei anklagegemäß verurteilt. Er möchte gegen das Urteil ein RM ergreifen.

Welches wird er wählen und wie könnte er es begründen?

Gegen das Urteil eines Schöffengerichts stehen dem Angeklagten NB und Berufung zur Verfügung (§ 280). Im konkreten Fall käme – wegen Verletzung des § 252 Abs 1 Z 2a – eine NB gemäß § 281 Abs 1 Z 3 in Betracht.

IdR ist im Ermittlungsverfahren jeder Zeuge **ohne Beisein der Parteien** zu vernehmen (§ 160 Abs 1). Ist allerdings zu befürchten, dass die Vernehmung des Zeugen in der HV aus tatsächlichen oder rechtlichen Gründen nicht möglich sein wird, so ist den Parteien Gelegenheit zur Beteiligung an der Vernehmung zu geben (§ 165; sog **kontradiktorische Vernehmung).**

Ziel dieser Möglichkeit ist die Sicherung von Beweisen bereits im Ermittlungsverfahren **(Grundsatz der materiellen Wahrheit)** bei gleichzeitiger Wahrung der verfassungsmäßig gewährleisteten Garantie der **Verteidigungsrechte** des Beschuldigten (Art 6 Abs 1, 3 lit d EMRK).

Bei dieser Vernehmung kann im Interesse des Zeugen (besonders mit Rücksicht auf sein geringes Alter oder seinen seelischen oder gesundheitlichen Zustand) oder im Interesse der Wahrheitsfindung die **Beteiligung der Parteien** an der Vernehmung dergestalt **beschränkt** werden, dass die Parteien der Vernehmung unter Verwendung technischer Einrichtungen zur Ton- und Bildübertragung folgen und so ihr Fragerecht ausüben können. Gleichermaßen besteht die Möglichkeit, die Vernehmung durch einen Sachverständigen durchführen zu lassen.

Die Beschränkung gemäß Abs 3 bedarf keines Antrages; minderjährige, durch die Straftat möglicherweise in ihrer Geschlechtssphäre verletzte Zeugen sind jedoch jedenfalls, die in § 156 Abs 1 Z 1 und 2 erwähnten Zeugen, wenn sie oder der StA dies beantragen, in dieser Art zu vernehmen (Abs 4; wird ein entsprechender Antrag abgewiesen, so steht dem Zeugen dagegen **Beschwerde** nach § 87 offen).

Im konkreten Fall bestehen gegen die kontradiktorische Vernehmung (§ 165 Abs 1) keine Bedenken.

Fraglich könnte allerdings die Zulässigkeit der Beschränkungen der Parteienbeteiligung nach Abs 3 sein. Wenngleich hier kein entsprechender Antrag der Zeugin vorliegt (§ 165 Abs 4), ist das Gericht zur Beschränkung berechtigt, wenn dies **im Interesse**

a) des Zeugen, insb aufgrund seines geringen Alters, geboten erscheint. Zielgruppe dieser Bestimmung sind insb minderjährige Opfer.

b) der Wahrheitsfindung geboten erscheint. Gerade bei Straftaten im Familienkreis, aber auch dann, wenn das Opfer in einem wie immer gearteten Abhängigkeitsverhältnis zum Täter steht, und im Sexualstrafrecht besteht die Gefahr, dass das Opfer aus Angst vor dem anwesenden Täter unter psychischen Druck gerät und nicht mehr bereit ist, die Wahrheit über den Tathergang zu schildern.

Im konkreten Fall bestehen daher gegen die Beschränkung gemäß § 165 Abs 3 keine Bedenken.

Verweigert ein Zeuge in der HV die **Aussage**, so darf eine frühere gemäß § 252 Abs 1 Z 2a dann **verlesen** werden, wenn

- der Zeuge die Aussage berechtigt verweigert und
- die Parteien Gelegenheit hatten, sich an einer gerichtlichen Vernehmung (§§ 165, 247) zu beteiligen.

Im Interesse der materiellen Wahrheitsforschung soll das Gericht, auch wenn der Zeuge in der HV die Aussage verweigert, auf frühere Aussagen zurückgreifen dürfen, wenn die Parteien Gelegenheit hatten, Fragen an den Zeugen zu stellen und dessen Glaubwürdigkeit in Frage zu stellen, und damit vor allem den Verteidigungsrechten des Beschuldigten in ausreichendem Maße Rechnung getragen wurde (Art 6 Abs 1, 3 lit d EMRK). Die Verlesungsmöglichkeit erstreckt sich auf alle Aussagen des Zeugen (von denen die Parteien Kenntnis hatten) bis zur kontradiktorischen Vernehmung, also auch auf solche gegenüber der Polizei. Hinsichtlich all dieser Aussagen werden die Verteidigungsrechte des Beschuldigten gewahrt.

Zumal im konkreten Fall offenbar auch die Angaben gegenüber der Polizei Gegenstand der kontradiktorischen Vernehmung waren, durften diese Aussagen in der HV verlesen und das Urteil auch auf diese Angaben gestützt werden. Die NB wird daher nicht erfolgreich sein.

44. *Wie 43. Ändert sich an der Beurteilung etwas, wenn A zwar ordnungsgemäß geladen wurde, aufgrund eines Verkehrsunfalls aber nicht zur Vernehmung erscheinen konnte?*

Voraussetzung für die Zulässigkeit der Verlesung einer früheren Aussage gemäß § 252 Abs 1 Z 2a ist ua, dass die Beteiligten Gelegenheit hatten, sich an einer gerichtlichen Vernehmung zu beteiligen. Fraglich ist allerdings, ob A im konkreten Fall „Gelegenheit" zur Teilnahme an der Vernehmung hatte.

Lässt man dafür genügen, dass seitens des Gerichts alle notwendigen Schritte (ordnungsgemäße Verständigung) gesetzt wurden, den Beteiligten die Teilnahme zu ermöglichen, so stünde der Verlesung der Aussage im konkreten Fall nichts im Weg, selbst wenn A an der Vernehmung nicht teilgenommen hat.

Treten allerdings in der Sphäre des Beteiligten unvorhersehbare oder unabwendbare Ereignisse ein, die eine Teilnahme an der Vernehmung unmöglich machen, so würde alleine das Abstellen auf die abstrakte Möglichkeit zur Teilnahme zu unbilligen Ergebnissen führen und auch dem Sinn dieser Bestimmung entgegenlaufen. Ist den Beteiligten daher die Teilnahme an einer kontradiktorischen Vernehmung aufgrund unvorhersehbarer oder unabwendbarer Ereignisse nicht möglich, so kann streng genommen nicht davon gesprochen werden, dass sie „Gelegenheit" zur Teilnahme hatten, sodass die entsprechenden Aussagen nicht gemäß § 252 Abs 1 Z 2a verlesen werden dürfen. Diesfalls wäre die NB des A erfolgreich.

45. *Wie 43. Dem Opfer wird bei seiner Vernehmung trotz entsprechenden Antrags die Beiziehung einer Vertrauensperson verweigert. Eine nähere Begründung unterbleibt. Welche Möglichkeit steht dem Opfer offen, diese Rechtsverletzung geltend zu machen, wenn die Vernehmung durch*

a) *das Gericht*

b) *die Kriminalpolizei*

erfolgte?

c) *Besteht auch für A eine Möglichkeit, diese Rechtsverletzung geltend zu machen?*

Sowohl bei der 13-jährige Tochter als auch bei der Ehegattin handelt es sich um besonders schutzbedürftige Opfer iSd § 66a Abs 1 (konkret nach Z 1 und 3). Folglich kommt ihnen nach Abs 2 Z 6 dieser Bestimmung das Recht zu, einer Vernehmung eine Person ihres Vertrauens beizuziehen (§ 160 Abs 2). Die Möglichkeit der Durchsetzung dieses Rechts differiert wie bei der Verletzung subjektiver Rechte im Ermittlungsverfahren generell: Erfolgt die Vernehmung (und damit eine Beweisaufnahme) durch

a) das Gericht, steht dem Opfer dagegen die Möglichkeit einer Beschwerde nach § 87 Abs 2 offen.

b) die Kriminalpolizei, eröffnet die StPO keinen spezifischen Rechtsschutzweg. Das Opfer könnte jedoch die Erhebung einer Verhaltensbeschwerde nach § 89 SPG an das LVwG erwägen, weil die Verweigerung der Beiziehung einer Vertrauensperson vorliegend auch gegen § 6 Abs 2 Z 2 Richtlinien-Verordnung verstößt.

c) Zumal das hier interessierende Recht ausschließlich dem Opfer zukommt und auch nicht im Interesse des Beschuldigten statuiert wurde, kann er den diesbezüglichen Mangel nicht bekämpfen.

46. *Eines Nachts beobachtet X aus seinem Schlafzimmerfenster, wie Y auf der Straße vom Mafia-Killer A erschossen wird. Aufgrund der Lage des Fensters kann er A gut erkennen und schließlich bei der Polizei identifizieren. In der Folge wird A gestützt auf die Angaben des X anklagegemäß verurteilt. A möchte gegen das Urteil ein RM ergreifen und geltend machen, dass*

a) ihm die Identität des X unbekannt gewesen sei und X die Frage, von wo aus er A beobachtet hätte, nicht beantwortet hätte, sodass es ihm nicht möglich gewesen wäre, die Glaubwürdigkeit des X in Frage zu stellen. Mit Erfolg?

b) Ändert sich an der Beurteilung etwas, wenn X ein V-Mann ist?

a) und **b)** Der Zeuge ist grds verpflichtet, einerseits **Angaben zu seiner Person** zu machen (§ 161 Abs 1) und andererseits **(zur Sache gehörende) Fragen** (auch des Angeklagten) zu beantworten (§ 249 Abs 1). Eine Ausnahmemöglichkeit von diesen Verpflichtungen statuiert § 162.

Gemäß §§ 162, 248 Abs 1 wird dem Zeugen dann die Wahrung seiner **Anonymität auch vor Gericht** ermöglicht, wenn er durch die Bekanntgabe seiner Identität bestimmte vitale Individualrechtsgüter[1] von sich oder einem Dritten einer ernsten Gefahr aussetzen würde.

Mit diesem Schritt, insb auch mit der Möglichkeit, die Beantwortung bestimmter Fragen, die Rückschlüsse auf solche persönlichen Daten zulassen, zu erlassen, hat der Gesetzgeber eine Schmälerung zum einen der Verteidigungsrechte des Beschuldigten und zum anderen der Möglichkeit des Gerichts, sich ein Bild über die Glaubwürdigkeit eines Zeugen zu machen, bewusst in Kauf genommen. Einen gewissen Ausgleich dafür soll § 258 Abs 3 bieten.

Aufgrund der durch die Identifizierung des A drohenden Gefahr seitens der hinter A stehenden kriminellen Organisation bestehen gegen die Anwendung des § 162 kei-

[1] Als solche führen die EBRV (924 BlgNR 18.GP 35) Leben, Gesundheit, körperliche Unversehrtheit und Freiheit des Zeugen, nicht aber – wie der Gesetzestext – eines Dritten an.

ne Bedenken. Dies gilt sowohl hinsichtlich der Angaben zur Person als auch der Frage nach dem Beobachtungsort (deren Beantwortung wiederum Schlüsse auf die Identität des X zuließe).

Da im konkreten Fall gegen die Anwendung des § 162 keine Bedenken bestehen, wird ein diesbezügliches RM gegen das Urteil nicht erfolgreich sein (vgl OGH 5.3.1997, 13 Os 15, 26/97).

c) Die Gefahr, nicht mehr weiter als **verdeckter Ermittler** tätig sein zu können, ist schon vom Wortlaut des § 162 nicht erfasst (aM JAB 1157 BlgNR 18. GP 10), sodass seine Anwendung alleine aus diesem Grund nicht zulässig ist.

Im Bereich der Bekämpfung organisierter Kriminalität werden aber durch die Bekanntgabe der Identität des V-Mannes in der Regel auch vitale Interessen des V-Mannes oder seiner Angehörigen gefährdet, wobei insb an Vergeltungsakte zu denken ist. Auch im konkreten Fall erscheint daher ein Vorgehen gemäß § 162 grds möglich.

1.3 Der Sachverständige

47. *Der Hausarzt (H) des A soll im Ermittlungsverfahren über den Gesundheitszustand des A in den vergangenen Jahren aussagen. Trotz ordnungsgemäßer Ladung erscheint er nicht zur Vernehmung. Welche Möglichkeiten hat die Kriminalpolizei?*

Bei **Sachverständigen** handelt es sich um **unparteiische Beweispersonen,** die aufgrund ihrer Fachkenntnis im Auftrag der Behörde oder des Gerichts rechtserhebliche Tatsachen feststellen (Befund) und aus diesen Tatsachen Schlüsse ziehen (Gutachten im engeren Sinn; § 125 Z 1). Anders als der Sachverständige wird der **Zeuge** zum **Beweis für vergangene Tatsachen** vernommen.

Bei H handelt es sich um einen sog **sachverständigen Zeugen,** also um eine Person, die zum Beweis über vergangene Tatsachen vernommen werden soll, die sie zwar aufgrund besonderer Fachkenntnis, aber außerhalb des Verfahrens und ohne behördlichen oder gerichtlichen Auftrag wahrgenommen hat. Auf ihn sind die **Bestimmungen des Zeugenbeweises** anzuwenden.

H kann daher vorgeführt werden, wenn dies in der Ladung angedroht wurde (§ 153 Abs 2); die Anwendung von Beugemitteln ist nicht vorgesehen.

48. *Trotz ordnungsgemäßer Ladung erscheint der Sachverständige*

a) *im Ermittlungsverfahren*

b) *in der HV*

zur Erstattung eines Gutachtens nicht. Wie ist vorzugehen?

a) Überschreitet der Sachverständiger eine ihm zur Gutachtenserstellung eingeräumte Frist trotz Mahnung wesentlich, kann er seines Amtes enthoben und kann über ihn (soweit er den Verzug verschuldet hat) eine Geldstrafe von bis zu € 10.000 verhängt werden (§ 127 Abs 5). Eine Vorführung kommt nicht in Betracht.

b) Bleibt der Sachverständige in der HV aus, so ist über ihn eine Strafe von bis zu € 1.000 zu verhängen. Darüber hinaus steht dem Gericht die Möglichkeit offen,

- die sofortige **Vorführung** zu veranlassen (wenn dies ohne wesentliche Verzögerung der HV möglich ist – § 242 Abs 1),
- die HV zu **vertagen** (wobei der Sachverständige die dadurch entstehenden **Kosten** trägt und zur Fortsetzung vorgeführt werden kann; § 242 Abs 3) oder
- die HV unter **Verlesung** bisher schriftlich erstatteter Gutachten fortzusetzen (§ 242 Abs 2).

Gegen die Verhängung der Geldstrafe in der HV kann der Sachverständige binnen 14 Tagen Beschwerde erheben (§ 243).

49. *Im Hauptverfahren wegen eines Verkehrsunfalls (ER) macht der Angeklagte geltend, dass der medizinische Sachverständige*

a) *bereits einmal wegen der Erstattung eines falschen Gutachtens gemäß § 288 StGB verurteilt wurde;*

b) *der Hausarzt des Verletzten ist;*

c) *bereits ein Privatgutachten für den Unfallgegner erstattet habe;*

d) *bereits im Ermittlungsverfahren beigezogen und ein für den Angeklagten nachteiliges Gutachten erstattet habe.*

Was hat das Gericht zu tun?

Ein förmliches **Ablehnungsrecht** der Beteiligten gegenüber dem Sachverständigen ist dem Haupt- anders als dem Ermittlungsverfahren (siehe § 126 Abs 5) fremd, doch steht es in diesem den Beteiligten offen, binnen einer ihnen einzuräumenden angemessenen Frist (dh noch vor Erstellung von Befund und Gutachten; OGH 23.12.2010, 14 Os 143/09z) **begründete Einwände** zu erheben. Diese können sich zum einen auf das Vorliegen von Befangenheitsgründen, zum anderen auf eine mangelhafte Sachkunde beziehen (§ 126).

Darüber hinaus sind Personen, auf die die Befangenheitsgründe des § 47 Abs 1 Z 1 (persönliche Beziehung zur Straftat) oder 2 (vorherige Einbindung in das Verfahren in anderer Funktion) zutreffen, bei sonstiger Nichtigkeit des Aktes als Sachverständige nicht beizuziehen **(Ausschließung;** § 126 Abs 4).

a) Da auf den Sachverständigen kein Befangenheitsgrund zutrifft, ist zu prüfen, ob die Verurteilung geeignet ist, die **Sachkunde** in Zweifel zu ziehen. Der ratio legis entsprechend (das Gericht muss sich auf die Richtigkeit des Gutachtens verlassen können), ist dies nicht nur der Fall, wenn dem Sachverständigen entsprechende Fachkenntnisse (EvBl 1972/69; hier: auf dem Gebiet der Medizin) fehlen, sondern auch, wenn er diese Kenntnisse nicht hinreichend sorgfältig oder sogar wissentlich unrichtig anwendet. Das Gericht wird daher einen anderen Sachverständigen bestellen (unterlässt es dies, so kann dies im Wege der Berufung wegen Schuld geltend gemacht werden; §§ 489 Abs 1, 464 Z 2).

b) und **c)** Sowohl die Tatsache, dass der Sachverständige der Hausarzt des Verletzten ist (SSt 32/44; 41/33), als auch, dass er in der Sache bereits ein Privatgutachten erstattet hat, stellen geeignete Gründe dar, die volle Unvoreingenommenheit und Unparteilichkeit in Zweifel zu ziehen und damit die Bestellung eines anderen Sachverständigen erforderlich zu machen.

d) Der Umstand der Beiziehung im Ermittlungsverfahren steht einer solchen auch im Hauptverfahren nicht automatisch entgegen. Vielmehr hat eine einzelfallbezogene Prüfung zu erfolgen (VfGH 10.3.2015, G 180/2014 ua).

50. *In seiner NB führt der Angeklagte aus, dass der in der HV beigezogene Dolmetscher*

a) *die eingetragene Partnerin der Verletzten gewesen sei.*
b) *entgegen § 126 Abs 2a trotz entsprechender Möglichkeit nicht durch das BMJ bzw die Justizbetreuungsagentur zur Verfügung gestellt worden sei.*
c) *nicht allgemein beeidet und gerichtlich zertifiziert gewesen sei.*
d) *bereits im Ermittlungsverfahren beigezogen wurde.*

Mit Erfolg?

a) Nach § 126 Abs 4 dürfen solche Personen bei sonstiger Nichtigkeit (§ 281 Abs 1 Z 3) nicht als Dolmetscher beigezogen werden, auf die – wie hier – der Befangenheitsgrund des § 47 Abs 1 Z 1 zutrifft. Die NB wäre daher erfolgreich.

b) Nach § 126 Abs 2a sind als Dolmetscher grds vom BMJ bzw in dessen Auftrag von der Justizbetreuungsagentur zur Verfügung gestellte geeignete Personen zu bestellen. Stehen solche nicht oder nicht rechtzeitig zur Verfügung, können auch andere geeignete Person als Dolmetscher bestellt werden (Abs 2b). Erfolgt die Beziehung sonstiger Dolmetscher ohne Vorliegen der Voraussetzungen des Abs 2b, so kann dies gleichwohl nicht erfolgreich mit NB bekämpft werden: Vielmehr ist für die Beiziehung (Abwesenheit von Ausschlussgründen vorausgesetzt) ausschließlich dessen Fähigkeit ausschlaggebend, aus der Verfahrenssprache in eine andere Sprache und vice versa übersetzen zu können.

Allerdings dürfen der zum Kostenersatze verpflichteten Partei nur die für die Beiziehung nach Abs 2a zur Verfügung gestellter Dolmetschers zu entrichtenden Pauschalkosten (§ 381 Abs 1 Z 2a) auferlegt werden (zum AVG vgl VwSlg 12.655 A/1988).

c) Werden als Dolmetscher sonstige geeignete Personen beigezogen, sollen diese vorrangig aus der Gerichtssachverständigen- und Gerichtsdolmetscherliste (iSd § 2 Abs 1 SDG) ausgewählt werden (Abs 2b). Zwingend ist jedoch auch das nicht, sodass die NB nicht erfolgreich wäre. Zumal von der StA oder vom Gericht nach Abs 2b beigezogene Dolmetscher im Übrigen einheitlich nach dem GebAG zu entlohnen sind, kann auch in der Kostenfrage nicht erfolgreich auf diesen Umstand rekurriert werden.

d) Der Umstand, dass der Dolmetscher bereits im Ermittlungsverfahren beigezogen wurde, genügt nicht, im Hauptverfahren eine Befangenheit zu begründen (§ 126 Abs 4 aE).

51. *A hat im alkoholisierten Zustand den X im Zuge eines Verkehrsunfalls schwer verletzt. Aufgrund des fünf Stunden nach dem Unfall durchgeführten Alkomattests errechnet der medizinische Sachverständige einen Blutalkoholgehalt von 0,9 ‰ im Tatzeitpunkt. Bereits in der HV macht A geltend, dass das Gutachten insoweit mangelhaft wäre, als*

a) *die Rückrechnung auf der unrichtigen Annahme beruhe, dass es für den Alkoholabbau unerheblich wäre, ob dieser in wachem oder schlafendem Zustand erfolge.*
b) *sich das medizinische Gutachten ausschließlich auf die Feststellung des Alkoholgehaltes beschränke; Ausführungen zur Berechnungsmethode wären nicht enthalten.*

Er beantragt, den SV hierzu ergänzend zu befragen. Das Gericht weist den Antrag ab. A wird in der Folge anklagegemäß nach § 88 Abs 3 und 4 2. Fall StGB verurteilt und beruft.

Mit Erfolg?

Das **Gutachten** eines Sachverständigen hat aus einem Befund und dem Urteil, dem Gutachten im engeren Sinne, zu bestehen. Der **Befund** hat alle jene Grundlagen und die Art ihrer Beschaffung zu nennen, die für das Gutachten erforderlich sind. Er hat daher die vom Sachverständigen vorgenommenen Tatsachenfeststellungen (ua Prämissen) zu enthalten. Das **Urteil** (Gutachten im engeren Sinn) enthält die Schlussfolgerungen aus dem Befund.

Das Gericht hat das (von einem tauglichen Sachverständigen erstellte) Gutachten auf seine **Schlüssigkeit** unter Zugrundelegung der Denkgesetze und der allgemeinen Lebenserfahrung zu prüfen (woraus sich auch die Notwendigkeit der Darlegung ergibt, wie der Sachverständige zu seinem Schluss kommt). Ist das Gutachten daher etwa unbestimmt, unschlüssig oder in sich widersprüchlich, so hat das Gericht – nötigenfalls unter Beiziehung weiterer Sachverständiger – für eine Behebung dieser Mängel zu sorgen (§ 127 Abs 3).

Eine darüberhinausgehende Prüfung der **inhaltlichen** (fachlichen) **Richtigkeit** eines Gutachtens wird dem Gericht jedoch idR (mangels notwendiger Sachkunde) nicht möglich sein.

Verstöße gegen § 127 Abs 3 können nach Maßgabe der Nichtigkeitsgründe des § 281 Abs 1 Z 4 (vgl OGH 23.8.1984, 12 Os 106/84) bzw 5 (Begründungsmangel; vgl

OGH 26.6.1986, 12 Os 89/86) geltend gemacht werden. Dabei ist es Sache der Parteien, darzulegen, welcher in § 127 Abs 3 genannte Mangel vorliegt (OGH 13.2.1997, 15 Os 3/97 ua). Die Würdigung eines von einem tauglichen Sachverständigen erstellten und den Anforderungen des § 127 Abs 3 entsprechenden Gutachtens kann demgegenüber im Wege einer NB bzw einer Berufung wegen Nichtigkeit nicht mit Erfolg geltend gemacht werden (OGH 8.11.1979, 13 Os 114/79).

a) Aus dem Vorbringen des A lassen sich Anhaltspunkte für ein Vorliegen der in § 127 Abs 3 genannten Mängel nicht gewinnen, sodass der Antrag in der HV zu Recht abgewiesen wurde (SSt 17/165).

A könnte den von ihm behaupteten Mangel nur mit Berufung wegen Schuld geltend machen; eine Berufung wegen Nichtigkeit kommt nicht in Betracht.

b) Erschöpft sich eine sachverständige Äußerung in einem Gutachten ieS, fehlt also der Befund, so ist das Gutachten ieS mit einem wesentlichen Mangel iSd § 127 Abs 3 behaftet. Das Gericht hätte auf eine Ergänzung des Gutachtens hinwirken müssen. Das Urteil ist daher nichtig (§ 281 Abs 1 Z 4, 5).

2. Die einzelnen Befugnisse – Prozessuale Zwangs- und Sicherungsmittel

2.1 Sicherstellung/Beschlagnahme/ Auskunft über Bankkonten und Bankgeschäfte

52. A steht im Verdacht, bei Einbrüchen Kunstgegenstände im Wert von etwa € 45.000 erbeutet und diese Gegenstände mittlerweile an einen unbekannten Dritten weiterverkauft zu haben. Die StA möchte bereits im Ermittlungsverfahren dafür sorgen, dass „A das Geld im Strafverfahren abgenommen werden kann". Was kann sie unternehmen, wenn A

a) das Geld schon ausgegeben hat, er aber auf einem Depot Wertpapiere besitzt?
b) um den Erlös ein wertvolles Bild gekauft hat?
c) das Geld schon ausgegeben hat, er aber ein Grundstück besitzt?

Gemäß § 20 Abs 1 und 2 StGB sind insb durch eine mit Strafe bedrohte Handlung erlangte Vermögensvorteile und ihnen korrespondierende Ersatzwerte für verfallen zu erklären. Besteht der Verdacht einer solchen unrechtmäßigen Bereicherung und scheint dies zur Sicherung des Verfalls erforderlich, so kann die StA zunächst die Sicherstellung verfügen (§ 110 Abs 1 Z 3 und Abs 2), wobei als Sicherungsmittel

a) das vorläufige Verbot der Herausgabe der Wertpapiere (Drittverbot) und das vorläufige Verbot ihrer Veräußerung oder Verpfändung (§ 109 Z 1 lit b). Diesfalls ist daran anschließend bei Gericht die Beschlagnahme zu beantragen (§ 113 Abs 3).

b) die vorläufige Begründung der Verfügungsmacht (§ 109 Z 2 lit a iVm Z 1 lit a) angeordnet werden kann.

c) Fraglich ist, ob die Sicherstellungsmöglichkeit auch in Bezug auf Grundstücke besteht. Dagegen könnte ins Treffen geführt werden, dass § 109 Z 2 lit b insoweit ein spezielles Procedere (für die Beschlagnahme) enthält und die praktische Umsetzung einer Provisorialmaßnahme problematisch sein könnte. Mit Blick auf die mit dem StPRÄG 2024 eingefügte Legaldefinition des § 109 Z 1a (Vermögenswerte), die ausdrücklich auch „unbewegliche" Vermögenswerte anspricht, spricht mehr dafür, auch auf Grundstücke bezogen Sicherstellungen zuzulassen.

53. *Wie 52.c) A ist aufgrund seines jugendlichen Alters und verzögerter Reife (§ 4 Abs 2 Z 1 JGG) schuldunfähig, das Grundstück steht im Miteigentum von A und einem weit entfernten Verwandten (V). Nach Verfügung einer Sicherstellung durch die StA spricht das Gericht die Beschlagnahme aus. V möchte gegen diese „Verfügungen" RM ergreifen.*

Welche(s) wird er wählen, und wird er Erfolg haben?

Voraussetzung für den Verfall gemäß § 20 Abs 1 StGB ist ausschließlich das Vorliegen einer unrechtmäßigen Bereicherung durch eine mit Strafe bedrohte Handlung. Die Bestrafung des Täters ist daher nicht notwendig. Vielmehr kommt der Verfall auch dann zur Anwendung, wenn der Täter mangels Schuldfähigkeit nicht verurteilt werden kann **(objektives Verfahren;** § 445 Abs 1).

Liegen darüber hinaus die Voraussetzungen der §§ 110 bzw 115 vor, kann zur Sicherung dieser Anordnung von der Sicherstellung bzw Beschlagnahme Gebrauch gemacht werden.

Gegen die Anordnung der StA, mit dem eine Sicherstellung verfügt wird (§ 110 Abs 2), steht ua dem Betroffenen (§ 48 Abs 1 Z 4) die Möglichkeit des Einspruchs (§ 106), gegen den Beschluss, mit dem die Beschlagnahme angeordnet wird (§ 115), die Beschwerde an das OLG offen (§ 87). Im Hinblick darauf, dass die Verfügungsbeschränkung kraft Beschlagnahme gleichsam an die Stelle jener kraft Sicherstellung tritt und im Beschlagnahmebeschluss implizit über die Rechtmäßigkeit der vorhergehenden Sicherstellung befunden wird, könnte allerdings – vergleichbar ähnlichen Konstruktionen in anderen Gesetzen (zB § 360 Abs 2 GewO) – erwogen werden, ab Verfügung der Beschlagnahme die Zulässigkeit des Einspruchs zu verneinen.

In jedem Fall werden, sofern die Voraussetzungen der §§ 110 bzw 115 vorliegen, der Einspruch bzw die Beschwerde des V nicht erfolgreich sein.

54. *Wie 53. Um die Belastung seiner Liegenschaft zu beseitigen, erlegt V bei Gericht den im Beschlagnahmebeschluss nach § 115 Abs 5 festgesetzten Betrag. Da* *auch zwei Monate danach die Belastung nach wie vor im Grundbuch aufscheint, möchte er rechtliche Schritte ergreifen.*

a) *Welche würden Sie ihm raten?*
b) *Was ändert sich, wenn zwischenzeitig Anklage eingebracht wurde?*

a) Wenn und sobald ein nach § 115 Abs 5 bestimmter Geldbetrag erlegt wird, hat (bis zum Einbringen der Anklage) die StA (und nicht das Gericht!) die Beschlagnahme aufzuheben. Gegen die Untätigkeit (Unterlassung) der StA steht dem V die Möglichkeit des Einspruchs nach § 106 Abs 1 Z 2 offen (indem die Beschlagnahme nämlich länger als zulässig aufrechterhalten wird, wird sie „unter Verletzung von Bestimmungen dieses Gesetzes durchgeführt").

b) Mit Einbringung der Anklage verliert die StA die verfahrensführende Rolle an das Gericht und wird zur bloßen Beteiligten (OGH 19.5.2011, 11 Os 48/11k). Ab diesem Zeitpunkt liegt es daher am Gericht, die erforderlichen Maßnahmen zu setzen. Rechtsschutzmöglichkeiten gegen diese gerichtliche Untätigkeit bestehen hier – anders als im Ermittlungsverfahren hins einer solchen der StA – keine.

55. *X steht im Verdacht, eine Bank überfallen zu haben.*

a) *Bei einer Durchsuchung der Wohnung des X*
b) *In einem Gebüsch nächst der Wohnung des X*

stellt die Polizei in einer auffälligen Brieftasche eine größere Menge Geldes sicher (§ 110 Abs 1 Z 2). Welche Möglichkeiten stehen dem Betroffenen offen, eine gerichtliche Kontrolle zu erwirken?

a) Während auf Sicherstellungen iSd § 109 Z 1 lit b (Dritt-, Belastungs- und Veräußerungsverbot) – sofern sie nicht bereits von der StA aufgehoben werden – obligatorisch die Beschlagnahme und damit zwingend die gerichtliche Kontrolle folgt (§ 113 Abs 3), trifft dies auf Sicherstellungen nach § 109 Z 1 lit a nicht zu. Vielmehr erfolgt die **gerichtliche Kontrolle** hier **ausschließlich auf Antrag des Betroffenen** (§ 115 Abs 2; die Formulierung des Gesetzes ist hier freilich grob missglückt, zumal der Antrag wohl nicht auf die Verfügung der Beschlagnahme, sondern – in Form eines Einspruchs – auf die Aufhebung der Sicherstellung gerichtet sein wird; siehe die Informationspflicht nach § 111 Abs 4]). Nur in diesen Fällen wird daher auch hier die Sicherstellung von der Beschlagnahme abgelöst. Gegen den Beschlagnahmebeschluss steht dem Betroffenen die Beschwerde nach § 87 offen; ein Einspruch (§ 106 Abs 1 Z 2) gegen die Sicherstellung kommt ab Erlassung des Beschlagnahmebeschlusses nicht mehr in Betracht (Subsidiarität des Einspruchs; OLG Graz 11.2.2010, 10 Bs 24/10w).

b) Nach § 113 Abs 4 findet im Fall einer Sicherstellung nach § 109 Z 1 lit a auch auf Antrag keine Beschlagnahme statt, wenn sich die Sicherstellung auf Gegenstände bezieht, die in niemandes Verfügungsmacht stehen (§ 110 Abs 3 Z 1 lit a). Vielmehr hat die StA die erforderlichen Verfügungen darüber zu treffen und gegebenenfalls die Sicherstellung aufzuheben. Gegen solche Verfügungen der StA bzw gegen die Aufrechterhaltung der Sicherstellung steht dem X die Möglichkeit des Einspruchs (§ 106 Abs 1 Z 2) offen.

56. *Im Ermittlungsverfahren gegen X wegen betrügerischer Krida (§ 156 StGB) verweigert dessen Buchhalter und Komplize Y gemäß § 157 Abs 1 Z 1 die Aussage und weigert sich gleichzeitig, entsprechende Aufzeichnungen herauszugeben.*

a) *Daraufhin verfügt die StA die Sicherstellung der Papiere.*

b) *In der Vernehmung teilt Y der Polizei lächelnd mit, die Papiere an einen sicheren Ort gebracht zu haben. Tatsächlich können sie von den Behörden nicht gefunden werden. Daraufhin verhängt das Gericht über Y eine Beugestrafe von € 350.*

Welche(s) RM kann Y gegen die Anordnungen ergreifen? Mit Erfolg?

Gemäß § 111 Abs 1 ist jeder (also grds auch der Beschuldigte und zur Aussageverweigerung berechtigte Zeugen) verpflichtet, der Sicherstellung unterliegende Gegenstände (insb Urkunden) auf Verlangen herauszugeben, soweit dadurch das Vernehmungsverbot nach § 155 Abs 1 Z 1 bzw die Aussageverweigerungsrechte nach § 157 Abs 1 Z 2 bis 5 nicht umgangen werden (§§ 144, 157 Abs 2).

Wird die Herausgabe solcher Gegenstände verweigert, so darf die Sicherstellung im Zwangswege erfolgen (§ 93 Abs 2).

Kann der Gegenstand nicht aufgefunden und daher auch nicht zwangsweise sichergestellt werden und ist dessen Innehabung erwiesen oder zugestanden, so kann der Besitzer durch Beugestrafe von bis zu € 10.000 oder Haft von bis zu 6 Wochen zur Herausgabe verhalten werden. Dies allerdings nur, sofern er nicht selbst der Straftat verdächtig oder von der Pflicht zur Aussage gesetzlich befreit ist.

Gegen die zwangsweise Sicherstellung steht dem Y der Einspruch (§ 106), gegen die Verhängung des Zwangsmittels die Beschwerde an das OLG offen (§ 87).

a) Die zwangsweise Sicherstellung von Gegenständen ist also auch dann zulässig, wenn sich diese im Gewahrsame eines gemäß § 157 Abs 1 Z 1 zur Aussageverweigerung berechtigten Zeugen befinden. Der ER (Rechtsschutzrichter) wird den Einspruch daher abzuweisen haben.

b) Da Y selbst der Tat verdächtig ist und ihm ein Aussageverweigerungsrecht zukommt (§ 157 Abs 1 Z 1), darf er nicht mit Beugemitteln zur Herausgabe verhalten werden. Das OLG wird der Beschwerde daher Folge zu geben und den Beschluss des ER (Rechtsschutzrichter) aufzuheben haben.

***57.** Als der Wirtschaftstreuhänder (W) des A*

***a)** im Ermittlungsverfahren*
***b)** in der HV vor einem Schöffengericht*

die Aussage verweigert, ordnet das Gericht auf Antrag der StA die Beschlagnahme der das Verfahren betreffenden Akten des W an.

Was können A und W dagegen unternehmen?

Gemäß § 157 Abs 1 Z 2 sind ua Wirtschaftstreuhänder zur Verweigerung der Aussage berechtigt. Dieses **Aussageverweigerungsrecht** darf bei sonstiger Nichtigkeit **nicht umgangen** werden (§ 157 Abs 2; vgl OGH 19.3.1997, 13 Os 28, 29, 30/97).

a) Im Ermittlungsverfahren steht – weil die RM-Legitimation nicht auf die Beteiligten des Strafverfahrens beschränkt ist – sowohl A als auch W die Möglichkeit einer Beschwerde gemäß § 87 offen. Das OLG wird den Beschluss des ER (Rechtsschutzrichter) zu beheben haben. Werden diese Unterlagen dem Urteil zugrunde gelegt, steht A darüber hinaus die Möglichkeit einer NB gemäß § 281 Abs 1 Z 2 offen.

b) Hins innerhalb der HV gefasster Beschlüsse ist zu unterscheiden: Handelt es sich um solche bloß prozessleitender Natur, so steht den Beteiligten hiegegen kein gesondertes RM zu, sondern sind sie gehalten, ihre diesbezüglichen Bedenken im gegen das Urteil zur Verfügung stehenden RM zu relevieren (§ 238 Abs 3). Hins aller anderen Beschlüsse gelten auch für die Beteiligten des Strafverfahrens die allgemeinen Regelungen der §§ 87 f. Zumal das Wesen des vorliegenden Beschlusses über die reine Prozessleitung hinausgeht, kommt dem Rechtsmittelausschluss des § 238 Abs 3 vorliegend keine Bedeutung zu. Demnach können sowohl A als auch W gegen den Beschluss Beschwerde an das OLG erheben (OLG Linz 11.3.2014, 7 Bs 33/14y).

***58.** Da die R-Bank einer Anordnung der StA nach § 116 Abs 4 und 5 nicht entspricht, durchsuchen Beamte der Wirtschaftspolizei eines morgens wegen Gefahr im Verzug die Geschäftsräumlichkeiten der R-Bank in der Wiener Innenstadt. Als sie dabei weitere, von der ursprünglichen Anordnung der StA nicht erfasste, für die Sache aber ihres Erachtens dennoch erhebliche Unterlagen vorfinden, beginnen sie – trotz heftigen Protestes eines anwesenden Vertreters der R-Bank – ebenso wegen Gefahr im Verzug mit der Sichtung der Unterlagen und stellen diese in weiterer Folge sicher.*

***a)** War die Vorgangsweise rechtmäßig?*
***b)** Dürfen die solcherart gewonnenen Ergebnisse im Urteil verwertet werden?*

a) Die Durchsuchung eines Kredit- oder Finanzinstituts setzt jedenfalls eine eigene, zur Anordnung iSd § 116 Abs 4 und 5 hinzutretende, gerichtlich zu bewilligende Anordnung der StA voraus (§ 116 Abs 7). Eine Ermächtigung der Kriminalpolizei etwa für den Fall von Gefahr in Verzug besteht nicht. Die Durchsuchung war daher bereits mangels Vorliegens der erforderlichen Anordnung mit Rechtswidrigkeit belastet.

Sollen weitere, von der ursprünglichen Anordnung nicht umfasste Urkunden oder Unterlagen zur Einsicht zur Verfügung gestellt oder herausgegeben werden, ist vielmehr erforderlichenfalls eine ergänzende Anordnung der StA einzuholen (EBRV 673 BlgNR 24. GP 6).

b) Mangels entsprechenden ausdrücklichen Verwertungsverbots bzw ausdrücklicher Nichtigkeitsdrohung könnten Verstöße nur nach Maßgabe des § 281 Abs 1 Z 4 geltend gemacht werden. Daran vermag auch die Anordnung des § 116 Abs 7 iVm § 93 Abs 4 nichts zu ändern, wonach die solcherart gewonnenen Ergebnisse zu vernichten sind.

59. *A steht im Verdacht, für eine terroristische Vereinigung Vermögenswerte in großem Ausmaß zu verwalten bzw umzuwandeln, wobei er sich – so der Verdacht – zahlreicher gutgläubiger Dritter, ua des D, bedient (§ 165 Abs 3 und 4 StGB). Im Zuge des Ermittlungsverfahrens ordnet die StA daher mit gerichtlicher Bewilligung – samt ausführlicher Begründung – an, dass die R-Bank verpflichtet sei, alle Urkunden und anderen Unterlagen über Art und Umfang der Geschäftsverbindung mit D und damit im Zusammenhang stehende Geschäftsvorgänge und sonstige Geschäftsvorfälle während der letzten beiden Jahre herauszugeben. Die Anordnung wird der R-Bank, nicht hingegen A und D, zugestellt (wovon die R-Bank informiert wird).*

a) *Die R-Bank vertritt die Ansicht, dass die Voraussetzungen für die Kontoöffnung nicht vorliegen, und erklärt, der Anordnung keine Folge leisten zu wollen. Wie ist vorzugehen?*

b) *Durch eine Indiskretion erfährt D frühzeitig von der Kontoöffnung und möchte etwas dagegen unternehmen. Was könnte er tun?*

a) Will das Kredit- oder Finanzinstitut bestimmte Urkunden oder andere Unterlagen nicht herausgeben oder bestimmte Informationen nicht erteilen, bleibt nur die Durchsuchung des Kredit- oder Finanzinstituts. Die Möglichkeit eines Widerspruchs nach § 112 besteht bezogen auf dem Bankgeheimnis unterliegende Informationen nicht.

b) Zu denken ist an eine Beschwerde an das OLG (§ 87). Wenngleich RM gegen Beschlüsse grds voraussetzen, dass diese dem RM-Werber gegenüber bekannt gemacht (etwa zugestellt; §§ 81 ff) wurden (nur dann entfalten sie ihm gegenüber idR Rechtswirkungen), gehört der Beschluss mit Bekanntmachung den anderen Beteiligten (hier: R-Bank) gegenüber dem Rechtsbestand an. D kann daher sogleich Beschwerde an das OLG erheben, ohne die Zustellung des Beschlusses abwarten zu müssen.

60. *Nach Erstattung einer Verdachtsmeldung und Verfügung eines Transaktionsverbots (§ 41 BWG) ordnet das Gericht die Beschlagnahme einer Reihe verdächtiger Konten eines somalischen Staatsangehörigen S bei der X-Bank an. Es besteht der Verdacht, dass es sich um Lösegelder einer berüchtigten „Piratenbande“ han-*

delt. Wie ist hinsichtlich der Konten zu verfahren, wenn mit S keinerlei Kontakt hergestellt werden kann?

Gemäß § 115a Abs 1 Z 1 sind Vermögenswerte (§ 109 Z 1a), deren Beschlagnahme gemäß § 115 Abs 1 Z 3 zulässig ist, zu verwerten (einzuziehen oder zu veräußern), wenn

- über den (hier nach § 20b Abs 1 vorgesehenen) erweiterten Verfall nicht in einem Strafurteil (§§ 443 bis 444a) oder in einem selbstständigen Verfahren (§§ 445 bis 446) entschieden werden kann, weil der Beschuldigte oder ein Haftungsbeteiligter nicht ausgeforscht werden oder nicht vor Gericht gestellt werden kann und das Verfahren aus diesem Grund gemäß § 197 abzubrechen ist (RIS-Justiz RS0133756), und
- seit der Sicherstellung oder Beschlagnahme mindestens zwei Jahre vergangen sind und das Edikt über die bevorstehende Verwertung (§ 115b) mindestens ein Jahr öffentlich bekannt gemacht war (§ 115b Abs 2).

Die Verwertung bedarf daher einer Verdachtslage, die die begründete Annahme erlaubt, dass es sich um „bemäkelte" Vermögenswerte (zB Verbrechensgewinne) handelt. Im Übrigen übernimmt der Gesetzgeber die Idee des hinsichtlich der Einziehung bestehenden objektiven Verfahrens. Da die Voraussetzungen des § 115a Abs 1 Z 1 vorliegen, werden die Konten nach Ablauf von zwei Jahren ab Kundmachung des entsprechenden Edikts zu verwerten sein. Der betreffende Beschluss ist seinerseits durch Aufnahme in die Ediktsdatei öffentlich bekannt zu machen.

2.2 Identitätsfeststellung, Durchsuchung von Orten, Gegenständen und Personen, körperliche Untersuchung

61. *A steht im dringenden Verdacht, mit einem Komplizen die Tochter eines Fabrikanten entführt zu haben. Weil das Versteck des Komplizen und des Opfers bisher noch nicht gefunden werden konnte, wird A observiert. Als er sich mit einem Koffer, der jenem gleicht, mit dem den Entführern das Lösegeld übergeben wurde, zu seinem Schrebergartenhaus begibt, glauben die Polizeibeamten, das Versteck gefunden zu haben, nehmen den A fest und stürmen das Haus, wobei sie die Türe aufbrechen. Tatsächlich hat A mit der Entführung nichts zu tun; im Schrebergartenhaus ist niemand.*

A möchte gegen die Vorgangsweise der Beamten ein RM ergreifen. Welches wird er wählen und wird er Erfolg haben?

Gemäß § 119 Abs 1 ist eine Durchsuchung von Orten und Gegenständen **(materiell)** zulässig, wenn auf Grund bestimmter Tatsachen anzunehmen ist, dass sich dort

- ein der Tat Verdächtiger verbirgt oder
- sicherzustellende oder auszuwertende Gegenstände oder Spuren befinden.

Abgesehen davon bedarf eine Durchsuchung in **formeller** Hinsicht idR

- der vorausgegangenen Vernehmung dessen, bei dem sie vorgenommen werden soll (gibt er die gesuchten Gegenstände heraus, ist eine Durchsuchung aus diesem Grund nicht mehr notwendig und daher unzulässig – § 121 Abs 1);
- in dem Schutz des Haurechts unterliegenden Räumen (§ 117 Z 2 lit b) einer vom Gericht zu bewilligenden **Anordnung der StA** (§ 120 Abs 1);
- der Anwesenheit grds des Betroffenen (Inhabers der Räumlichkeiten), eines Vertreters oder zweier unbeteiligter Personen (§ 121 Abs 2).

Bei **Gefahr im Verzug** kann die Durchsuchung auch

- in dem Schutz des Hausrechts unterliegenden Räumen (§ 117 Z 2 lit b) durch die **Kriminalpolizei aus eigener Macht** (§ 120 Abs 1) und
- ohne vorherige Vernehmung bzw Beiziehung des Betroffenen, eines Vertreters bzw zweier unbeteiligter Personen (§ 121 Abs 1 und 2)

durchgeführt werden. In den genannten Fällen wird daher das Weniger an Formalerfordernissen durch ein Mehr an materiellen Voraussetzungen (nämlich durch das Erfordernis von Gefahr im Verzug) ausgeglichen.

Im konkreten Fall liegt eine Durchsuchung iSd § 117 Abs 2 lit b vor, weil die Beamten das Schrebergartenhaus nach dem Komplizen des A, also nach einem Verdächtigen, durchsuchen.

Die Durchsuchung wird von der Kriminalpolizei aus eigener Macht durchgeführt. Gefahr im Verzug ist aus Sicht der Beamten anzunehmen, da sich im Schrebergartenhaus, wie sie meinen, sowohl das Opfer als auch ein Komplize aufhalten, sodass ein sofortiges Einschreiten erforderlich ist. Gleichzeitig wird A im Besitz eines Koffers betreten, der jenem gleicht, mit dem den Entführern das Lösegeld übergeben wurde.

Die Voraussetzungen für die Durchsuchung lagen somit im Zeitpunkt der Durchführung (und nur dieser ist hier relevant; **ex-ante-Beurteilung)** vor. Dass sich im Nachhinein herausstellt, dass A in Wirklichkeit nicht der Täter ist und sich im Schrebergartenhaus niemand befindet, vermag an der Rechtmäßigkeit nichts zu ändern.

Da im vorliegenden Fall die Durchsuchung von der Kriminalpolizei aus eigener Macht durchgeführt wurde, kann sie im Wege der Maßnahmenbeschwerde bekämpft werden (Art 130 Abs 1 Z 2 B-VG). Das örtlich zuständige LVwG wird diese Beschwerde abzuweisen haben.

62. *Bei einer durch die Polizei aus eigener Macht durchgeführten Durchsuchung findet sie in der Wohnung des A die Druckstöcke, mit denen A Falschgeld hergestellt hat.*

a) *Wie hat sie bezüglich dieser Druckstöcke vorzugehen?*

b) *Die Polizei geht richtig vor. Im folgenden Strafverfahren werden die Druckstöcke rund drei Monate danach für eingezogen erklärt. Daraufhin möchte A gegen das Vorgehen der Polizei, gegen die tags darauf (über Antrag des A iSd § 115 Abs 3) verfügte Beschlagnahme sowie gegen die Einziehung RM ergreifen. Welche(s) wird er wählen?*

a) Gemäß § 26 Abs 1 StGB unterliegen Gegenstände, die der Täter zur Begehung der Straftat verwendet hat oder verwenden wollte (etwa Druckstöcke für Falschgeld), sowie Gegenstände, die aus der Straftat herrühren (also instrumante et producta sceleris), der **Einziehung**, sofern dies aufgrund der Beschaffenheit der Gegenstände geboten erscheint, um der Begehung mit Strafe bedrohter Handlungen entgegenzuwirken. Der Sicherung der Einziehung dienen die Sicherstellung bzw die Beschlagnahme.

Die **Sicherstellung** bedarf grds – die Fälle des § 110 Abs 3 ausgenommen – einer Anordnung des StA. Bei Gefahr im Verzug darf sie jedoch auch von der Kriminalpolizei aus eigener Macht durchgeführt werden (§ 99 Abs 2), wobei die Kriminalpolizei diesfalls unverzüglich um Genehmigung anzufragen hat. Wird diese nicht erteilt, so hat sie die sichergestellten Gegenstände zurückzustellen. Anzumerken ist, dass vorliegend weder § 110 Abs 3 Z 1 lit c (hiefür wäre erforderlich, dass die Wohnung Tatort wäre) noch Z 3 (diese Bestimmung knüpft an Durchsuchungen an, die von der Kriminalpolizei aus eigener Macht durchgeführt werden dürfen) Anwendung findet.

b) Im Hinblick darauf, dass seit der Sicherstellung mehr als sechs Wochen und seit Erlassung des Beschlagnahmebeschlusses mehr als 14 Tage vergangen sind, kann A die Sicherstellung und die Beschlagnahme nicht mehr mit Erfolg bekämpfen. Sowohl eine darauf gerichtete Maßnahmenbeschwerde als auch eine gegen den Beschlagnahmebeschluss gerichtete Beschwerde wäre als verspätet zurückzuweisen (§ 7 Abs 4 VwGVG; § 88 Abs 1).

Über die **Einziehung** ist idR im Strafurteil zu entscheiden (§ 443 Abs 1), wobei der Ausspruch über die Einziehung einem Ausspruch über die Strafe gleichkommt und daher zugunsten und zum Nachteil des Verurteilten oder des Haftungsbeteiligten (§§ 64, 444) mit **Berufung** angefochten werden kann (§ 443 Abs 3).

> ***63.*** *Wie 62. Tags nachdem die Kriminalpolizei der StA von der Sicherstellung berichtet hat, erhebt A eine Maßnahmenbeschwerde, in der er – den Tatsachen entsprechend – geltend macht, dass sich die einschreitenden Beamten den Einlass in die Wohnung erschlichen hätten. Konkret hätten sie sich als Rauchfangkehrer ausgegeben, die eine feuerpolizeiliche Beschau durchführen wollten.*
>
> *Wird der Einspruch erfolgreich sein?*

Da die Beamten zunächst weder ihre amtliche Stellung bzw ihren Auftrag offenlegen noch erkennen lassen, liegt eine verdeckte Ermittlung iSd § 129 Z 2 vor, die nach § 131 Abs 1 (soweit sie nicht systematisch, über längere Zeit erfolgen soll; Abs 2) immer dann zulässig ist, wenn sie zur Aufklärung von Straftaten erforderlich erscheint. In diesem Zusammenhang dürfen **verdeckte Ermittler** auch Wohnungen im Einverständnis mit deren Inhaber betreten, sofern das Einverständnis nicht durch Täuschung über eine Zutrittsberechtigung herbeigeführt wird (Abs 4). Da die Ermittler im konkreten Fall nicht nur über ihre amtliche Stellung bzw ihren Auftrag, sondern darüber hinaus auch über eine Zutrittsberechtigung täuschen, liegt ein Verstoß gegen Abs 4 vor.

Fraglich ist somit, ob diese Rechtswidrigkeit gleichsam auch auf die Sicherstellung der solcherart aufgefundenen Gegenstände durchschlägt. Da es sich bei der Durchsuchung auf der einen und der Sicherstellung auf der anderen Seite jedoch um voneinander rechtlich trennbare Akte handelt, steht die Rechtswidrigkeit der Durchsuchung einer – rechtmäßigen – Sicherstellung nicht entgegen (vgl VfSlg 7943/1976).

64. *Eines Nachts erstattet ein anonymer Anrufer Anzeige, dass vor einem berüchtigten Lokal ein Mann (M) von drei Personen niedergeschlagen worden sei. Den kurze Zeit später einschreitenden Beamten gegenüber gibt der sichtlich verletzte M in gebrochenem Deutsch an, dass ohnehin nichts passiert sei, und weigert sich zum einen, die Wunde besichtigen zu lassen, zum anderen, sich auszuweisen.*

Wie ist vorzugehen?

Gemäß § 119 Abs 2 Z 3 ist die Durchsuchung einer Person materiell zulässig, wenn diese durch eine Straftat **Verletzungen** erlitten oder andere Veränderungen am Körper erfahren haben könnte, deren Feststellung für Zwecke eines Strafverfahrens erforderlich ist. Soll die Durchsuchung – wie hier – in der Besichtigung des unbekleideten Körpers bestehen, so bedarf sie (formell) grds (ausgenommen Gefahr im Verzug) einer gerichtlich zu bewilligenden Anordnung des StA. Da das Opfer jedoch nicht gezwungen werden darf, sich gegen seinen Willen durchsuchen zu lassen, stehen den Behörden im vorliegenden Fall keine Möglichkeiten offen, eine Besichtigung des Körpers zwecks Erhebung von Art und Ausmaß der Verletzungen durchzusetzen (§ 120 Abs 1).

Nach § 118 Abs 1 ist eine – von der Kriminalpolizei durchzuführende – **Identitätsfeststellung** insb zulässig, wenn auf Grund bestimmter Tatsachen angenommen werden kann, dass eine Person über die Umstände der Begehung einer Straftat Auskunft geben kann. Da dies von M jedenfalls anzunehmen ist, trifft ihn nach Abs 3 die Verpflichtung, an der Identitätsfeststellung mitzuwirken (mithin sich etwa auszuweisen oder sich Papillarlinienabdrücke abnehmen zu lassen). Kommt er dieser Verpflichtung nicht nach, so darf die Kriminalpolizei von sich aus eine Personsdurchsuchung iSd § 117 Z 3 lit a durchführen und die Verpflichtung (insb hinsichtlich der Abnahme von Papillarlinienabdrücken) im Zwangswege durchsetzen (§ 93 Abs 2).

2.3 Beschlagnahme von Briefen, Auskunft über Daten einer Nachrichtenübermittlung, Lokalisierung einer technischen Einrichtung, Anlassdatenspeicherung, Überwachung von Nachrichten und Personen

65. *In einem Ermittlungsverfahren wegen Betruges (§ 146 StGB) verfügt*

a) *die Wirtschaftspolizei,*

b) *die StA ohne gerichtliche Bewilligung*

die Beschlagnahme eines Briefes des Beschuldigten (B) an dessen Freund X. Zu Recht?

Nach § 135 Abs 1 darf die StA mit gerichtlicher Bewilligung Telegramme, Briefe oder andere Sendungen, die der Beschuldigte abschickt oder die an ihn gerichtet werden, vom Betreiber von Post- und Telegrafendiensten herausverlangen, diese öffnen und zurückbehalten, wenn dies zur Aufklärung einer mit mehr als einjähriger Freiheitsstrafe bedrohten Vorsatztat erforderlich ist.

Materielle Voraussetzungen für die Beschlagnahme von Briefen sind daher, dass

- der Beschuldigte entweder Absender oder Adressat des Briefes ist und
- er im Verdacht der Begehung einer mit mehr als einjähriger Freiheitsstrafe bedrohten Vorsatztat steht.

a) und b) Eine Beschlagnahme von Briefen ist daher im **bezirksgerichtlichen Verfahren** mangels Vorliegens der materiellen Voraussetzungen **nicht zulässig**; eine Prüfung der formellen Voraussetzungen erübrigt sich damit.

66. *Wie 65. A steht im Verdacht der Begehung eines schweren Betrugs (§ 147 Abs 1 StGB).*

Die materiellen Voraussetzungen der Beschlagnahme von Briefen liegen vor (§ 135 Abs 1).

In formeller Hinsicht bedarf die Beschlagnahme von Briefen eines gerichtlich zu bewilligenden Auftrags der StA (§ 137 Abs 1).

a) Eine – wenn auch nur subsidiäre – **sicherheitsbehördliche Anordnung** der Beschlagnahme von Briefen ist der StPO fremd und **unzulässig** (§ 99 Abs 3).

b) Gemäß § 138 Abs 2 sind Betreiber von Post- und Telegrafendiensten zwar verpflichtet, den Brief auf **Anordnung der StA** bis zum Eintreffen einer gerichtlichen Bewilligung, längstens aber bis zu drei Tagen **zurückzuhalten**; eine Anordnung der Beschlagnahme von Briefen durch die StA aus eigener Macht ist der StPO aber fremd und daher unzulässig.

Gleichwohl erlangte Ergebnisse dürfen – bei sonstiger Nichtigkeit – nicht als Beweis verwendet werden (§ 140 Abs 1 Z 2).

67. *Über A wurde wegen Verdachtes des schweren Diebstahls (§ 128 Abs 2 StGB) die U-Haft verhängt. Da A die Schadenshöhe bestreitet und sich das Opfer nicht kooperativ zeigt, ordnet die StA (formell korrekt) die Beschlagnahme eines Briefes des Opfers an seine Versicherung an.*

Zu Recht? Welche andere Möglichkeit besteht, den Brief zu erlangen?

Materielle Voraussetzung für die Beschlagnahme von Briefen ist ua, dass der Beschuldigte entweder Absender oder Adressat des Briefes ist. Postsendungen Dritter dürfen daher während des Postlaufes unter keinen Umständen, also auch nicht, um die Schadenshöhe festzustellen, beschlagnahmt werden (§§ 134 Z 1, 135 Abs 1; SSt 37/14; 40/52).

Nach dem Postlauf, dh wenn die Sendung dem Empfänger übergeben wurde, kann ihre Herausgabe im Wege der §§ 111 und 93 Abs 2 erzwungen werden.

68. *A steht unter dringendem Verdacht, als Mitglied einer kriminellen Vereinigung Suchtgift in großen Mengen nach Österreich eingeführt zu haben (§ 28a Abs 2 Z 2 SMG). Während des Ermittlungsverfahrens ordnet die StA die Überwachung von Nachrichten (§ 134 Z 3) bezogen auf ein Mobil-Telefon des A an, wobei mit der Überwachung erst nach Ablauf der vom Gericht gesetzten Frist begonnen wird.*

A erhebt gegen die gerichtliche Bewilligung Beschwerde. Mit Erfolg?

Die **materiellen Voraussetzungen** der Anordnung der **Überwachung von Nachrichten** finden sich in § 135 Abs 3. Demnach darf sie ua (Z 3) dann erfolgen, wenn

- es zur Aufklärung mit mehr als einjähriger Freiheitsstrafe bedrohter Vorsatztaten erforderlich scheint,
- der Inhaber der technischen Einrichtung, die Ursprung oder Ziel einer Nachrichtenübertragung sein wird, der Tatbegehung dringend verdächtig ist oder aufgrund bestimmter Tatsachen anzunehmen ist, dass ein der Tat dringend Verdächtiger die technische Einrichtung benützen oder mit ihr eine Verbindung herstellen werde, und
- die Verhältnismäßigkeit zum Zweck der Maßnahme gewahrt wird (§ 5).

In formeller Hinsicht bedarf die Überwachung einer gerichtlich zu bewilligenden Anordnung der StA (§ 137 Abs 1).

Da § 28a Abs 2 SMG eine Freiheitsstrafe von einem bis zu 10 Jahren vorsieht und A als Inhaber des Anschlusses selbst der Tat dringend verdächtig ist, liegen die materiellen Voraussetzungen für die Anordnung der Überwachung vor (§ 135 Abs 3 Z 3).

Probleme bereiten allerdings die **formellen Voraussetzungen**, zumal inzwischen die erforderliche gerichtliche Bewilligung außer Kraft getreten ist (§ 105 Abs 1).

Stehen in derartigen Fällen grds sowohl die Beschwerde gegen die gerichtliche Bewilligung als auch der Einspruch offen (§ 106 Abs 2), so gilt dann anderes, wenn die Bewilligung aufgrund Fristablaufs erloschen ist. A könnte daher – mit Erfolg – Einspruch (§ 106 Abs 1 Z 2) gegen die Anordnung der Überwachung erheben; die Beschwerde wäre hingegen als unzulässig zurückzuweisen.

69. *Wie 68. Was ändert sich, wenn sich die Überwachung auf das Mobil-Telefon des Verteidigers des A bezieht?*

Die an Einrichtungen (nicht verdächtiger) Dritter anknüpfende Überwachung ist ua unzulässig, wenn dadurch – wie hier – dem Inhaber eingeräumte Aussageverweigerungsrechte nach § 157 Abs 1 Z 2 bis 5 umgangen würden (§§ 144 Abs 2, 157 Abs 2). Die Beschwerde wird daher Erfolg haben?

70. *Wie 68. Während des Ermittlungsverfahrens ordnet die StA am 1.10. die „Sicherstellung" der Auswertungsunterlagen hinsichtlich der Stammdaten (Name, Anschrift, ...) betreffend die IP-Adressen 88.117.108.65, 88.117.113.167, 91.115.79.195 und 188.23.3.54 für den Zeitraum 4.5. bis einschließlich 1.6. an. Die T-AG (Betreiberin von öffentlichen Kommunikationsdiensten iSd § 160 Abs 3 Z 1 TKG) hegt gegen diesen Auftrag rechtliche Bedenken, zumal es an einer gerichtlichen Genehmigung und Kontrolle fehle. Treffen diese Bedenken zu?*

Einer gerichtlichen Bewilligung gemäß § 137 Abs 1 bedarf nur eine Auskunft über Daten einer Nachrichtenübermittlung, also nach § 134 Z 2 nur eine solche betreffend Verkehrsdaten, die nicht § 134 Z 1a unterliegen, Zugangs- und Standortdaten (§ 160 Abs 3 Z 6, 7 und 9 TKG). Eine Auskunft über Stammdaten (§ 160 Abs 3 Z 5 TKG; also insb über Namen und Adressen von Benutzern) bzw über den Inhaber einer bestimmten IP- oder E-Mail-Adresse (also über bestimmte Zugangsdaten [§ 160 Abs 3 Z 7 TKG]) kann demgegenüber nach § 137 Abs 1 von der StA auch ohne gerichtliche Genehmigung verlangt werden. Eine gerichtliche Kontrolle ist im Wege des Einspruchs nach § 106 Abs 1 Z 2 sichergestellt. Die Bedenken treffen daher nicht zu.

71. *Im Zuge einer gegen A wegen Suchtgifthandels angeordneten Überwachung von Nachrichten ergeben sich Anhaltspunkte dafür, dass*

a) *A auch eine Urkundenunterdrückung*
b) *B einen Mord*

begangen hat. A und B werden anklagegemäß unter Verwendung der Ergebnisse der Überwachung verurteilt. In ihren RM machen sie geltend, dass die Verwendung der Überwachungsergebnisse unzulässig gewesen wäre.
Mit Erfolg?

Überwachungen von Nachrichten können zu Hinweisen auf Straftaten Dritter oder andere Straftaten des Beschuldigten führen, die nicht Anlass zur Anordnung der Überwachung waren. Die Verwertbarkeit von Überwachungsergebnissen generell, also einschließlich der hier interessierenden sog **Zufallsfunde,** ist in § 140 Abs 1 geregelt: So dürfen sie bei sonstiger Nichtigkeit nur dann als Beweismittel verwendet werden, wenn **(kumulativ)**

- die Überwachung **ordnungsgemäß angeordnet** war (§ 137 Abs 1),
- durch sie **kein Umgehungsverbot verletzt** wurde (§§ 144, 157 Abs 2) und
- sie eine Straftat betreffen, derentwegen eine **Überwachung hätte angeordnet werden können** (§ 135 Abs 3 Z 4).

Mit den Zufallsfunden ist – soweit sie verwertbar sind – ein gesonderter Akt anzulegen (Abs 2).

a) Die Ergebnisse dürfen daher im Verfahren wegen § 229 StGB nicht verwertet werden (die Strafrahmenobergrenze beträgt ein Jahr bzw 720 Tagessätze).

b) Im Unterschied dazu dürfen die Überwachungsergebnisse im Verfahren wegen § 75 StGB verwertet und daher auch gesondert aufgezeichnet werden.

72. *Das Gericht stützt sein Urteil gegen A wegen*

a) *§ 75 StGB auf das Ergebnis einer Überwachung von Nachrichten, die von der StA nach Erlöschen der gerichtlichen Bewilligung angeordnet wurde.*

b) *§ 125 StGB auf eine von der StA mit gerichtlicher Bewilligung angeordnete Überwachung von Nachrichten.*

c) *§ 75 StGB auf Zufallsfunde, die sich im Zuge der unter b) genannten Überwachung ergeben haben.*

d) *§ 83 Abs 1 StGB auf das Ergebnis einer wegen des Verdachts nach §§ 15, 75 StGB angeordneten Überwachung von Nachrichten.*

In seinem RM macht A die Unzulässigkeit der Überwachung geltend. Mit Erfolg?

Voraussetzung der Verwertbarkeit ist, dass die Überwachung rechtmäßig angeordnet wurde. Trotz der nicht ganz eindeutigen Formulierung ist damit das Vorliegen aller materiellen und formellen Voraussetzungen angesprochen. Sind entweder die einen oder die anderen nicht erfüllt, dürfen die Ergebnisse bei sonstiger Nichtigkeit nicht verwertet werden.

A kann die Verwertung daher [**a)**] mit NB (§ 345 Abs 1 Z 4) bzw [**b)**] mit Berufung wegen Nichtigkeit gemäß § 468 Abs 1 Z 3 mit Erfolg geltend machen.

c) Voraussetzung der Verwertbarkeit von Zufallsfunden ist ua die Rechtmäßigkeit der Anordnung der Überwachung. Da die materiellen Voraussetzungen für die unter b) genannte Überwachung (§ 125 StGB) nicht vorlagen, ist die Verwertung unzulässig. Dass die Überwachung wegen des Mordes hätte angeordnet werden können, genügt daher nicht.

d) § 140 Abs 1 Z 4 gestattet die Verwertung von Überwachungsergebnissen nur zum Nachweis solcher vorsätzlichen Handlungen, derentwegen die Überwachung angeordnet wurde oder hätte angeordnet werden können. Wurde die Überwachung daher wegen des Verdachts nach §§ 15, 75 StGB angeordnet, stellt sich aber im weiteren Verfahren etwa heraus, dass der Täter keinen Tötungsvorsatz hatte, so steht dies der Verwertung insoweit nicht entgegen, als eine idente Handlung vorliegt.

73. *A wird gemäß § 28a Abs 4 SMG verurteilt, wobei das Gericht sein Urteil auf Angaben des Kriminalbeamten K stützt. K hat bei der Übergabe des Suchtgifts an X in einem Café*

a) *den A mit einem Fernglas beobachtet und Fotos angefertigt.*

b) *das (am benachbarten Tisch nicht mehr hörbare) Gespräch zwischen A und X aufgrund einer – wegen Gefahr im Verzug ohne gerichtliche Bewilligung verfügten – Anordnung der StA mit einem Richtmikrofon abgehört und aufgenommen.*

c) *Wie b) Obgleich sich A und X redlich bemühen, möglichst leise zu sprechen, ist das Gespräch am Nachbartisch hörbar. K braucht daher nicht auf technische Hilfsmittel zurückgreifen.*

A möchte gegen das Urteil ein RM ergreifen. Welches wird er wählen und wie wird er es begründen?

Unter einer **optischen bzw akustischen Überwachung von Personen** („**Lauschangriff**") ist die Überwachung des Verhaltens von Personen unter Durchbrechung ihrer Privatsphäre und der Äußerungen von Personen, die nicht zur unmittelbaren Kenntnisnahme Dritter bestimmt sind, unter Verwendung technischer Mittel zur Bild- oder Tonübertragung und zur Bild- oder Tonaufnahme ohne Kenntnis der Betroffenen zu verstehen (§ 134 Z 4).

a) Befindet sich jemand in einem öffentlichen Lokal und unterhält sich auf eine Weise, dass der Inhalt des Gesprächs an den Nebentischen nicht hörbar ist, so ist das Verhalten öffentlich, sodass diese Person (ohne ihre Privatsphäre zu durchbrechen) fotografiert oder – auch mit verborgener Kamera – gefilmt werden darf. Alles, was mit freiem Auge wahrnehmbar ist, darf grds unbeschränkt mit Fernglas beobachtet bzw mit Fotoapparat oder Videogerät aufgenommen werden.

b) Der Inhalt des Gesprächs ist jedoch nicht zur unmittelbaren Kenntnisnahme Dritter bestimmt. Das Anbringen einer „Wanze" oder sonstigen Abhöreinrichtung am Tisch oder die Verwendung von Richtmikrofonen, um das Gespräch abzuhören oder aufzuzeichnen, stellt daher einen Lauschangriff dar, der nur bei Vorliegen der entsprechenden materiellen (§ 136) und formellen (§ 137) Voraussetzungen zulässig ist.

Ein Lauschangriff darf ua angeordnet werden, wenn

- die Aufklärung eines mit mehr als zehnjähriger Freiheitsstrafe bedrohten Verbrechens ansonsten aussichtslos oder wesentlich erschwert würde,
- eine überwachte Person dieser Straftat dringend verdächtig ist (§ 136 Abs 1 Z 3 lit a) und
- die Verhältnismäßigkeit zum Zweck der Maßnahme gewahrt wird (§§ 5, 136 Abs 4).

In formeller Hinsicht bedarf er einer gerichtlich zu bewilligenden Anordnung der StA. Da dem Gesetz eine Ermächtigung der StA, bei Gefahr im Verzug die Überwachung aus eigener Macht anzuordnen, fremd ist, ist das Urteil nichtig (§ 281 Abs 1 Z 3).

c) Fraglich ist, ob hier von nicht zur unmittelbaren Kenntnisnahme Dritter bestimmten Äußerungen auszugehen ist. Ausschlaggebend hiefür ist richtigerweise nicht die Intention der überwachten Personen, sondern – trotz des insoweit missverständlichen Wortlautes – ausschließlich die (objektiv zu beurteilende) Wahrnehmbarkeit durch Dritte. Ist diese (wenn auch unbeabsichtigt) gegeben, so liegt im reinen Zuhören (wenn auch durch technische Hilfsmittel verstärkt) kein Lauschangriff vor. Das Verhalten ist vielmehr als **Observation** iSd §§ 129 Z 1 bzw 130 zu beurteilen, die – zumal kein Fall des § 130 Abs 3 vorliegt – durch die Kriminalpolizei von sich aus durchgeführt werden darf (§ 133 Abs 1). Einer NB wäre damit im Ergebnis kein Erfolg beschieden.

74. *Wie 73.b) Die StA ordnet mit gerichtlicher Bewilligung die Durchführung eines „Lauschangriffes"*

a) *in der Kanzlei des A (A ist Wirtschaftstreuhänder) an.*
b) *im Aussprachezimmer von As Heimatpfarre an.*
c) *in der Kanzlei von As früherem Verteidiger, der selbst der Komplizenschaft dringend verdächtig ist, an.*

Zu Recht?

a) Soll die Überwachung ua gemäß § 136 Abs 1 Z 3 in ausschließlich der Berufsausübung gewidmeten Räumlichkeiten eines Wirtschaftstreuhänders (§ 157 Abs 1 Z 2) erfolgen, so bedarf die StA zur Antragstellung der **Ermächtigung durch den Rechtsschutzbeauftragten.** Die Ermächtigung muss dem Gericht vor Beschlussfassung vorliegen. Die Überwachung ist also in diesem Fall nicht schlechthin unzulässig, aber an das zusätzliche formelle Erfordernis der Ermächtigung durch den Rechtsschutzbeauftragten gebunden (§ 147). Mangels Vorliegens dieser Ermächtigung ist der Beschluss gesetzwidrig.

b) Gemäß § 144 Abs 1 darf der Schutz geistlicher Amtsverschwiegenheit (§ 155 Abs 1 Z 1) bei sonstiger Nichtigkeit insb auch durch Lauschangriffe nicht umgangen werden (**Umgehungsverbot**). Der Beschluss ist daher aus diesem Grund gesetzwidrig.

c) Grds darf eine Überwachung einer Person auch dann angeordnet werden, wenn Gründe für die Annahme vorliegen, dass ein dringend Verdächtiger mit der überwachten Person in Kontakt treten werde. Dies gilt allerdings dann nicht, wenn dadurch Aussageverweigerungsrechte nach § 157 Abs 1 Z 2 bis 4 umgangen würden (§ 144 Abs 2).

Da der Verteidiger aber selbst dringend verdächtig ist, steht § 144 Abs 2 seiner Überwachung (mit Ermächtigung des Rechtsschutzbeauftragten; § 147) nicht im Wege (Abs 3).

75. Wie 74.b) Die Sicherheitsbehörden sind mit einem Dietrich in die Räumlichkeiten eingedrungen, um „Wanzen" anzubringen.

A und die Pfarre möchten deshalb ein RM erheben. Welches werden sie wählen?

Gemäß §§ 136 Abs 2, 137 Abs 1 kann die StA mit gerichtlicher Bewilligung in den Fällen des § 136 Abs 1 Z 3 anordnen, dass in durch das Hausrecht geschützte Räumlichkeiten eingedrungen werden darf, soweit dies für die Überwachung unumgänglich und aufgrund bestimmter Tatsachen anzunehmen ist, dass der Beschuldigte die Räumlichkeiten nutzen wird.

Gegen die gerichtliche Bewilligung, die dem Inhaber der Räumlichkeiten und dem Beschuldigten nach Maßgabe des § 138 Abs 5 zuzustellen ist, steht den Betroffenen die **Beschwerde** an das OLG offen (§ 87), gegen die Anordnung bzw Durchführung der Einspruch, über den ebenso das OLG zu entscheiden hat (§ 106 Abs 2). Da die Überwachung unzulässig war, wird das OLG der Beschwerde Folge zu geben haben und werden die solcherart gewonnenen Ermittlungsergebnisse zu vernichten sein (§ 139 Abs 4).

76. Wie 74.a) Die Überwachung wurde rechtmäßig angeordnet. Der Vorwurf der Suchtgifteinfuhr kann durch die Überwachung zwar nicht bestätigt werden, dafür ergeben sich aber Anhaltspunkte, dass

a) A Mitglied einer kriminellen Organisation ist;
b) X Mitglied einer kriminellen Organisation ist;
c) A eine Urkundenfälschung begangen hat.

Beurteilen Sie die Verwertbarkeit.

Voraussetzung der Verwertbarkeit von Überwachungsergebnissen ist in jedem Fall die **Rechtmäßigkeit der Anordnung der Überwachung** sowohl in materieller als auch in formeller Hinsicht (§ 140 Abs 1 Z 2). An der Rechtmäßigkeit der Anordnung vermag auch die Tatsache nichts zu ändern, dass sich der ihr zugrundeliegende Verdacht in der Überwachung nicht bestätigt hat **(ex-ante-Beurteilung).**

In den Fällen einer Überwachung nach § 136 Abs 1 Z 3 ist die Verwertung darüber hinaus nur zum Nachweis eines Verbrechens zulässig. Die Verwertungsbestimmungen gelten gleichermaßen für Ergebnisse, die die Straftat betreffen, derentwegen die Überwachung angeordnet wurde, wie für Zufallsfunde.

Während daher in den Fällen **a)** und **b)** eine Verwertung der Überwachungsergebnisse zulässig ist, scheidet sie im Fall **c)** aufgrund des Strafrahmens aus.

2.4 Automationsunterstützter Datenabgleich

77. In einem Strafverfahren gegen unbekannte Täter wegen einer Reihe von Bombenanschlägen (§§ 15, 75 StGB) wünscht die Kriminalpolizei die Verrasterung von bei den Sicherheitsbehörden vorhandenen Daten mit jenen des Elektronik-

konzerns E. In den Bomben wäre nämlich eine Reihe von Bestandteilen verwendet worden, die nur von E erzeugt und vertrieben würden.

a) Wie ist vorzugehen zu entscheiden?

b) E weigert sich, die Daten zu übermitteln. Welche Möglichkeiten bestehen, die Daten zu erlangen?

c) E möchte gegen die Beschlüsse RM ergreifen. Welche wird er wählen?

Unter **Datenabgleich („Rasterfahndung")** ist der automationsunterstützte Vergleich von Daten mehrerer Datenanwendungen zu verstehen, die bestimmte, den mutmaßlichen Täter kennzeichnende (positiver Datenabgleich) oder ausschließende (negativer Datenabgleich) Merkmale enthalten, um Personen festzustellen, die als Verdächtige in Betracht kommen (§ 141 Abs 1).

a) Sofern die Aufklärung ua eines mit mehr als zehnjähriger Freiheitsstrafe bedrohten Verbrechens ansonsten aussichtslos oder wesentlich erschwert würde, dürfen in den Datenabgleich auch Daten über Personen einbezogen werden, die von einem bestimmten Unternehmen bestimmte Waren bezogen haben (§ 141 Abs 3; materielle Voraussetzung). Der Datenabgleich bedarf einer gerichtlich zu bewilligenden Anordnung der StA (§ 142 Abs 1; formelle Voraussetzung).

Gemäß § 143 Abs 1 ist jeder Verantwortliche einer Datenverarbeitung[2], deren Daten in den Datenabgleich einbezogen werden sollen, verpflichtet, die Datenverarbeitung auf die gesuchten Merkmale zu durchsuchen und alle Daten, die diese Merkmale enthalten, auf einem elektronischen Datenträger in einem allgemein gebräuchlichen Dateiformat (erforderlichenfalls entschlüsselt) zu übermitteln. Diese Verpflichtung ist dem Verantwortlichen mit gesonderter – für sich nicht mehr gerichtlich zu bewilligender – Anordnung aufzutragen (§ 143 Abs 2). Im Ergebnis bedarf es daher bei Einbeziehung privater Daten zweier Anordnungen (§§ 142 Abs 1, 143 Abs 2).

Die Kriminalpolizei wird daher einen entsprechenden Anlassbericht (§ 100 Abs 2 Z 2) legen.

b) Gemäß § 143 Abs 2 gelten im Zusammenhang mit der Verpflichtung zur Datenübermittlung die Bestimmungen der §§ 93 Abs 2 und 112 sowie die Bestimmungen über die Durchsuchung (§§ 119 ff) sinngemäß.

Die StA wird daher, soweit möglich, die (zwangsweise) Beschlagnahme der Datenträger (§§ 115f ff) allenfalls im Zuge einer Durchsuchung iSd §§ 119 ff anordnen, andernfalls bei Gericht die Anwendung von **Beugemitteln** beantragen.

2 Verantwortlicher ist jene natürliche oder juristische Person, Behörde, Einrichtung oder andere Stelle, die allein oder gemeinsam mit anderen über die Zwecke und Mittel der Verarbeitung von personenbezogenen Daten entscheidet; sind die Zwecke und Mittel dieser Verarbeitung durch das Unionsrecht oder das Recht der Mitgliedstaaten vorgegeben, so kann der Verantwortliche beziehungsweise können die bestimmten Kriterien seiner Benennung nach dem Unionsrecht oder dem Recht der Mitgliedstaaten vorgesehen werden (Art 4 Z 7 DSGVO).

c) Dem privaten Verantwortlichen steht im gegenständlichen Verfahren ausschließlich die Möglichkeit offen, gegen die gerichtliche Bewilligung des Datenabgleichs im ihn betreffenden Spruchpunkt (§ 142 Abs 2 Z 3) Beschwerde an das OLG zu erheben (§ 87).

78. *Aufgrund einer Beschwerde im Zusammenhang mit einem automationsunterstützten Datenabgleich verfügt das OLG gemäß § 89 Abs 4 die Vernichtung der Ermittlungsergebnisse. A, der vor allem aufgrund dieses Abgleichs ausgeforscht wurde, wird in der Folge vom Geschworenengericht anklagegemäß verurteilt. Im Hinblick darauf erhebt er NB.*

Mit Erfolg?

Zwar sieht § 89 Abs 4 die Vernichtung unzulässiger Weise gewonnener Ergebnisse vor, doch kann alleine daraus nicht auf die Unverwertbarkeit solcherart erlangter Informationen bzw Beweise geschlossen werden. Mangels eines entsprechenden Nichtigkeitsgrundes können Verstöße gegen die Bestimmungen betreffend den automationsunterstützten Datenabgleich (mit Ausnahme des Umgehungsverbotes des § 144) im RM-Verfahren gegen das Urteil nicht mit Erfolg geltend gemacht werden. Da die gegenständlichen Datenverarbeitungsermächtigungen keine zusätzlichen Beweise erschließen, sondern derselbe Zweck auch konventionell – freilich weit aufwendiger – erreichbar wäre, erscheint diese Lösung durchaus sachgerecht.

3. Vorführung, Festnahme und U-Haft

79. *Nach einem Diebstahl sieht der Streifenpolizist S einen Mann, K, auf den die soeben über Funk bekannt gegeben Täterbeschreibung (insb eine dunkle Sonnenbrille sowie eine auffällige näher beschriebene Tasche) zutrifft, zur U-Bahn-Station laufen. Kurzerhand setzt er dem vermeintlichen Dieb nach und nimmt ihn fest. Den Beteuerungen des K, er habe mit dem Diebstahl nichts zu tun, schenkt er keinen Glauben.*

K möchte gegen die Festnahme ein RM ergreifen. Welches würden Sie ihm raten und wird es erfolgreich sein?

Materielle Voraussetzung einer Festnahme ist das Vorliegen eines **Tatverdachts** und eines **Festnahmegrundes** (§ 170 Abs 1 Z 1 bis 4). Solche Festnahmegründe sind

- das **Betreten auf frischer Tat**, die unmittelbar nach der Tat erfolgte glaubwürdige Beschuldigung oder der Besitz von Gegenständen, die auf eine Beteiligung an der Tat hinweisen (Z 1),
- Flucht oder **Fluchtgefahr** (Z 2),
- Verdunkelung oder **Verdunkelungsgefahr** (Z 3) und
- Wiederholungs- oder Ausführungsgefahr (Z 4).

Darüber hinaus bedarf es in **formeller Hinsicht** einer gerichtlich zu bewilligenden **Anordnung der StA** (§ 171 Abs 1). Ausnahmsweise darf die Festnahme auch durch **die Kriminalpolizei** von sich aus erfolgen und vom Formalerfordernis des genannten Auftrags Abstand genommen werden. Dies

- jedenfalls dann, wenn der Festnahmegrund des § 170 Abs 1 Z 1 (Betreten auf frischer Tat …) vorliegt und
- bei Gefahr im Verzug bei Vorliegen eines der anderen Festnahmegründe.

In jedem Fall darf eine Festnahme und Anhaltung nur verfügt werden, wenn sie zur Bedeutung der Sache nicht außer Verhältnis steht (§§ 5, 170 Abs 3).

Im konkreten Fall wurde K unmittelbar nach der Tat im Besitz eines Gegenstandes (der auffälligen Tasche) betreten, der auf die Beteiligung an einer Straftat hinweist (§ 170 Abs 1 Z 1). Dass sich allenfalls im Nachhinein herausstellt, dass K mit der Sache nichts zu tun hatte, ändert nichts an der Zulässigkeit der Festnahme. Vielmehr ist für die Beurteilung deren Zulässigkeit ausschließlich eine ex-ante-Beurteilung heranzuziehen.

Wenngleich die Festnahme idR einer gerichtlich zu bewilligenden Anordnung der StA bedarf, durfte sie im konkreten Fall gemäß § 171 Abs 2 Z 1 durch den Streifenpolizisten erfolgen (dass das einschreitende Organ intern dem Kriminaldienst zuzurechnen ist, ist insoweit nicht erforderlich – vgl die Definition des § 18 Abs 3).

Zumal im vorliegenden Fall die Festnahme durch die Polizei aus eigener Macht erfolgte, steht dagegen eine an das LVwG zu erhebende **Maßnahmenbeschwerde** (Art 130 Abs 1 Z 2 B-VG) offen, wobei erwogen werden könnte, dass diese Möglichkeit mit Verhängung der U-Haft erlischt.

80. *Wie 79.*

a) *Wenige Stunden nach der Festnahme des K gelingt es der Polizei, den wahren Dieb festzunehmen und die auffällige Tasche mit der Beute sicherzustellen.*

b) *Die Verdachtsmomente gegen K bleiben auch nach seiner Vernehmung aufrecht, da sich dieser laufend in Widersprüche verwickelt. Der von S verständigte StA erklärt, keinen Antrag auf Verhängung einer U-Haft stellen zu wollen.*

Wie hat S vorzugehen?

Gemäß § 172 Abs 2 ist der Festgenommene **unverzüglich zur Sache** und zu den Festnahmevoraussetzungen zu **vernehmen.** Ergibt sich dabei (oder danach), dass kein Grund zur weiteren Anhaltung besteht, ist er sogleich freizulassen.

a) Da im konkreten Fall der Verdacht gegen K und damit die Festnahmevoraussetzung gemäß § 170 Abs 1 Z 1 weggefallen ist, ist K unverzüglich freizulassen. Die Anhaltung bis zu diesem Zeitpunkt bleibt jedoch rechtmäßig.

b) Erscheint die Anhaltung weiterhin notwendig, so ist der Festgenommene ohne unnötigen Aufschub, längstens aber binnen **48 Stunden** grds der **Justizanstalt** des zuständigen Gerichts einzuliefern. Die StA ist davon rechtzeitig zu verständigen. Erklärt sie (wie im konkreten Fall), sie werde keinen Antrag auf Verhängung der U-Haft stellen, ist der Festgenommene freizulassen (§ 172 Abs 3).

81. *Wie 80. Nach Schilderung des Sachverhalts ordnet die StA an, von K (georgischer Staatsangehöriger) eine Sicherheitsleistung in Höhe von € 700 einzuheben. Damit konfrontiert gibt dieser S gegenüber an, über kein Bargeld zu verfügen.*

a) *Unter welchen Voraussetzungen darf eine Sicherheitsleistung angeordnet werden?*

Wie ist vorzugehen, wenn bei K

b) *ein iPad gefunden wird, er aber angibt, sich dieses lediglich ausgeliehen zu haben, und es auch nicht freiwillig herausgibt?*

c) *gleichwohl Bargeld gefunden wird?*

a) §§ 172 Abs 2, 172a eröffnen die Möglichkeit, dann von der Aufrechterhaltung einer Festnahme abzusehen, wenn der Festgenommene – (formell) über **Anordnung der StA** (§ 172a Abs 2) – eine Sicherheitsleistung erlegt. Die Anordnung setzt nach § 172a Abs 1 (materiell) voraus, dass

- der Beschuldigte einer Straftat dringend verdächtig ist,
- er zur Sache, zum Tatverdacht und zu den Voraussetzungen der Sicherheitsleistung vernommen wurde und auf Grund bestimmter Tatsachen zu besorgen ist, dass er sich dem Verfahren entziehen oder die Durchführung des Strafverfahrens sonst offenbar unmöglich oder wesentlich erschwert sein werde (insb bei Beschuldigten ohne hinreichendem Inlandsbezug – „Kriminaltouristen“).

b) Wird die Sicherheitsleistung nicht unverzüglich in barem Geld erlegt, hat die Kriminalpolizei Gegenstände zwangsweise sicherzustellen, die der Beschuldigte mit sich führt, die ihm allem Anschein nach gehören und deren Wert nach Möglichkeit die Höhe des zulässigen Betrags der Sicherheit nicht übersteigt (§ 172a Abs 2).

Im konkreten Fall verfügt K in Form des iPad über einen solchen verwertbaren Gegenstand, wobei alleine die Behauptung, dass dieses lediglich ausgeliehen sei, für sich der Sicherstellung nicht entgegensteht (erforderlich wären idR vielmehr über das reine Vorbringen des Beschuldigten hinausgehende Indizien). Händigt es K nicht von sich aus aus, kann es ihm erforderlichenfalls unter Anwendung physischen Zwangs (§ 93 Abs 1) abgenommen werden.

c) Trotz des insoweit missverständlichen Gesetzeswortlautes wird davon auszugehen zu sein, dass auch beim Beschuldigten vorgefundenes Bargeld sichergestellt werden kann.

***82.** Wie 81. K erlegt die Sicherheitsleistung und verlässt das Bundesgebiet; sein Aufenthalt lässt sich nicht mehr eruieren.*

***a)** Wie ist mit der Sicherheitsleistung zu verfahren?*

***b)** Wie ist vorzugehen, wenn sich nach der erforderlichen Verfügung X meldet und glaubwürdig versichert, dass das iPad in seinem Eigentum stand?*

a) Nach § 172a Abs 4 ist die Sicherheit vom Gericht auf Antrag der StA oder von amtswegen mit Beschluss insb dann für verfallen zu erklären, wenn sich der Beschuldigte dem Verfahren entzieht. Sei es, dass er eine Ladung nicht befolgt, sei es aber auch, dass der Aufenthalt nicht eruierbar ist (arg: § 180 Abs 4 letzter Satz). Der Beschluss ist durch Hinterlegung ohne vorangehenden Zustellversuch zuzustellen (§ 8 Abs 2 ZustG).

b) Macht ein Dritter, dem keine Beteiligung an der Tat zur Last liegt, Rechte an sichergestellten Gegenständen glaubhaft, so wird die Sicherheitsleistung frei; die betroffenen Gegenstände sind dem Berechtigten auszufolgen (§ 172a Abs 3). Mit Rechtskraft des Beschlusses besteht diese Möglichkeit nicht mehr (das Eigentum geht auf den Bund über). Erwogen werden könnte jedoch, dem Berechtigten analog zu § 379 einen Ersatzanspruch gegen den Bund einzuräumen.

***83.** Der Kunststudent A wird wegen des Verdachtes eines schweren Einbruchsdiebstahls (§§ 128 Abs 2, 129 Abs 1 Z 1 und Abs 2 Z 1 StGB) von der Polizei gemäß §§ 171 Abs 2 Z 2 iVm 170 Abs 1 Z 2 (Fluchtgefahr) festgenommen und der Justizanstalt Krems am 30.1. um 6.00 Uhr eingeliefert. In der Vernehmung durch das Gericht beteuert er mehrmals, lediglich einige Bilder im Wert von € 100.000 gestohlen zu haben. Endgültige Auskunft könne der Geschädigte, G, geben. G wird tags darauf vernommen und sagt zu, dem Gericht die genaue Schadenssumme bis 1.2. zu übermitteln. Am 1.2. langt um 7.00 Uhr bei Gericht das Fax des G ein. Der Wert der Bilder betrug*

***a)** € 350.000;*

***b)** € 150.000.*

Um 8.00 Uhr verhängt das Gericht über A die U-Haft gemäß § 173 Abs 2 Z 1 (Fluchtgefahr); der Beschluss wird dem A sogleich zugestellt. A möchte dagegen ein RM ergreifen. Welches wird er wählen und wie wird er es begründen?

Gegen den Beschluss, mit dem die U-Haft verhängt wird, steht dem Beschuldigten binnen 14 Tagen ab Zustellung die Möglichkeit einer Beschwerde an das OLG zu (§ 87).

Materielle Voraussetzung für die Verhängung der **U-Haft** ist das Vorliegen

- eines **dringenden Tatverdachtes** (OGH 15.4.1997, 11 Os 54/97) und
- eines Haftgrundes,
- die Unanwendbarkeit gelinderer Mittel (§ 180; OGH 10.2.1998, 14 Os 10/98) sowie
- die Verhältnismäßigkeit der Maßnahme (§ 5).

In **formeller Hinsicht** bedarf die Verhängung der U-Haft vor allem eines **gerichtlichen Beschlusses,** den das Gericht nach Vernehmung des Beschuldigten und allfälligen Erhebungen zu erlassen hat. Die formellen Voraussetzungen werden in § 174 Abs 1 bis 3 detailliert geregelt.

Gemäß § 174 Abs 1 ist jeder der Justizanstalt Eingelieferte unverzüglich, längstens aber binnen 48 Stunden zu vernehmen (sog **„Pflichtverhör"**). Danach hat das Gericht grds sofort zu entscheiden, ob über den Beschuldigten die U-Haft zu verhängen oder er allenfalls unter Anwendung gelinderer Mittel (§ 173 Abs 5) freigelassen wird.

Das Gericht darf aber auch vor seiner Entscheidung **sofortige Erhebungen** durchführen oder durchführen lassen, wenn deren Ergebnis von maßgeblichem Einfluss auf die Beurteilung von Tatverdacht oder Haftgründen ist (§ 174 Abs 1).

Zu prüfen ist, ob im konkreten Fall der Haftgrund § 173 Abs 2 Z 1 (Fluchtgefahr) in Betracht kommen kann. Fluchtgefahr ist gemäß § 173 Abs 3 jedenfalls dann nicht anzunehmen, wenn

- der Beschuldigte einer strafbaren Handlung verdächtigt wird, die **nicht strenger** als mit **fünfjähriger Freiheitsstrafe** bedroht ist,
- er sich in **geordneten Lebensverhältnissen** befindet und
- einen **festen Wohnsitz** im Inland hat

(sog „soziale Integration"), es sei denn, dass der Beschuldigte bereits Anstalten zur Flucht getroffen hat (vgl dazu JBl 1995, 601).

Die Frage der Schadenshöhe ist daher im konkreten Fall deshalb relevant, weil von ihr die Anwendbarkeit des Haftgrundes der Fluchtgefahr abhängt. Das Gericht war somit berechtigt, die Feststellung der Schadenshöhe vor seiner Entscheidung über die Verhängung der U-Haft zu veranlassen.

In jedem Fall hat das Gericht aber binnen 48 Stunden ab Einlieferung über die Verhängung der U-Haft zu entscheiden. Diese Frist wurde im konkreten Fall (kurzfristig) überschritten. Eine solche kurzfristige Überschreitung der Frist des § 174 Abs 1 führt – anders als in § 175 Abs 1 – jedoch nicht zur Unzulässigkeit der Verhängung der U-Haft, sodass A dies nicht mit Erfolg wird geltend machen können (vgl OGH 31.10.1995, 13 Os 147/95).

a) Da A auch nach den Angaben des G eines schweren Einbruchsdiebstahls verdächtig bleibt, liegen die Haftvoraussetzungen vor, sodass die U-Haft zu Recht verhängt wurde.

b) Aufgrund der Schadenshöhe ergibt sich hier ein Strafrahmen von 6 Monaten bis 5 Jahren (§ 129 Abs 2 StGB). Befindet sich A daher in geordneten Lebensverhältnissen und hat er einen festen Wohnsitz im Inland, so wäre gemäß § 173 Abs 3 Fluchtgefahr idR nicht anzunehmen, sodass die Verhängung der U-Haft unzulässig wäre.

Anders wäre der Fall zu beurteilen, wenn A bei seiner Verhaftung zB bereits ein Flugticket nach Südamerika bei sich gehabt hätte. Der Ausschluss des Haftgrundes der Fluchtgefahr scheidet nämlich dann aus, wenn der Beschuldigte bereits Anstalten zur Flucht getroffen hat. Diesfalls dürfte auch bei Vorliegen der obgenannten Voraussetzungen die U-Haft verhängt werden.

84. *Wie 83. Das OLG weist die Beschwerde ab. A möchte sich damit nicht zufriedengeben.*

Welches RM würden Sie ihm raten, und wird er damit Erfolg haben?

Über eine Beschwerde wegen Verhängung der U-Haft entscheidet das OLG – entsprechend dem Grundsatz **des zweigliedrigen Instanzenzuges** im Strafverfahrensrecht – endgültig. Ein ordentliches RM dagegen ist also ausgeschlossen (§ 89 Abs 6).

Gemäß § 1 Abs 1 GRBG steht dem Betroffenen wegen Verletzung des Grundrechtes auf persönliche Freiheit durch eine strafgerichtliche Entscheidung oder Verfügung **nach Erschöpfung des Instanzenzuges** die **Grundrechtsbeschwerde an den OGH** zu. Ausgeschlossen ist eine Grundrechtsbeschwerde hinsichtlich der Verhängung oder Vollstreckung von Freiheitsstrafen oder Maßnahmen.

Das Grundrecht auf persönliche Freiheit wird gemäß § 2 Abs 1 GRBG insb (demonstrative Aufzählung) dann verletzt, wenn

- die Verhängung oder Aufrechterhaltung der **Haft** zum Zweck der Maßnahme außer Verhältnis steht, die Haftdauer **unverhältnismäßig geworden** ist, die **Haftvoraussetzungen** (Tatverdacht, Haftgrund) **unrichtig beurteilt** wurden oder
- sonst bei einer Festnahme oder Anhaltung das **Gesetz unrichtig angewendet** wurde.

Darüber hinaus kann gemäß § 2 Abs 2 eine Grundrechtsverletzung dann vorliegen, wenn eine eine **Freiheitsbeschränkung beendigende Entscheidung** oder Verfügung **zu spät getroffen** wurde.

a) Ein Verstoß gegen die Frist des § 174 Abs 1 kann weder unter § 2 Abs 2 GRBG subsumiert werden, noch begründet er für sich, dh wenn die übrigen Haftvoraussetzungen vorliegen, eine Grundrechtsverletzung iSd § 2 Abs 1 GRBG (vgl auch § 175 Abs 3). Während nämlich § 175 Abs 1 bei Ablauf der Haftfristen ausdrücklich die Enthaftung anordnet, bestimmt dies § 174 Abs 1 bei Vorliegen der sonstigen Haftvoraussetzungen nicht. Ebenso wenig liegt eine Grundrechtsverletzung bei kurzfristigen Überschreitungen aus manipulativen oder organisatorischen Gründen (zB Überschreitung von weniger als 24 Stunden, die überwiegend der Erholung und Nachtruhe dienten) vor (OGH 31.10.1995, 13 Os 147/95). Eine Grundrechtsbeschwerde wäre daher nicht erfolgreich.

b) Die Verhängung der U-Haft erfolgte zu Unrecht, weil Fluchtgefahr gemäß § 173 Abs 3 hier nicht angenommen werden durfte. Damit wurden die Haftvoraussetzungen falsch beurteilt, sodass eine Grundrechtsverletzung iSd § 2 Abs 1 GRBG vorliegt.

Der OGH wird daher in seinem Erkenntnis auszusprechen haben, dass eine Grundrechtsverletzung vorliegt, und den Beschluss des OLG aufzuheben haben.

***85.** Wie 83. A hatte den Einbruchsdiebstahl gemeinsam mit B begangen. In seinem Erkenntnis über die Grundrechtsbeschwerde des A spricht der OGH aus, dass wegen falscher Beurteilung der Haftvoraussetzungen eine Grundrechtsverletzung vorlag. Gleichzeitig hebt er den Beschluss des OLG auf. B hat keine Grundrechtsbeschwerde erhoben.*

Wie haben das OLG und der ER vorzugehen?

Wird einer Beschwerde stattgegeben, so haben die Gerichte gemäß § 7 Abs 2 GRBG unverzüglich den der Rechtsansicht des OGH entsprechenden Rechtszustand herzustellen.

Im konkreten Fall hat das OLG der Beschwerde des A Folge zu geben und die Haft aufzuheben (§ 89 Abs 2b); die Enthaftung erfolgt daher nicht durch den OGH selbst, sondern durch das OLG.

Anders als etwa § 290 Abs 1 sieht § 7 Abs 2 **GRBG kein beneficium cohaesionis** vor, sodass dem OGH die Feststellung der Rechtswidrigkeit der Verhängung der U-Haft auch über B verwehrt ist. Nichtsdestoweniger wird der ER auch hinsichtlich B der Rechtsansicht des OGH Rechnung zu tragen und B – nötigenfalls nach Durchführung einer Haftverhandlung (§ 176 Abs 1 Z 3) – zu enthaften haben (§ 177 Abs 2).

***86.** A soll eine dreimonatige Freiheitsstrafe antreten, zu der er wegen eines Diebstahls verurteilt wurde, erscheint aber nicht zum Haftantritt. Kurze Zeit darauf wird er nach einem bewaffneten Raubüberfall gemäß §§ 171 Abs 2 Z 2 iVm 170 Abs 1 Z 2 festgenommen und der Justizanstalt eingeliefert.*

Darf über A bei Vorliegen des dringenden Tatverdachtes sowie eines Haftgrundes die U-Haft verhängt werden?

Bei Vorliegen eines dringenden Tatverdachtes sowie eines Haftgrundes darf die U-Haft gemäß § 173 Abs 4 dennoch nicht verhängt werden, wenn die **Haftzwecke** auch **durch** eine **gleichzeitige Strafhaft** erreicht werden können (was etwa bei Fluchtgefahr der Fall sein wird).

Soweit notwendig hat die StA Abweichungen vom Vollzug der Strafhaft anzuordnen (§ 173 Abs 4). Lassen sich die Haftzwecke der U-Haft hingegen durch eine gleichzeitige Strafhaft auch bei Abweichungen im Vollzug nicht erreichen oder würde die Untersuchung durch die Strafhaft wesentlich erschwert, so ist die U-Haft zu verhängen. Im Falle einer Strafhaft tritt in solchen Fällen eine Unterbrechung des Strafvollzuges ein.

Mangels gegenteiliger Anhaltspunkte im Sachverhalt wird daher im konkreten Fall die Verhängung der U-Haft gemäß § 173 Abs 4 ausscheiden.

***87.** Über A wird wegen des dringenden Verdachts der gefährlichen Drohung (§ 107 Abs 2 StGB) und mehreren Gewalttätigkeiten (§§ 83, 105 Abs 1 StGB) ge-*

genüber seiner im selben Haushalt lebenden Gattin aus dem Grund des § 173 Abs 2 Z 3 U-Haft verhängt. Seine dagegen erhobene Beschwerde begründet A im Wesentlichen damit, dass das Gericht zu Unrecht nicht unter Anwendung des Hausarrests von der Verhängung der U-Haft abgesehen habe. Vielmehr habe es ihn lediglich darauf vertröstet, dass dies in einer weiteren Haftverhandlung geklärt werden solle.

a) *Wird die Beschwerde erfolgreich sein?*

b) *Unter welchen Voraussetzungen kann ein Vollzug der U-Haft in Form des Hausarrests genehmigt werden? Liegen diese hier vor?*

c) *Das Gericht weist den Antrag ab, das OLG gibt einer dagegen erhobenen Beschwerde keine Folge. Schließlich wendet sich A mit einer Grundrechtsbeschwerde an den OGH. Mit Erfolg?*

a) Anders als die Weisung, sich an einem bestimmten Ort aufzuhalten, jeden Aufenthaltswechsel anzuzeigen oder sich regelmäßig bei der Kriminalpolizei zu melden (§ 173 Abs 5 Z 4 und 5) zählt der Hausarrest iSd § 173a nicht zu den gelinderen Mitteln, deren Anwendbarkeit der Verhängung der U-Haft entgegensteht (siehe Fall 81). Vielmehr handelt es sich um eine Form des Vollzugs der U-Haft, sodass sich die Frage, ob von der Möglichkeit des § 173a Gebrauch gemacht werden kann, erst dann stellt, wenn die Voraussetzungen für die Verhängung der U-Haft vorliegen.

Fraglich ist im vorliegenden Fall, ob das Gericht bereits im Zuge der Verhängung der U-Haft über den Antrag auf Vollzug im Hausarrest hätte absprechen müssen. Wenngleich eine sofortige Entscheidung nicht schlechthin ausgeschlossen ist, wird sie regelmäßig an der Notwendigkeit entsprechender Erhebungen (namentlich hinsichtlich des sozialen Umfelds; vgl § 173a Abs 2) scheitern. Konsequenterweise behält das Gesetz die Entscheidung denn auch einer (eigenen) Haftverhandlung vor (arg: *fortgesetzt*; EBRV 772 BlgNR 24. GP 9), sodass dem Vorbringen des A insoweit nicht näher zu treten ist.

b) Ein Vollzug der U-Haft in Form des Hausarrests kommt – notwendigen Antrag vorausgesetzt – nur in dann Betracht, wenn

- der Beschuldigte über einen inländischen Wohnsitz verfügt und
- der Zweck der Anhaltung (§ 182 Abs 1) auch auf diese Art erreicht werden kann, weil er sich in geordneten Lebensverhältnissen befindet und zustimmt, sich durch geeignete Mittel der elektronischen Aufsicht (§ 156b Abs 1 und 2 StVG; sog elektronische Fußfessel) überwachen zu lassen.

Im konkreten Fall scheitert ein Vollzug nach § 173a daran, dass A eine Tatbegehung zum Nachteil seiner im selben Haushalt lebenden Gattin zur Last liegt und die Gefahr der Tatausführung oder der neuerlichen Tatbegehung besteht. Sein Wohnsitz ist daher im Hinblick auf den Haftgrund nicht für den Vollzug des Hausarrests geeignet.

c) Zumal es sich beim Hausarrest um eine Form des Vollzugs der U-Haft und nicht um eine Alternative zu dieser handelt, kann zwar eine Fortsetzung der U-Haft als Hausarrest mit Grundrechtsbeschwerde bekämpft werden, nicht jedoch die Ablehnung eines entsprechenden Antrags. Hinsichtlich der Bedingungen des Vollzugs von Freiheitsentzug ist nämlich ein Grundrechtsschutz durch den OGH nicht vorgesehen (zB OGH 23.12.2010, 15 Os 165/10v).

> ***88.*** *Über A wurde wegen des dringenden Verdachtes der betrügerischen Krida (§ 156 StGB) und Verdunkelungsgefahr (§ 173 Abs 2 Z 2) mit Beschluss vom 1.11. um 8.00 Uhr die U-Haft verhängt, nachdem er am 31.10., 23.00 Uhr, festgenommen wurde. Bei einer Haftverhandlung am 16.11. verlängert das Gericht die U-Haft um einen weiteren Monat, weil die Haftgründe nach wie vor vorliegen.*
>
> *Da das OLG seine Beschwerde gegen die Haftverlängerung abweist (zumal es sich beim Leopoldstag um einen Landesfeiertag handle), erhebt A Grundrechtsbeschwerde an den OGH. Mit Erfolg?*

Gemäß § 175 Abs 1 sind Beschlüsse auf Verhängung oder Fortsetzung der U-Haft längstens jeweils für einen bestimmten Zeitraum – die Haftfrist („Wirksamkeits- und Überprüfungsfrist“) – wirksam. Vor Ablauf dieser Frist ist eine Haftverhandlung durchzuführen oder der Beschuldigte zu enthaften.

Die Haftfrist beträgt zunächst **14 Tage ab Verhängung** der U-Haft. Die erste Haftfrist ist daher im konkreten Fall bereits am 15.11. um 24.00 Uhr abgelaufen (beim niederösterreichischen Landesfeiertag handelt es sich um keinen Feiertag iSd § 84 Abs 1 Z 5), sodass A richtigerweise, weil die U-Haft zu diesem Zeitpunkt noch nicht verlängert war, zu enthaften gewesen wäre. Die **Haftverhandlung** wurde somit **verspätet** durchgeführt.

Namentlich kann im konkreten Fall nicht auf die Bestimmung des § 175 Abs 3 zurückgegriffen werden, wonach die Haftverhandlung auf einen der **drei auf den Fristablauf folgenden Arbeitstage** verlegt werden kann, wenn ihre Durchführung wegen unvorhersehbarer oder unabwendbarer Ereignisse (zB Ausbleiben des Verteidigers oder Dolmetschers) unmöglich ist. Das Ausweichen auf einen der drei „Ersatztage“ setzt nämlich voraus, dass eine bereits anberaumte Haftverhandlung frustriert wird (vgl OGH 11.9.1997, 15 Os 139/97), was aber hier nicht der Fall war.

Es stellt sich also die Frage, ob in der Fristüberschreitung eine Grundrechtsverletzung iSd § 2 Abs 1 GRBG zu sehen ist bzw ob es sich bei den genannten Fristen um Fallfristen handelt.

Während der OGH in EvBl 1993/85 (zu § 193 Abs 3 aF) der Ansicht war, dass hier von Fallfristen auszugehen wäre, sodass eine Haftverlängerung nach Ablauf der Haftfrist jedenfalls unzulässig und der Beschuldigte zu enthaften wäre, vertrat er in EvBl 1993/86 (ebenfalls zu § 193 Abs 3 aF) unter ausdrücklicher Ablehnung erstgenannter Entscheidung, dass eine U-Haft-Verlängerung nach Ablauf der Haftfristen nicht schlechthin unzulässig (und damit eine Grundrechtsverletzung iSd § 2 Abs 1

GRBG) wäre. Vielmehr läge dann keine Verletzung des Grundrechtes auf persönliche Freiheit vor, wenn

- die U-Haft innerhalb einer zeitlich eng begrenzten Frist nach Ablauf der Haftfrist verlängert (der OGH hegte im genannten Erkenntnis bei einer Überschreitung von 5 Tagen keine Bedenken) und
- die Verzögerung durch für das Gericht unvorhersehbare und unabwendbare Zwischenfälle verursacht würde.

Eine Verzögerung um ein paar Stunden wird darüber hinaus auch für zulässig erachtet, um dem Beschuldigten und dem Gericht die notwendige Erholung (etwa in den Nachtstunden) zu garantieren.

Soweit man eine Verlängerung auch nach Ablauf der Haftfrist für zulässig erachtet, wird die U-Haft zwischen dem Ablauf der Haftfrist und dem Verlängerungsbeschluss liegende Zeit gleichsam nachträglich saniert. Während dieser Zeit war also die U-Haft materiell rechtmäßig, formell hingegen rechtswidrig (vgl zur Haftentschädigung OGH 28.6.1990, 11 Os 65/90 unter Hinweis auf SSt 43/38; zu § 194 Abs 3 aF ÖJZ-LSK 1997/22, wo der OGH ausführt, dass die Rechtmäßigkeit der U-Haft nicht vom formalen Akt der Feststellung der Voraussetzungen, sondern von deren tatsächlichen Vorliegen abhänge).

Folgt man daher im vorliegenden Fall der letztgenannten differenzierten Ansicht des OGH, so wäre die Grundrechtsbeschwerde vom OGH abzuweisen; folgt man der strengeren Ansicht, so führt jegliche Verletzung auch formaler Vorschriften zur Grundrechtsverletzung, sodass A zu enthaften wäre.

89. *A wird am 1.1. verhaftet und über ihn die U-Haft verhängt. Am 10.1. bringt die StA Anklage ein. Am 16.1. stellt A einen Enthaftungsantrag, weil „die Haftfrist des § 175 Abs 2 Z 1 abgelaufen" wäre. In einer Haftverhandlung am selben Tag weist der ER (Rechtsschutzrichter) den Antrag ab. Dagegen erhebt A eine Grundrechtsbeschwerde an den OGH.*

Wie hat der OGH zu entscheiden?

Gemäß § 175 Abs 2 Z 1 beträgt die Haftfrist zunächst **14 Tage ab Verhängung der U-Haft.** Nach Einbringen der Anklage ist die Wirksamkeit eines Beschlusses durch die Haftfristen nicht mehr begrenzt (Abs 5), sodass die Haftfrist im Verlängerungszeitpunkt naturgemäß nicht abgelaufen sein konnte.

Gemäß § 1 Abs 1 GRBG steht dem Betroffenen wegen Verletzung des Grundrechtes auf persönliche Freiheit nach **Erschöpfung des Instanzenzuges** die Grundrechtsbeschwerde an den OGH zu. Weil gegen den Verlängerungsbeschluss die Möglichkeit der Beschwerde an das OLG offensteht (§ 87), ist der Instanzenzug noch nicht erschöpft, sodass die Grundrechtsbeschwerde vom OGH zurückzuweisen ist.

90. *A war wegen dringenden Verdachts der Erpressung (§ 144 Abs 1 StGB) und wegen Fluchtgefahr (§ 173 Abs 2 Z 1) 1 Jahr in U-Haft. Das Gericht meint, A werde sich der HV, die erst zwei Monate später stattfinden soll, entziehen.*

Was kann es unternehmen?

Gemäß § 178 Abs 1 Z 2 darf die wegen des Verdachtes eines (mit nicht mehr als fünfjähriger Freiheitsstrafe bedrohten) Verbrechens (§ 17 Abs 1 StGB) und wegen Fluchtgefahr (§ 173 Abs 2 Z 1) verhängte U-Haft bis zu Beginn der HV grds maximal ein Jahr dauern. Darüber hinaus ist die Aufrechterhaltung der U-Haft über sechs Monate hinaus nur dann zulässig, wenn dies wegen besonderer Schwierigkeiten oder besonderen Umfangs der Untersuchung im Hinblick auf das Gewicht des Haftgrundes unvermeidbar ist; diese Notwendigkeit tritt daher bei sechs Monate übersteigender U-Haft als weitere materielle Voraussetzung hinzu.

In die genannten **absoluten Fristen des § 178** sind **alle Zeiten** einzurechnen, **in denen sich der Beschuldigte in U-Haft befunden hat**; ob auch Zeiten der Anhaltung infolge Festnahme einzurechnen sind, ist fraglich. Jedenfalls nicht einzurechnen sind Zeiten, in denen sich der Beschuldigte nicht in U-Haft befindet, etwa aufgrund von Flucht, Vollzug einer Strafhaft oder während der HV.

Im konkreten Fall ist daher A jedenfalls zu enthaften. Sofern er zur Durchführung der HV neuerlich in Haft genommen werden muss, weil er ansonsten zur HV nicht stellig gemacht werden könnte (etwa, weil er flüchtig war), so darf dies jeweils höchstens für sechs Wochen geschehen (§ 178 Abs 3).

91. *A befindet sich seit sechs Wochen wegen des dringenden Verdachtes der betrügerischen Krida (§ 156 Abs 1 StGB) und Verdunkelungsgefahr (§ 173 Abs 2 Z 2) in U-Haft. Die HV wird gemäß § 276 zur Beischaffung neuer Beweismittel vertagt. A, der in Haft bleibt, stellt zwei Wochen danach einen Enthaftungsantrag.*

Mit Erfolg?

Gemäß § 178 Abs 1 Z 1 darf eine nur wegen Verdunkelungsgefahr verhängte U-Haft bis zum Beginn der HV zwei Monate nicht übersteigen. Während der HV wird der Fortlauf der Frist des § 178 gehemmt. Fraglich ist, ob dies gleichermaßen dann gilt, wenn die HV zur Durchführung von Beweisaufnahmen nach §§ 226 Abs 1 Z 3, 276 vertagt wird und der Beschuldigte in U-Haft verbleibt. Der Rsp (RIS-Justiz RS0098035) zufolge kommt auch diesfalls den Fristen der §§ 175 und 178 keine Bedeutung zu. Die Zulässigkeit der Aufrechterhaltung der U-Haft bestimmt sich ab diesem Zeitpunkt nur mehr aus dem Verhältnismäßigkeitsgebot (§ 177 Abs 2; RIS-Justiz RS0125949). IdS ist die U-Haft insb dann aufzuheben, wenn ihre Dauer das in concreto (nach den Grundsätzen für die Strafbemessung) zu erwartende Strafausmaß zweifelsfrei erreicht hat (EvBl 1993/139). Da dies auf den vorliegenden Fall nicht zuzutreffen scheint, wird seinem Antrag auf Enthaftung daher kein Erfolg beschieden sein.

92. Wie 91. Trotz Enthaftungsantrags führt das Gericht keine Haftverhandlung durch. Nach zwei Wochen erhebt A daraufhin eine Beschwerde an das OLG, die von diesem zurückgewiesen wird.

Wie hat der OGH über eine dagegen erhobene Grundrechtsbeschwerde zu erkennen?

Während dem Beschuldigten gegen die Verhängung oder Verlängerung der U-Haft betreffende Beschlüsse die Möglichkeit der Beschwerde nach § 87 offensteht, ist dem Gesetz ein entsprechendes Recht im Fall der Säumnis des Gerichts fremd (eine Entscheidungspflicht des Gerichts besteht aber unabhängig davon, ob der Antrag im Ergebnis Erfolg hat oder nicht). Die Zurückweisung durch das OLG erfolgte daher zu Recht, sodass auch einer Grundrechtsbeschwerde kein Erfolg beschieden wäre.

Da aber auch eine unmittelbare Anrufung des OGH (aufgrund des GRBG) wegen der Säumnis des Gerichts nicht in Betracht kommt, mithin jeglicher (innerstaatliche) Säumnisschutz fehlt, könnte A eine Beschwerde an den EGMR erwägen (Art 5, 13 EMRK).

93. A wird wegen des dringenden Verdachts

a) der betrügerischen Krida;

b) des Mordes

und wegen Fluchtgefahr festgenommen. Nach dem Pflichtverhör beschließt der ER (Rechtsschutzrichter), einem Antrag des Beschuldigten auf Haftverschonung gegen Erlag einer Kaution von € 73.000 und Ablegung eines Gelöbnisses gemäß § 173 Abs 5 Z 1 und 8 stattzugeben. Der StA, der sich dagegen ausspricht, ist empört und erhebt Beschwerde.

Mit Erfolg?

Die Verhängung der U-Haft kann gegen Kaution unterbleiben (§§ 173 Abs 1, 180 Abs 1), wenn

- lediglich der Haftgrund der Fluchtgefahr (§ 173 Abs 2 Z 1) vorliegt und
- hinreichende Sicherheit (zB Bargeld; vgl § 180 Abs 3) und ein Gelöbnis gemäß § 173 Abs 5 Z 1 und 2 geleistet werden.

Eines darauf abzielenden Antrags der StA bedarf es – trotz der missverständlichen Formulierung in § 180 Abs 2 – nicht; vielmehr hat das Gericht bei Vorliegen eines Antrags auf Verhängung der U-Haft amtswegig die Möglichkeit gelinderer Mittel zu prüfen (§ 174 Abs 1).

a) Die U-Haft hat gegen Kaution zu unterbleiben, wenn die Straftat nicht strenger als mit fünfjähriger Freiheitsstrafe bedroht ist (§ 180 Abs 1).

b) Die Möglichkeit des Absehens von der Verhängung der U-Haft gegen Kaution und Gelöbnis besteht auch bei Straftaten, bei denen auf eine mindestens zehnjährige Freiheitsstrafe zu erkennen ist. Auch im Falle eines Mordes kann daher bei Vorliegen des Haftgrundes der Fluchtgefahr von der Verhängung der U-Haft gegen Kaution und Gelöbnis abgesehen werden. Liegt hingegen keine Fluchtgefahr vor, so ist von der Verhängung der U-Haft sogar ohne gleichzeitige Anordnung gelinderer Mittel abzusehen.

Die Beschwerde wird daher in beiden Fällen abzuweisen sein.

94. *Gegen den slowenischen Gastarbeiter A wird ein Strafverfahren wegen §§ 12 2. Fall, 302 StGB eingeleitet; er soll einen Beamten zur Ausstellung unrichtiger Dokumente bestimmt haben. Obwohl A seit 2 Jahren in Österreich lebt und arbeitet, nimmt das Gericht Fluchtgefahr an und verhängt auf Antrag der StA die U-Haft. Kurz darauf stellt sein Verteidiger den Antrag, A gegen Kaution zu enthaften. Daraufhin beschließt das Gericht die Enthaftung des A gegen Kaution in der Höhe von € 140.000. A kann nicht zahlen.*

a) *Was kann A gegen die Beschlüsse unternehmen und wer entscheidet darüber?*
b) *Was kann A unternehmen, wenn auch diese Entscheidung gegen ihn ausfällt?*

a) Gemäß § 173 Abs 3 ist der Haftgrund der Fluchtgefahr (§ 173 Abs 2 Z 1) jedenfalls dann nicht anzunehmen, wenn

- die Straftat, derer der Beschuldigte verdächtigt wird, nicht strenger als mit fünfjähriger Freiheitsstrafe bedroht ist,
- er sich in geordneten Lebensverhältnissen befindet und
- einen festen Wohnsitz im Inland hat,

es sei denn, er hat bereits Anstalten zur Flucht getroffen.

Da die Voraussetzungen des § 173 Abs 3 im konkreten Fall vorliegen, hätte die U-Haft wegen Fluchtgefahr nicht verhängt werden dürfen. Gegen diesen Beschluss steht A binnen 14 Tagen die Beschwerde an das OLG offen (§ 87).

Gemäß § 180 Abs 1 hat eine U-Haft zu unterbleiben oder ist aufzuheben, wenn

- die Straftat nicht mit strengerer als fünfjähriger Freiheitsstrafe bedroht ist,
- lediglich der Haftgrund der Fluchtgefahr vorliegt und
- eine entsprechende Sicherheit und ein Gelöbnis geleistet wird.

Da im konkreten Fall (mangels Haftgrundes) richtigerweise keine U-Haft verhängt werden darf, stellt sich die Frage der Aufhebung gegen Kaution gar nicht. Der entsprechende Beschluss ist bereits aus diesem Grund mit Rechtswidrigkeit belastet. Läge hingegen Fluchtgefahr vor, hätte A einen Rechtsanspruch auf Aufhebung der U-Haft gegen Kaution. Gegen den entsprechenden Beschluss steht die **Beschwerde an das OLG** offen. Fraglich ist, ob dabei die allgemeine (14-tägige) Frist des § 87 oder die dreitägige des § 176 Abs 5 anzuwenden ist. Im Hinblick darauf, dass der Ausspruch über die Aufhebung der U-Haft mit jenem über die Verfügung gelinderer Mittel eine rechtlich untrennbare Einheit bildet, scheint letzterer Variante der Vorzug zu geben zu sein.

b) Gegen die Entscheidungen des OLG steht A (da der Instanzenzug ausgeschöpft ist) gemäß § 2 Abs 1 GRBG die Möglichkeit einer **Grundrechtsbeschwerde** an den OGH offen (Art 5 Abs 3 EMRK).

95. *A wird am 1.1. von der Polizei wegen dringenden Tatverdachtes des §§ 142 Abs 1, 143 Abs 1 1. Fall StGB festgenommen. Am 2.1. verhängt das Gericht die U-Haft wegen Flucht- und Verdunkelungsgefahr. Am 4.1. gelingt A, begünstigt durch Bauarbeiten im Gefangenenhaus, die Flucht über das Dach. Er kann jedoch bereits am 7.1. wieder festgenommen werden.*

a) *Wie wirkt sich die Flucht auf die Untersuchungshaft aus?*

b) *Ändert sich etwas am Ergebnis, wenn A erst am 10.7. wieder festgenommen wird?*

Für die Beantwortung dieser Frage sind zunächst die Auswirkungen der Unterbrechung auf die **Haftfrist** („Wirksamkeits- bzw Überprüfungsfrist“) des **§ 175 Abs 2** einerseits sowie auf jene des **§ 178** andererseits zu unterscheiden.

a) Die Beantwortung dieser Frage hinsichtlich der Frist des § 175 Abs 2 ist strittig:

Zunächst könnte vertreten werden, dass die Flucht ohne Auswirkung auf den Ablauf dieser Frist ist, sodass die erste Haftverhandlung am 16.1. stattzufinden hat. Die U-Haft wäre um einen Monat zu verlängern (§ 175 Abs 2 Z 2).

Denkbar ist aber auch, dass die Frist des § 175 Abs 2 unterbrochen wird und bei der zweiten Verhaftung neu zu laufen beginnt. Die U-Haft könnte in diesem Fall nach einem Pflichtverhör für 14 Tage verhängt werden (§ 175 Abs 2 Z 1).

Erwogen werden kann schließlich auch eine durch die Unterbrechung der U-Haft bewirkte Fortlaufhemmung des jeweils letzten Beschlusses (idS RIS-Justiz RS0130180).

Auf die absolute Frist des **§ 178** wirkt sich die Flucht dahingehend aus, dass der Fristenlauf gehemmt und erst wieder fortgesetzt wird, wenn sich A neuerlich in U-Haft befindet (Fortlaufhemmung).

b) Auch hier kann die Frage hinsichtlich der Auswirkungen auf die Frist des § 175 Abs 2 nicht eindeutig beantwortet werden:

Zunächst könnte vertreten werden, dass die Haftverhandlung – analog zu § 176 Abs 3 – in Abwesenheit des Beschuldigten zu führen ist. Bei As neuerlicher Festnahme wären folglich keine neue Verhängung der U-Haft und kein Pflichtverhör vonnöten. Nach Ablauf der entsprechenden Frist des § 175 Abs 2 wäre eine amtswegige Haftverhandlung durchzuführen.

Nimmt man hingegen an, dass die Fristen des § 175 Abs 2 durch die Flucht unterbrochen werden, so wäre neuerlich mit Verhängung der U-Haft bei einer Wirksamkeitsfrist von 14 Tagen auszugehen.

Denkbar ist aber auch hier die Annahme einer bloßen Fortlaufhemmung, sodass der zuletzt gefasste Beschluss für die (restliche) Dauer der in § 175 Abs 2 genannten Frist gilt (idS RIS-Justiz RS0130180). Da der Fortlauf der Frist des **§ 178** gehemmt wird, steht der neuerlichen Verhängung bzw der Aufrechterhaltung der U-Haft der Ablauf von sechs Monaten nicht entgegen.

96. *A steht im dringenden Verdacht, den Tatbestand des § 108 StGB erfüllt zu haben. Auf Antrag der StA verhängt das Gericht in der Folge wegen Fluchtgefahr über A die U-Haft.*

a) *Was könnte A dagegen unternehmen und wer hätte über das RM zu entscheiden?*

b) *Welchen Rechtsbehelf stellt das Gesetz gegen die Fortsetzung der U-Haft zur Verfügung und wer hätte darüber zu entscheiden?*

a) Wenngleich es hier um eine in die Zuständigkeit des BG gehörige Sache handelt, werden die dem Gericht im Ermittlungsverfahren zukommenden Aufgaben vom ER des LG (Rechtsschutzrichter) wahrgenommen (§ 31 Abs 1). Gegen den Beschluss auf Verhängung der U-Haft steht dem A daher die Beschwerde an das OLG offen.

Erfolgte die Verhängung der U-Haft hingegen erst im Hauptverfahren, so hat hierüber das BG zu entscheiden und hätte A Beschwerde an das LG zu erheben, welches darüber als Dreirichtersenat entscheidet (§ 31 Abs 5 Z 1).

b) Das unter a) Gesagte gilt hier sinngemäß.

IV. Das Ermittlungsverfahren

Ziel des mit dem StrafprozessreformG gänzlich neu gestalteten Ermittlungsverfahrens ist es, Sachverhalt und Tatverdacht durch Ermittlungen so weit zu klären, dass die StA über Anklage, Rücktritt von der Verfolgung oder Einstellung des Verfahrens entscheiden kann und im Fall der Anklage eine zügige Durchführung der HV ermöglicht wird (§ 91 Abs 1). Ebenfalls dem Ermittlungsverfahren zuzurechnen ist das staatsanwaltschaftliche Diversionsverfahren.

1. Die Einleitung des Strafverfahrens

97. B, Beamter eines Jugendamtes, erlangt im Rahmen des Dienstes Kenntnis davon, dass A

a) das Delikt des § 199 StGB (Vernachlässigen der Pflege, Erziehung oder Beaufsichtigung) begangen hat.

b) einen Diebstahl (§ 127 StGB) begangen hat.

Ist er berechtigt oder verpflichtet, Anzeige zu erstatten?

a) Gemäß § 78 Abs 1 (iVm den einschlägigen organisationsrechtlichen Vorschriften) hat jede Beamte (strafrechtsbewehrt: § 302 StGB) die ihm amtlich in seinem gesetzlichen Wirkungsbereich bekannt gewordenen strafbaren Handlungen – wohl nur, sofern es sich nicht um Privatanklagesachen handelt – dem Leiter der Behörde oder Dienststelle zu melden, damit dieser Anzeige an die StA bzw die Sicherheitsbehörden erstattet, oder, wenn er selbst Leiter des Amtes ist, namens des Amtes Anzeige zu erstatten. Die **Anzeigepflicht** ist daher auf den gesetzlichen Wirkungsbereich der Behörde oder Dienststelle eingeschränkt.

Zumal das Jugendamt ua die Interessen des Jugendschutzes wahrzunehmen hat, liegen die Voraussetzungen des § 78 Abs 1 vor, sodass B grds zur Anzeige (bzw Meldung an den Vorgesetzten) verpflichtet ist. Die Anzeigepflicht könnte allerdings gemäß § 78 Abs 2 Z 1 entfallen (und die Anzeige dem Ermessen der Behörde oder Dienststelle anheimgestellt werden), wenn durch die Anzeige eine amtliche Tätigkeit beeinträchtigt würde, deren Wirksamkeit eines persönlichen Vertrauensverhältnisses bedarf. Da es sich hier um einen solchen Fall handelt, entfällt die Anzeigepflicht. Freilich bleibt B bzw das Jugendamt zur Anzeige gemäß § 80 Abs 1 berechtigt. Die Anzeige liegt aber diesfalls im Ermessen des B bzw des Jugendamtes; dieses ist iSd Abs 3 auszuüben.

b) Anders als unter a) wird durch den Diebstahl des A der gesetzliche Wirkungsbereich nicht berührt. Wenngleich hier also keine Anzeigepflicht gemäß § 78 Abs 1 besteht, steht B bzw der Behörde oder Dienststelle wie jedermann das **Anzeigerecht**

gemäß § 80 Abs 1 zu. Die Anzeige steht hier – anders als im Fall des § 78 Abs 1 – daher im Ermessen des Beamten bzw des Amtes.

98. *Bei einer Polizeiinspektion langt*

a) *eine anonyme Anzeige ein, A habe das Delikt des § 199 StGB begangen.*

b) *nahezu täglich eine Anzeige des psychisch kranken B gegen seinen (in den USA lebenden) Onkel ein, dieser habe ihm Diesel aus seinem Kfz abgezapft.*

Wie hat die Polizei vorzugehen?

Nach § 2 Abs 1 hat ua die Kriminalpolizei im Rahmen ihrer Aufgaben jeden ihr zur Kenntnis gelangten Verdacht einer nicht bloß auf Verlangen eines Berechtigten zu verfolgenden Straftat in einem Ermittlungsverfahren von amtswegen aufzuklären.

a) Auch anonyme Anzeigen sind daher nicht schlechthin unbeachtlich, soweit sie die Straftat bezeichnende Umstände enthalten. In besonderer Weise hat die Polizei bei der Aufklärung jedoch unnötiges Aufsehen zu vermeiden, die Würde der betroffenen Personen zu achten und deren Rechte und schutzwürdige Interessen zu wahren (§ 5 Abs 2; vgl auch § 229 Abs 1 Z 2). Nach Maßgabe des § 100 hat die Polizei danach der StA zu berichten.

b) Lässt bereits die Anzeige erkennen, dass es an einem Anfangsverdacht fehlt, so hat die Kriminalpolizei gleichwohl der StA hierüber zu berichten (§ 100 Abs 3a). Ausschließlich an ihr liegt es in der Folge, von der Einleitung des Ermittlungsverfahrens abzusehen oder Ermittlungen anzuordnen. Der Kriminalpolizei selbst steht auch in diesen Fällen keine entsprechende Entscheidungsbefugnis zu.

99. *Kurze Zeit nach einer Anzeige des Tierschutzvereins T gegen den Landwirt L wegen des Verdachts der Tierquälerei (§ 222 Abs 1 StGB) erlangt Verein Kenntnis davon, dass mangels Vorliegens eines Anfangsverdachts von der Einleitung eines Ermittlungsverfahrens abgesehen wurde. Erbost über die „Untätigkeit" der StA möchte der Verein dagegen etwas unternehmen.*

a) *Welche Möglichkeiten stehen ihm offen?*

b) *Was ändert sich, wenn die Kriminalpolizei bereits Zeugenvernehmungen durchgeführt hat?*

a) Sieht die StA mangels Vorliegens eines Anfangsverdachts (§ 197a Abs 1 2. Fall) von der Einleitung eines Ermittlungsverfahrens ab, ist eine Verständigung des Anzeigers oder anderer Personen hievon nicht (mehr) vorgesehen (anders bislang § 35c StAG). Die Möglichkeit, eine Fortführung des Verfahrens zu beantragen, sieht das Gesetz (anders als bei einem Absehen wegen rechtlicher Hindernisse iSd § 197a Abs 1 1. Fall) nicht vor (§ 197c). In derartigen Fällen besteht daher keine Möglichkeit, die

Entscheidung der StA einer gerichtlichen Überprüfung zuzuführen und eine Strafverfolgung sicherzustellen.

b) Das Strafverfahren beginnt, sobald Kriminalpolizei oder StA zur Aufklärung eines – auch gegen unbekannte Täter gerichteten – Anfangsverdachts iSd § 1 Abs 3 ermitteln (§ 1 Abs 2). Demgemäß genügt namentlich die Vernehmung von Zeugen, um die Einleitung des Strafverfahrens, näherhin des Ermittlungsverfahrens zu bewirken, ohne dass es eines entsprechenden Formalaktes bedürfte (anders § 32 VStG). Ein einmal auf diese Art eingeleitetes Ermittlungsverfahren kann aber nur noch nach den Bestimmungen des 10. oder 11. Hauptstückes (Einstellung, Diversion) bzw durch Anklagegerhebung (§ 210 Abs 2) beendet werden.

Mag die StA daher vorliegend auch mitgeteilt haben, von der Einleitung des Ermittlungsverfahrens abzusehen, handelt es sich materiell um eine Einstellung iSd § 190 3. Fall. Eine solche Einstellung kann vom Opfer mittels Fortführungsantrags (§ 195) einer gerichtlichen Überprüfung zugeführt werden. Zumal dem Verein jedoch bloß Anzeiger-, nicht aber Opfereigenschaft zukommt (die angezeigte Straftat verletzt den Verein nicht in ihm zukommenden, strafrechtlich geschützten Rechtsgüter [§ 65 Z 1 lit c]), fehlt es ihm an einer entsprechenden RM-Legitimation, sodass der Antrag als unzulässig zurückzuweisen ist.

2. Zusammenspiel Kriminalpolizei – StA – Gericht

100. *Im Zusammenhang mit einem Verkehrsunfall auf der Wiener Südosttangente soll der Zeuge Z Angaben zum Tathergang machen können. Wie haben die Kriminalpolizei bzw die StA vorzugehen, wenn*

a) *Z in Bregenz wohnt?*

b) *Z in München wohnt?*

a) Anders als im Hauptverfahren gilt im Ermittlungsverfahren der Grundsatz der Unmittelbarkeit nicht in der Art, dass der das Verfahren führende StA oder der die Ermittlungen leitende Kriminalbeamte die Beweise selbst erheben müsste. Vielmehr sind sie auch im Zusammenhang mit Beweisaufnahmen berechtigt, die Unterstützung aller Behörden und öffentlichen Dienststellen des Bundes, der Länder und der Gemeinden sowie anderer durch Gesetz eingerichteter Körperschaften und Anstalten des öffentlichen Rechts unmittelbar in Anspruch zu nehmen **(Amts- und Rechtshilfe;** § 76).

Eine besondere Regelung enthält die StPO für die Vernehmung von Zeugen und Beschuldigten mit Aufenthaltsort außerhalb des Sprengels der zuständigen StA. Sie sind grds unter Verwendung technischer Einrichtungen zur Wort- und Bildübertragung (Videokonferenz) am Sitz jener StA zu vernehmen, in deren Sprengel sie sich befinden. Eine Ladung an den Sitz der zuständigen StA ist nur dann zulässig, wenn es unter Berücksichtigung der Verfahrensökonomie zweckmäßiger oder sonst aus besonderen Gründen erforderlich ist (§ 153 Abs 4).

b) Aufgrund des völkerrechtlichen **Territorialitätsprinzips** ist es österreichischen Behörden und Gerichten verwehrt, selbst Hoheitsakte im Ausland zu setzen, sodass etwa eine zwangsmittelbewehrte Ladung eines Zeugen in diesen Fällen nicht in Betracht kommt.

Abhilfe schaffen in diesen Fällen eine Reihe internationaler (multi- und bilateraler) Verträge, subsidiär das ARHG. Im konkreten Fall ist auf Art 3 des Europäischen Übereinkommens über die Rechtshilfe in Strafsachen, BGBl 1969/41, zurückzugreifen (76 Abs 3). Bestehen keine völkerrechtlichen Vereinbarungen, so wäre im Falle eines Ersuchens um Zeugenvernehmung gemäß §§ 71 bzw 72 ARHG vorzugehen.

Auch in diesem Zusammenhang besteht uU die rechtliche Möglichkeit, Vernehmungen mit Videokonferenz im Rechtshilfeweg durchzuführen (zB § 55h EU-JZG).

101. *Der Verteidiger (V) des A möchte der Vernehmung des A beigezogen werden. Nachdem dies von der Kriminalpolizei – zutreffend – unter Hinweis auf § 164 Abs 2 Satz 3 verweigert wird, erhebt der Verteidiger namens des A sowie im eigenen Namen Einspruch.*

a) *Wie hat das Gericht zu entscheiden?*

b) *Das Gericht entscheidet abschlägig. Was kann der Verteidiger dagegen unternehmen?*

c) *Welche Möglichkeiten stehen nach Ausschöpfung des innerstaatlichen Instanzenzuges zur Verfügung?*

a) Nach § 164 Abs 2 hat der Beschuldigte grds das Recht, seiner Vernehmung einen Verteidiger beizuziehen, doch kann von der Beiziehung abgesehen werden, soweit dies aufgrund besonderer Umstände unbedingt erforderlich erscheint, um durch eine sofortige Vernehmung oder andere unverzügliche Ermittlungen eine erhebliche Gefahr für die Ermittlungen oder eine Beeinträchtigung von Beweismitteln abzuwenden. Lagen diese Voraussetzungen vor, so wird das Gericht den Einspruch des A abweisen, jenen des V (dem kein originäres Recht auf Beiziehung zukommt) zurückweisen.

b) Gegen den Beschluss des ER (Rechtsschutzrichters) steht ihm die Möglichkeit der Beschwerde an das OLG offen – dieser kommt aufschiebende Wirkung zu (§ 107 Abs 3). Gibt das OLG der Beschwerde keine Folge oder lehnt es die Behandlung ab, so steht dagegen kein ordentliches RM mehr zur Verfügung. Der Verteidiger könnte allenfalls eine NBzWdG anregen (§ 23) oder die Erneuerung des Strafverfahrens beantragen (siehe Fall 263; zum Verhältnis der beiden Regime zueinander vgl OGH 16.12.2010, 13 Os 130/10g ua).

c) Nach Ausschöpfung des innerstaatlichen Instanzenzuges könnte A (nicht aber der Verteidiger im eigenen Namen) eine Beschwerde an den EGMR erheben (Art 34

EMRK), wobei eine Verletzung des Rechts auf Beiziehung eines Verteidigers zu erwägen wäre (Art 6 Abs 1 iVm 3 lit c EMRK).

102. *In einer in die Zuständigkeit der Schöffengerichte fallenden Strafsache beantragt die StA die gerichtliche Bewilligung*

a) *der Durchsuchung der Geschäftsräumlichkeiten des A;*
b) *einer körperlichen Untersuchung des A;*
c) *einer optischen und akustischen Überwachung des A.*

Wie kann die StA vorgehen, wenn das Gericht über diesen Antrag nicht entscheidet und nach Ansicht der StA ein umgehendes Einschreiten nötig wird?

In allen genannten Fällen bedarf die Maßnahme einer gerichtlichen Bewilligung (§§ 120 Abs 1, 123 Abs 3, 137 Abs 1). Werden entsprechende Anträge der StA nicht erledigt, so steht dieser hiegegen zunächst nach § 87 Abs 2 die **Beschwerde** an das OLG offen. Gerade in Fällen, in denen mit der Verzögerung nicht mehr gutzumachende Nachteile verbunden sich, ist freilich alleine mit dieser Beschwerdemöglichkeit nicht viel gewonnen (sieht man davon ab, dass es an einer vom Gericht einzuhaltenden Entscheidungsfrist fehlt).

Zu prüfen ist vielmehr, ob die angestrebte Maßnahme ausnahmsweise (wegen **Gefahr im Verzug)** auch ohne gerichtliche Bewilligung gesetzt werden darf. Während die StA in den Fällen der Durchsuchung der Geschäftsräumlichkeit **[a)]** die Polizei anweisen kann, von ihrem Recht nach § 120 Abs 1 Gebrauch zu machen, und sie das Gesetz hinsichtlich der körperlichen Untersuchung **[b)]** selbst ermächtigt, bei Gefahr im Verzug die Anordnung zunächst ohne gerichtliche Genehmigung zu erteilen (§ 123 Abs 3), steht die Möglichkeit eines Einschreitens ohne gerichtliche Bewilligung im Fall **c)** nicht offen.

103. *Wie 102.b) Die StA ordnet die körperliche Untersuchung an. In weiterer Folge*

a) *erteilt das Gericht die Bewilligung nicht;*
b) *entscheidet das Gericht über den Antrag bis zum Einbringen der Anklage nicht.*

Dürfen die solcherart gewonnenen Ergebnisse dem Urteil zugrunde gelegt werden?

a) Wird die gerichtliche Bewilligung nicht erteilt, so hat die StA die Anordnung sofort zu widerrufen und das Ergebnis der Untersuchung vernichten zu lassen (§ 123 Abs 3). Da damit die formellen Voraussetzungen für die Untersuchung wegfallen, dürfen diese Ergebnisse auch dem Urteil nicht mehr zugrunde gelegt werden (§ 123 Abs 6). Mangels entsprechender Nichtigkeitsdrohung kann dies jedoch nur nach Maßgabe des § 281 Abs 1 Z 4 geltend gemacht werden.

b) Fraglich ist, welche Folge die Nichterledigung des Antrages nach sich zieht. Da das Gesetz die Verwertbarkeit der Ergebnisse offenkundig jedenfalls vom Vorliegen einer (positiven) gerichtlichen Erledigung abhängig machen will, diese jedoch nicht vorliegt, darf das Ergebnis dem Urteil nicht zugrunde gelegt werden. Hinsichtlich der Bekämpfbarkeit gilt das unter a) Gesagte.

3. Das Ende des Ermittlungsverfahrens

104. *Aufgrund der ihr übermittelten Berichte der Kriminalpolizei (§ 100) und angeschlossener Vernehmungsprotokolle gelangt die StA zur Ansicht, dass*

a) *A den Mord (§ 75 StGB) begangen hat;*
b) *A den Diebstahl (§§ 127, 128 Abs 1 Z 4 StGB) begangen hat;*
c) *A die Tat nicht begangen hat;*
d) *noch nicht hinreichend geklärt ist, ob sich A im Tatzeitpunkt im Vollrausch befunden hat.*

Wie hat sie vorzugehen?

Aufgrund der Berichte der Kriminalpolizei bzw der übrigen Ermittlungsergebnisse entscheidet die StA über den weiteren Gang des eingeleiteten Verfahrens, nämlich ob von der Verfolgung abzusehen, das Verfahren einzustellen oder Anklage zu erheben ist. Kommt ein Absehen von der Verfolgung nicht in Betracht, so liegt es an der StA, je nach Fallkonstellation

- in das **Diversionsverfahren** einzusteigen (§§ 198 ff), kommt dies nicht in Betracht,
- **Anklage** einzubringen (§ 210).

a) Da in einem Verfahren wegen § 75 StGB eine diversionelle Erledigung nicht in Betracht kommt, hat die StA eine Anklageschrift einzubringen.

b) Liegen die Voraussetzungen des § 198 vor, so hat sie nach dem 11. Hauptstück vorzugehen. Im Übrigen hat sie einen Strafantrag zu stellen.

c) Im konkreten Fall hat die StA nach § 190 3. Fall von der Verfolgung abzusehen und das Ermittlungsverfahren einzustellen. Sie hat hievon die Kriminalpolizei, den Beschuldigten, das Opfer und allenfalls das Gericht zu verständigen, die Erstgenannten über den Grund der Entscheidung sowie das Opfer darüber hinaus über sein Recht nach § 195 zu informieren (§ 194).

d) Reichen die vorliegenden Ergebnisse für diese Beurteilung (noch) nicht aus, so hat sie weitere Ermittlungen anzuordnen, selbst durchzuführen bzw durch SV durchführen zu lassen (§§ 101 Abs 4, 103 Abs 2).

105. *Während des Ermittlungsverfahrens gelangt*

a) *die StA*

b) *das Gericht im Zuge eines Verfahrens nach § 108*
zur Ansicht, dass die Tat verjährt ist.

Wie ist vorzugehen, wenn sich der Beschuldigte in U-Haft befindet?

a) Stellt die StA das Ermittlungsverfahren wegen Verjährung ein (§ 190 2. Fall), so hat sie nach § 193 Abs 1 die Freilassung anzuordnen. Einer Einbindung des Gerichts bedarf es nicht.

b) Stellt das Gericht das Verfahren mit Beschluss nach § 108 ein, so hat es nach dessen Rechtskraft die Enthaftung des Beschuldigten zu verfügen (§ 177 Abs 2).

106. *Wie 105.b) Was kann die StA gegen die Einstellung unternehmen?*

Gegen den Einstellungsbeschluss kann die StA binnen 14 Tagen Beschwerde an das OLG erheben. Dieser Beschwerde kommt aufschiebende Wirkung zu, dh eine verhängte U-Haft wird durch den Einstellungsbeschluss nicht berührt (§ 108 Abs 4).

107. *Der rumänische Staatsangehörige A soll einen schweren Diebstahl (§§ 127, 128 Abs 1 Z 5 StGB) begangen haben und wird auf freiem Fuß angezeigt. Als A zu einer Vernehmung erscheinen soll, muss die Behörde feststellen, dass er untergetaucht ist.*

Da A nicht ausfindig gemacht werden kann, wird das Verfahren gemäß § 197 abgebrochen. Sechs Jahre nach dem Diebstahl wird A durch einen Zufall aufgegriffen und in der Folge wegen des Diebstahls verurteilt. In seiner Berufung macht er geltend, die Verurteilung sei zu Unrecht erfolgt, weil die Sache bereits verjährt gewesen sei.

Mit Erfolg?

Die Verjährung der Tat kann A mit Berufung wegen Nichtigkeit gemäß §§ 489 Abs 1, 281 Abs 1 Z 9 lit b geltend machen.

Gemäß § 57 Abs 3 StGB beträgt die Verjährungsfrist im konkreten Fall fünf Jahre. In die Verjährungsfrist wird allerdings gemäß § 58 Abs 3 Z 2 StGB die Zeit zwischen der erstmaligen Vernehmung als Beschuldigter (§§ 164, 165) oder der erstmaligen Androhung oder Ausübung von Zwang gegen den Täter wegen der Tat und der rechtskräftigen Beendigung des Verfahrens nicht eingerechnet. Wurde A daher unter Androhung der Vorführung zur Vernehmung geladen (§ 153 Abs 2), so ist noch keine Verjährung eingetreten und wird A mit der Berufung keinen Erfolg haben.

108. *A steht im Verdacht, einen Raub begangen zu haben. Im Zuge des Ermittlungsverfahrens*

a) *sichergestellte Fingerabdrücke*

b) *durchgeführte Durchsuchungen der Wohnungen des A*

sprechen jedoch für die Richtigkeit eines anlässlich polizeilicher Erkundigungen von A behaupteten Alibis. Daraufhin wird das Ermittlungsverfahren gegen ihn eingestellt.

Drei Monate danach übernimmt ein anderer Referent der StA den Fall und möchte das Verfahren fortführen. Unter welchen Voraussetzungen ist dies möglich?

Nach § 193 Abs 2 Z 1 kann die StA die Fortführung eines nach §§ 190 f beendeten Ermittlungsverfahrens anordnen, wenn die Strafbarkeit der Tat noch nicht verjährt ist, der Beschuldigte wegen dieser Tat nicht vernommen (§§ 164, 165) und kein Zwang gegen ihn ausgeübt wurde (Z 1).

a) Da zum einen die Sicherstellung und Auswertung der Fingerabdrücke nicht als gegen den A gerichteten Zwangsakt zu verstehen ist und zum anderen seine Befragung im Rahmen von Erkundigungen noch keine Vernehmung im technischen Sinne (§§ 164 f) darstellt, wird die Einstellung nicht rechtskräftig und können die Ermittlungen innerhalb offener Verjährungsfrist jederzeit wieder formlos aufgenommen werden.

b) Wie unter a) stellt sich auch hier die Frage nach dem Vorliegen eines gegen den A gerichteter Zwangsaktes iSd § 193 Abs 2 Z 1. Wenngleich zunächst erwogen werden könnte, darunter (streng dem Gesetzeswortlaut nach) nur solche auf § 93 gestützte, gegen die Person des Beschuldigten gerichtete behördliche Akte zu verstehen, scheint die ratio legis für ein weiteres Verständnis dieses Ausdruckes zu sprechen. Maßgeblich scheint, dass der Beschuldigte in dieser Funktion mit dem Tatvorwurf konfrontiert wird und damit auch von diesem wider ihn erhobenen Vorwurf Kenntnis erlangt (oder zumindest erlangen kann). Dass es tatsächlich zur Anwendung von Zwangsgewalt kommt, ist daher richtigerweise ebenso wenig notwendig wie dass sich die Zwangsgewalt gegen die Person des Beschuldigten selbst richten müsste. Davon ausgehend kommt im vorliegenden Fall richtigerweise eine Fortsetzung nur unter der Voraussetzung des Abs 2 Z 2 in Betracht.

109. *Wie 108.a) Aufgrund einer Erkrankung des zuständigen StA wird die Sache rund sechs Monate lang nicht weiter bearbeitet. Um die Sache endlich „abhaken" zu können, möchte A etwas unternehmen.*

a) *Wozu würden Sie ihm raten?*

b) *A folgt Ihrem Rat. Aufgrund der Krankheit des StA wird aber auch das nunmehrige Anbringen nicht weiter bearbeitet. Was könnte A unternehmen?*

a) Nach § 108 Abs 2 kann der Beschuldigte einen **Antrag auf Einstellung** des Ermittlungsverfahrens stellen, wenn der bestehende Tatverdacht nach Dringlichkeit und Gewicht sowie im Hinblick auf die bisherige Dauer und den Umfang des Ermittlungsverfahrens dessen Fortsetzung nicht rechtfertigt und von einer weiteren Klärung des Sachverhalts eine Intensivierung des Verdachts nicht zu erwarten ist.

b) Der Antrag ist bei der StA einzubringen und von dieser zu prüfen. Kommt ihm nicht bereits die StA (durch Einstellung des Verfahrens) nach, so hat sie den Antrag binnen vier bzw sechs Wochen an das Gericht weiterzuleiten. Unterbleibt die Behandlung bzw Weiterleitung, so könnte darin eine Verletzung des A in seinen subjektiven Rechten iSd § 106 Abs 1 Z 1 erblickt werden, die A wiederum mit Einspruch an das LG bekämpfen könnte.

4. Besonderer Rechtsschutz im Ermittlungsverfahren

110. *In einem komplizierten Wirtschaftsprozess gegen B kann das Ermittlungsverfahren auch fast drei Jahre nach seiner Einleitung nicht zum Abschluss gebracht werden. Ausschlaggebend dafür sind einerseits die im Verfahren aufzuarbeitenden diffizilen Firmengeflechte, andererseits aber auch seitens B und weiterer Mitbeschuldigter gestellte systematische Richterablehnungen bzw zahlreiche Anträge und RM, die häufig von Bitten um Verlängerung der für die Schriftsätze vorgesehenen Fristen begleitet werden.*

Wie haben StA und Gericht vorzugehen?

Nach § 108 Abs 1 darf die Dauer des Ermittlungsverfahrens grds zwei Jahre nicht übersteigen. Kann es nicht innerhalb dieser Frist beendet werden und beantragt der Beschuldigte die Einstellung (eine amtswegige Prüfung ist nicht mehr vorgesehen), hat die StA das Gericht samt einer Stellungnahme über die Gründe für die Dauer des Ermittlungsverfahrens zu befassen.

Das Gericht hat daraufhin zu prüfen, ob das Verfahren nach Abs 1 Z 1 oder 2 einzustellen ist. Trifft dies nicht zu, so hat es mit Beschluss auszusprechen,

- dass die Höchstdauer des Ermittlungsverfahrens um bis zu zwei Jahre verlängert wird und
- ob eine der StA anzulastende Verletzung des Beschleunigungsgebots (§ 9) im Hinblick auf die Intensität des Tatverdachtes und das Verhalten des Beschuldigten im Verhältnis zum Umfang der Ermittlungen, der Komplexität der zu lösenden Tat- und Rechtsfragen und der Anzahl der Beteiligten des Verfahrens vorliegt. Diesfalls kann es der StA konkrete verfahrensbeschleunigende Maßnahmen auftragen.

Der Beschluss ist den Verfahrensparteien gegenüber zu erlassen; er kann von ihnen mit Beschwerde bekämpft werden.

Im konkreten Fall sprechen die obgenannten Umstände dafür, zum einen eine Verlängerung der Höchstdauer zu verfügen und zum anderen einen Verstoß gegen das Beschleunigungsverbot zu verneinen (vgl EGMR EuGRZ 1983, 371, 380 [*Eckle/* Deutschland]; EBRV 181 BlgNR 25. GP 5).

111. *Wie 110.*

a) *Noch vor Erlassung der gerichtlichen Entscheidung aber schon nach Ablauf der Zweijahresfrist des § 108 Abs 1 bringt die StA Anklage ein.*

b) *Trotz Ablaufes der Zweijahresfrist und Vorliegens eines Antrags auf Einstellung befasst die StA das Gericht nicht mit der Sache. Stattdessen erhebt sie weitere drei Monate später Anklage.*

B ist darüber erbost, weil mit Ablauf der Zweijahresfrist das Verfahren abgeschlossen sei und nur noch nach Maßgabe des § 193 fortgeführt werden dürfte. Trifft diese Ansicht zu?

Auch in den Fällen des § 108 wird das Ermittlungsverfahren erst mit Eintritt der Rechtskraft des entsprechenden gerichtlichen Beschlusses beendet. Ein Automatismus, wonach das Verfahren – mangels beschlussmäßiger Verlängerung der Höchstdauer – gleichsam ipso factu endet, ist dem Gesetz fremd.

Unabhängig davon, ob die StA die Befassung des Gerichts iSd § 108 Abs 3 unterlassen oder das Gericht nicht innerhalb der Zweijahresfrist entschieden hat, war das Verfahren im Zeitpunkt der Einbringung der Anklage noch anhängig. Die Ansicht des B trifft daher nicht zu.

112. *Im Zuge eines Ermittlungsverfahrens wegen § 28a Abs 2 SMG dringen Beamte der LPD Wien in die Wohnung des A ein und durchsuchen diese. Über das rücksichtslose Vorgehen der Polizei empört, möchte A die Amtshandlung bekämpfen. Welches RM würden Sie ihm raten, wenn die Durchsuchung*

a) *auf einer gerichtlich bewilligten Anordnung der StA beruhte?*

b) *auf einer gerichtlich bewilligten Anordnung der StA beruhte, A aber jene Gegenstände, deren Auffinden die Durchsuchung dienen sollte, bereits herausgegeben hat?*

c) *durch die Kriminalpolizei aus eigener Macht durchgeführt wurde?*

d) *auf einer gerichtlich bewilligten Anordnung der StA beruhte und sich die Kriminalpolizei zum einen mit Gewalt (durch Wegdrängen des A) Zutritt zur Wohnung verschafft und dem A zum anderen die Anweisung gegeben hat, während der Dauer der Durchsuchung neben seinem Bett stehen zu müssen?*

Gemäß § 106 Abs 1 Z 2 steht im Ermittlungsverfahren jedermann gegen Akte der StA der Einspruch an das LG offen, wenn er behauptet, durch die gesetzwidrige Anordnung oder Durchführung von Ermittlungs- oder Zwangsmaßnahme in seinen

Rechten verletzt worden zu sein. Darüber hinaus eröffnet § 87 die Möglichkeit der Beschwerde insb gegen gerichtliche Bewilligungen. Akte der Kriminalpolizei können schließlich mit der an das LVwG zu richtenden Maßnahmenbeschwerde nach Art 130 Abs 1 Z 2 B-VG bekämpft werden.

a) Da der Durchsuchung eine gerichtliche Bewilligung zugrunde lag, kann A zum einen binnen 14 Tagen gegen die Bewilligung der Maßnahme Beschwerde, zum anderen aber auch gegen die Anordnung bzw Durchführung Einspruch erheben. Fraglich ist in diesem Zusammenhang freilich die Bedeutung des durch das StrafprozessreformbegleitG I neu gefassten § 106 Abs 2 Satz 1. Trotz der insoweit missglückten Formulierung wird davon auszugehen sein, dass es zwar im Ermessen des Betroffenen liegt, entweder das eine oder das andere oder beide RM zu erheben (idS wohl JAB 283 BlgNR 23.GP 1 f), er allerdings auch den Einspruch binnen der für die Erhebung der Beschwerde offen stehenden Frist zu erheben hat.

b) Fallen nach gerichtlicher Bewilligung der Maßnahme die Voraussetzungen, unter denen der Antrag bewilligt wurde, weg oder ändern sie sich derart, dass die Durchführung rechtswidrig, unverhältnismäßig oder nicht mehr zweckmäßig wäre, hat die StA von der Maßnahme abzusehen und das Gericht hievon zu verständigen (§ 101 Abs 3). Wird die Maßnahme gleichwohl gesetzt, so findet sie in der gerichtlichen Bewilligung keine Deckung mehr, sodass ihre Bekämpfung im Wege der Beschwerde ausscheidet. A wäre daher gehalten, Einspruch nach § 106 Abs 1 Z 2 zu erheben.

c) Gegen von der Kriminalpolizei aus eigener Macht gesetzte Amtshandlung besteht seit der (zweiten) Aufhebung von Teilen des § 106 Abs 1 durch den VfGH kein Rechtsschutz innerhalb der StPO mehr. Sie können mit der binnen sechs Wochen beim LVwG einzubringenden Maßnahmen- bzw allenfalls Richtlinienbeschwerde (§ 89 SPG) bekämpft werden.

d) Seitens Organen der Kriminalpolizei gesetzte Amtshandlung sind der Gerichtsbarkeit zuzuordnen, wenn

- für sie eine Anordnung oder (wenn auch nachträgliche; zB § 99 Abs 2) Genehmigung durch das Gericht oder die StA vorliegt und
- die gesetzten Handlungen (insb die Begleitumstände des eigentlich Angeordneten) in diesem Akt der Gerichtsbarkeit nicht offenkundig keine Deckung finden (VwSlg 14.701 A/1997). Dabei ist zu beachten, dass die Durchsuchungsanordnung der StA (wie auch die gerichtliche Genehmigung) – wenn auch nicht ausdrücklich – auch die Anwendung all jener Mittel (einschließlich Gewaltanwendung nach Maßgabe des § 93) umfasst, die erforderlich sind, um dem Zweck der Amtshandlung zum Durchbruch zu verhelfen.

Zumal es sich bei der Anordnung, zur Seite zu gehen und bei einer allfälligen zwangsweisen Durchsetzung um derartige Mittel handelt, ist dieser Akt als Modalität der Amtshandlung der Gerichtsbarkeit zuzurechnen (VwSlg 16.188 A/2003), sodass dem A hiegegen der Einspruch nach § 106 Abs 1 Z 2 offen steht.

Abweichend davon handelt es sich bei der Anweisung, sich während einer Durchsuchung nicht vom Ort der Durchsuchung wegbewegen zu dürfen, um einen offenkundigen (eine Verletzung des Grundrechts auf persönliche Freiheit darstellenden) Exzess. Die Amtshandlung bleibt insoweit der Sicherheitsbehörde zuzurechnen und kann mit Maßnahmenbeschwerde bekämpft werden (VwGH 23.9.1998, 97/01/1084).

113. *Wie 112.a) Wie hat das RM-Gericht über die Beschwerde zu entscheiden, wenn*

a) *die Beschwerde von der geschiedenen Ehegattin des A erhoben wurde?*

b) *es die Ansicht des A zwar nicht teilt, aber zum Schluss kommt, dass die Maßnahme unverhältnismäßig war?*

a) Nach § 89 Abs 2 hat das RM-Gericht von einer zur Erhebung des RM nicht berechtigten Person erhobene Beschwerden zurückzuweisen. Zumal die RM-Legitimation ausschließlich auf den von der Amtshandlung Betroffenen beschränkt ist, kommt der geschiedenen Ehegattin eine Beschwerdemöglichkeit nicht zu. Die Beschwerde ist zurückzuweisen.

b) In seiner Beurteilung ist das RM-Gericht nicht an die in der Beschwerde geltend gemachten Beschwerdepunkte gebunden. Vielmehr hat es die Rechtsmäßigkeit des angefochtenen Beschlusses nach jeder Richtung zu prüfen. Stellt es daher – wie hier – fest, dass der Beschluss aus einem anderen als einem geltend gemachten Grund rechtswidrig ist, so hat es der Beschwerde gleichwohl Folge zu geben und in der Sache (hier durch ersatzlose Behebung des angefochtenen Beschlusses) zu entscheiden.

114. *Wie 112.c) Nach der Polizeiaktion gehen die Wogen hoch. Tags darauf erklärt der Sprecher einer Menschenrechtsorganisation, man werde das Vorgehen der Kriminalpolizei durch das Höchstgericht prüfen lassen. Woran könnte er denken?*

Nach § 23 Abs 1a kann die GenProk auf Anregung des Rechtsschutzbeauftragten insb gegen die gesetzwidrige Durchführung einer Zwangsmaßnahme durch die Kriminalpolizei NBzWdG erheben, sofern die zur Einbringung von Rechtsbehelfen Berechtigten einen solchen Rechtsbehelf nicht eingebracht haben oder ein solcher Berechtigter nicht ermittelt werden konnte.

Die Organisation könnte sich daher an den Rechtsschutzbeauftragten wenden und bei diesem ein Vorgehen iSd Bestimmung anregen. Eine direkte Anregung bei der GenProk kommt demgegenüber nicht in Betracht.

Teilt der OGH die Ansicht, dass die Amtshandlung gegen Bestimmungen der StPO verstieß, hat er dies festzustellen (§ 292). Dass diese Bestimmung im Licht der Erk des VfGH VfSlg 19.281/2010 und 19.991/2015 (betreffend § 106 Abs 1), soweit sie sich auf Akte der Kriminalpolizei bezieht, verfassungsrechtlich problematisch ist, sei angemerkt.

115. *A wird bei einer Messerstecherei im Rotlichtmilieu schwer verletzt und taucht unter. Zumal seine Rolle in dem Konflikt nicht klar ist, durchsucht die Kriminalpolizei aufgrund eines gerichtlich bewilligten Auftrags der StA die Wohnung des A. Tags darauf*

a) *erliegt A in seinem Versteck seinen Verletzungen.*

b) *erfährt er von einem Komplizen von der Durchsuchung der Wohnung und setzt sich ins Ausland ab. Aufgrund von Komplikationen erliegt er dort zwei Monate später seinen Verletzungen.*

Im Zuge der Todesfallaufnahme erfährt seine (getrennt von ihm lebende) Gattin G von der Durchsuchung, findet das Vorgehen der Behörden inakzeptabel und möchte gegen die Durchsuchung RM ergreifen.

Welche Möglichkeit steht ihr offen?

Nach § 106 Abs 1 Z 2 kann jede Person, die behauptet, im Ermittlungsverfahren durch die StA durch eine rechtswidrige Anordnung oder Durchführung von Ermittlungs- oder Zwangsmaßnahme in ihren Rechten verletzt worden zu sein, **Einspruch** erheben. Im Fall des Todes des Einspruchsberechtigten kommt dieses Recht den in § 65 Z 1 lit b erwähnten Angehörigen zu. Zumal der Tod des A durch eine Straftat herbeigeführt worden sein könnte, kann G Einspruch erheben.

Der Einspruch ist binnen sechs Wochen ab Kenntnis der behaupteten Verletzung bei der StA einzubringen. Die Sechswochenfrist bemisst sich im konkreten Fall ab dem Zeitpunkt, in dem

a) G von der Rechtsverletzung Kenntnis erlangt. Er ist daher rechtzeitig.

b) A von der Rechtsverletzung Kenntnis erlangt hat. Ausschlaggebend dafür ist, dass sich das Recht des Opfers iSd § 65 Z 1 lit b von jenem der primär einspruchsberechtigten Person ableitet und dieses dort ergänzt, wo der primär Einspruchsberechtigte seine Rechte nicht mehr selbst verfolgen kann. Eine Verlängerung eingeräumter Fristen soll damit nicht verbunden sein. Der Einspruch ist daher verspätet und zurückzuweisen.

Anders als hinsichtlich des Einspruchs- ist dem **Beschwerdeverfahren** ein Eintrittsrecht des Opfers iSd § 65 Z 1 lit b fremd, sodass der G keine Beschwerdemöglichkeit offensteht.

116. *Wie 115. Was ändert sich, wenn die Durchsuchung durch die Kriminalpolizei aus eigener Macht durchgeführt wurde?*

Wurde die Durchsuchung durch die Kriminalpolizei aus eigener Macht durchgeführt, so handelt es sich dabei um einen AuvBZ, der gemäß Art 130 Abs 1 Z 2 B-VG mit Maßnahmenbeschwerde beim LVwG bekämpft werden kann.

Zur Erhebung einer solchen Beschwerde ist berechtigt, wer von der bekämpften Amtshandlung betroffen ist, also jene Personen, gegen sich die Amtshandlung – ihrer Intention nach (wenn auch nur immanent) – richtet. Nur in Ausnahmefällen, näherhin dann, wenn der Betroffene im Zuge der die Amtshandlung getötet wurde, nimmt die Rsp eine Beschwerdelegitimation auch naher Angehöriger an (VfSlg 16.109/2001). Im konkreten Fall ist die Maßnahmenbeschwerde unzulässig und daher zurückzuweisen.

117. *A ist verdächtig, die X beharrlich verfolgt zu haben. Als die Kriminalpolizei seinem Antrag auf Gewährung von Akteneinsicht nicht entspricht, erhebt er dagegen fristgerecht Einspruch. In der Folge wird ihm zwar Einsicht in den überwiegenden Teil der Akten gewährt, doch werden einige Stücke – mit näherer Begründung – von der Akteneinsicht ausgenommen. A ist fürs erste zufrieden. Kurz nachdem die StA Anklage erhoben hat, möchte er dann doch eine Entscheidung des Gerichts über den Einspruch erwirken.*

Besteht eine solche Möglichkeit?

Nach § 106 Abs 4 hat die StA zu prüfen, ob die behauptete Rechtsverletzung vorliegt, und dem Einspruch, soweit er berechtigt ist, zu entsprechen sowie den Einspruchswerber davon zu verständigen, dass und auf welche Weise dies geschehen sei und dass er dennoch das Recht habe, eine Entscheidung des Gerichts zu verlangen, wenn er behauptet, dass seinem Einspruch tatsächlich nicht entsprochen wurde.

Die Konstruktion ähnelt jener, wie sie sich auch in § 89 SPG findet. Abweichend von der dortigen Regelung fehlt es jedoch hier an einer Frist, innerhalb der der **„Vorlageantrag"** zu stellen ist. Zumal es sich bei der angesprochenen Mitteilung um einen Akt der StA handelt, könnte zwar erwogen werden, auch auf den genannten Antrag die sechswöchige Einspruchsfrist analog anzuwenden. Dem stünden jedoch wertungsmäßig die deutlich kürzeren Fristen des Einspruchsverfahrens entgegen.

Eine klare Lösung dieses Falls lässt das Gesetz nicht zu.

118. *G, der Beichtvater des Beschuldigten B, wird von der StA als Zeuge zur Vernehmung über ein zwischen ihm und B geführtes Gespräch geladen. Da er dazu nicht erscheinen will, erhebt er sogleich – unter Hinweis darauf, dass dieses Gespräch unter dem Siegel geistlicher Amtsverschwiegenheit geführt wurde – Einspruch. Muss G trotzdem bei der Behörde erscheinen, solange über*

a) *den Einspruch noch nicht entschieden wurde?*

b) *eine seitens der StA gegen die stattgebende Einspruchsentscheidung erhobene Beschwerde noch nicht entschieden wurde?*

a) Da die Erhebung des Einspruch iSd § 106 für sich die Wirksamkeit des angefochtenen Aktes unberührt lässt, hat der G der Ladung Folge zu leisten.

b) Anders als hinsichtlich des Einspruchs selbst erkennt das Gesetz der gegen die Einspruchsentscheidung erhobenen Beschwerde aufschiebende Wirkung zu (§ 107 Abs 3). Der angefochtene Beschluss entfaltet daher nicht schon mit seiner Erlassung, sondern erst mit Rechtskraft – mithin nach ungenütztem Ablauf der 14-tägigen Beschwerdefrist bzw nach Entscheidung durch das RM-Gericht – entsprechende Wirkung. Da dem über den Einspruch ergangenen Beschluss daher aufgrund der Erhebung der Beschwerde des StA noch keine Verbindlichkeit zukommt, hat G der Ladung Folge zu leisten.

5. Das Diversionsverfahren

Mit Inkrafttreten der Strafprozessnovelle 1999, BGBl I 1999/55, wurde diversionellen Reaktionsformen im Erwachsenenstrafrecht sowohl in materieller als auch in prozessualer Hinsicht eine dauerhafte und allgemeingültige rechtliche Grundlage gegeben. Kernstück der Reform ist das 11. Hauptstück der StPO, das neben dem prozessualen Instrumentarium auch die entsprechenden materiellen Regelungen (AT II) enthält.

Die Prüfung diversioneller Reaktionsmöglichkeiten obliegt in erster Linie der StA (als **alternative Möglichkeit, das Anklagerecht wahrzunehmen)** in einem eigenen, (in Fällen der Klein- und Mittelkriminalität) grds einer allfälligen Anklageerhebung vorgelagerten staatsanwaltschaftlichen Diversionsverfahren. In ihm soll die Sache nach Möglichkeit noch vor Einschaltung des Gerichts einer endgültigen Erledigung zugeführt werden. Der **StA** agiert gleichsam als **„Richter vor dem Richter“.** In diesem Verfahrensabschnitt fallen die Funktionen des Anklägers und des Urteilers im Organ des StA zusammen (Inquisitionsprinzip); diese Besonderheit wurde in den entsprechenden Verfahrensvorschriften allerdings kaum berücksichtigt.

Subsidiär zur StA trifft auch das Gericht die Pflicht, diversionelle Reaktionsmöglichkeiten zu prüfen. Die Verfahrensvorschriften entsprechen zwar weitgehend jenen für die StA, weisen aber auch eine Reihe nicht unerheblicher Abweichungen auf.

119. *A steht im Verdacht, den X am Körper (§ 83 Abs 2 StGB) verletzt zu haben.*

a) *Bereits aufgrund der Anzeige möchte die StA*

b) *Nach Einbringen der Anklage, aber noch vor der HV möchte das Gericht*

c) *Nach Abschluss des Beweisverfahrens in der HV möchte die StA*

die Sache einer diversionellen Erledigung zuführen. Welche Voraussetzungen müssen erfüllt sein und wie ist prozessual vorzugehen?

Materielle Voraussetzung für die Anwendung diversioneller Reaktionsformen ist zunächst, dass jenes Delikt, dessen Begehung eine Person aufgrund eines hinreichend geklärten Sachverhaltes verdächtig ist, **abstrakt** (dh unabhängig von den näheren Tatmodalitäten des Einzelfalls) einer diversionellen Erledigung zugänglich ist (**Anwendungsbereich**; vgl EBRV 1581 BlgNR 20.GP 20). Das ist nur dann der Fall, wenn

- die Tat nicht mit mehr als fünf Jahren Freiheitsstrafe bedroht ist (§ 198 Abs 2 Z 1),
- es sich nicht um eine mit mehr als dreijähriger Freiheitsstrafe bedrohte **(Sexual-) Straftat** nach dem 10. Abschnitt des Besonderen Teils des StGB (§§ 201 bis 219 StGB) oder einen Verstoß gegen § 302 StGB handelt, der gleichzeitig den Tatbestand des § 304 oder des § 307 StGB verwirklicht (Abs 3) und
- die Tat **nicht** den **Tod eines Menschen** zur Folge hatte, es sei denn, dass ein Angehöriger des Beschuldigten fahrlässig getötet worden ist und eine Bestrafung im Hinblick auf die durch den Tod des Angehörigen beim Beschuldigten verursachte schwere psychische Belastung nicht geboten erscheint (§ 198 Abs 2 Z 3).

Darüber hinaus darf im **konkreten** Fall

- zwar die Einstellung eines Strafverfahrens (gemäß §§ 190 bis 192) bzw ein Freispruch nicht in Betracht kommen,
- die Schuld des Täters aber nicht als schwer anzusehen sein (§ 198 Abs 2 Z 2) und
- die Bestrafung im Hinblick auf die Anwendung diversioneller Reaktionsformen aus general- oder spezialpräventiven Erwägungen nicht geboten erscheinen (§ 198 Abs 1).

a) Liegen diese materiellen Voraussetzungen (kumulativ) vor, so hat die StA dem Beschuldigten **mitzuteilen,** dass Anklage gegen ihn beabsichtigt sei, dies aber

- nach Zahlung eines Geldbetrages (§ 200 Abs 4)
  unter allfälligen weiteren Voraussetzungen **unterbleibt** bzw
- bei Bereitschaft des Verdächtigen, gemeinnützige Leistungen zu erbringen (§ 201 Abs 4), oder
- für eine Probezeit (§ 203 Abs 3)

unter allfälligen weiteren Voraussetzungen **vorläufig unterbleibt.**

Im Falle eines Tatausgleichs ist eine solche Mitteilung nicht vorgesehen. Vielmehr hat die StA den Beschuldigten allenfalls unter Beiziehung eines Konfliktreglers über den beabsichtigten Tatausgleich zu belehren und ihn und den Verletzten bei ihren Bemühungen um einen solchen Ausgleich anzuleiten und zu unterstützen (§ 204 Abs 3).

Nimmt der Beschuldigte das Angebot der StA an bzw entspricht er diesem, so hat die StA

- in den Fällen der §§ 200 Abs 1 und 204 Abs 1 **von der Verfolgung zurückzutreten;**
- in den Fällen der §§ 201 Abs 1, 203 Abs 1, 204 Abs 3 **von der Verfolgung vorläufig zurückzutreten.** Nach Ablauf der Probezeit, Erbringung der abverlangten Leistungen (Erfüllung der Verpflichtungen) oder Vorlage eines positiven abschließenden Berichts durch einen ersuchten Konfliktregler hat die StA endgültig von der Verfolgung zurückzutreten;
  andernfalls hat sie das Verfahren nach Maßgabe des § 205 **fortzusetzen.**

Aus dem Gesagten ergeben sich zwei Regelungsmuster:

Zahlung eines Geldbetrages	**Gemeinnützige Leistung, Probezeit, Tatausgleich**
Mitteilung	Mitteilung/Belehrung
Leistung	(Zusage)
Zurücklegung	vorläufige Zurücklegung
	Leistung/Fristablauf/positiver Bericht des Konfliktreglers
	endgültige Zurücklegung

Sonderregelungen bestehen beim Rücktritt von der Verfolgung wegen Zusammenarbeit mit der StA (§§ 209a f).

Die Möglichkeit, nach dem 11. Hauptstück von der Verfolgung zurückzutreten, besteht für die StA bis zur Erhebung der Anklage (§ 209 Abs 1).

b) Gemäß § 199 hat das Gericht die für die StA geltenden Bestimmungen sinngemäß anzuwenden und das Verfahren (ab Erhebung der Anklage) von amtswegen (bzw auf Antrag) bei Vorliegen der obigen Voraussetzungen mit Beschluss (vorläufig) einzustellen.

Soll dies nicht auf Antrag der StA erfolgen, so hat das Gericht vor Mitteilung bzw Beschluss über eine (vorläufige) Einstellung die StA zu hören. Ein solcher Beschluss ist dem Beschuldigten erst zuzustellen, wenn er der StA gegenüber rechtskräftig geworden ist (§ 209 Abs 2; einseitige Rechtskraft).

c) Möchte die StA im Hauptverfahren und damit auch in der HV eine diversionelle Erledigung der Sache, so hat sie dies bei Gericht zu beantragen (siehe Fall 124.b und c).

120. *Wie 119.a) Ändert sich an der Beurteilung etwas, wenn A auch verdächtig ist, bei einem Verkehrsunfall den Tod des Y verursacht zu haben (§ 80 StGB)?*

Erstreckt sich der Verdacht auf die Begehung **mehrerer Straftaten,** stellt sich die Frage, ob die Prüfung einer möglichen diversionellen Erledigung für jede Straftat gesondert durchzuführen oder eine Gesamtbeurteilung durchzuführen ist. Die Rsp folgt, soweit – wie hier – eine getrennte Beurteilung der Tatvorwürfe möglich ist, ersterem Ansatz. Dafür kann zunächst der Wortlaut des § 198 ins Treffen geführt werden (arg: *einer* Straftat), vor allem aber der Umstand, dass ein noch nicht endgültig nach dem 11. Hauptstück eingestelltes Verfahrens nach § 205 Abs 2 Z 3 erst dann fortgesetzt werden darf, wenn wegen der neuen oder neu hervorgekommenen Straftat Anklage eingebracht wird (RIS-Justiz RS0117210). Unterstrichen wird dies mittlerweile durch die Anordnung der §§ 26 Abs 2 und 37 Abs 2 aE, wonach die Konnexitätsregeln der jeweiligen Abs 1 im Fall eines vorläufigen Rücktritts von der Verfolgung nicht zur Anwendung gelangen.

Einer Ausscheidung eines Faktums zur diversionellen Erledigung steht jedoch das Verbot einer Sanktions- und Reaktionskumulierung entgegen (RIS-Justiz RS0117210 [T1]).

Damit kann trotz der Begehung der fahrlässigen Tötung das Verfahren wegen leichter Körperverletzung diversionell erledigt werden.

121. *A hat im Zuge eines Verkehrsunfalls im alkoholisierten Zustand seinen Arbeitskollegen X fahrlässig schwer am Körper verletzt.*

a) *X erliegt wenig später seinen Verletzungen.*

b) *X stirbt in der Folge aufgrund eines groben Behandlungsfehlers des B.*

Die StA möchte von einer Strafverfolgung unter der Bedingung absehen, dass A für einige Tage in der Unfallabteilung eines Krankenhauses Dienst versieht. Besteht eine solche Möglichkeit?

Die Anwendung diversioneller Reaktionsformen setzt ua voraus, dass die Tat grds nicht den Tod eines Menschen zur Folge hatte (§ 198 Abs 2 Z 3).

a) Ein Vorgehen nach dem 11. Hauptstück der StPO ist daher ausgeschlossen.

b) Anders als unter a) kommt hier die Anwendung diversioneller Reaktionsformen in Betracht. Der Tod des Opfers hindert die Anwendung diversioneller Reaktionsformen nämlich nur dann, wenn er in einer der Tathandlung (objektiv) zurechenbaren Weise eintritt. Im konkreten Fall liegt er allerdings aufgrund grob fahrlässigen nachträglichen Fehlverhaltens Dritter (des B) nicht im Risikozusammenhang.

122. *Wie 121.a) Ändert sich an der Beurteilung etwas, wenn es sich um eine Jugendstraftat und es sich beim Opfer um den Bruder des A handelt?*

Seit der Strafprozessnovelle 1999 unterliegen auch Jugendstraftaten grds dem Regime des 11. Hauptstückes der StPO, sofern das JGG nicht anders bestimmt.

Gemäß § 7 Abs 1 JGG hat die StA bei Jugendstraftaten – mit den im JGG vorgesehenen Abweichungen (§ 8 JGG) – nach dem 11. Hauptstück der StPO vorzugehen, wenn

- die Tat nicht den Tod eines Menschen zur Folge hatte, es sei denn, dass ein Angehöriger des Beschuldigten fahrlässig getötet wurde und eine Bestrafung im Hinblick auf die durch den Tod des Angehörigen beim Beschuldigten verursachte schwere psychische Belastung nicht geboten erscheint (Abs 2 Z 2);
- die Schuld nicht schwer ist (Abs 2 Z 1);
- eine Bestrafung nicht aus spezialpräventiven Gründen geboten erscheint (Abs 1). Generalpräventiven Überlegungen kommt demgegenüber (anders als bei Erwachsenen) keine Bedeutung zu.

Nach § 7 Abs 3 JGG trifft dieselbe Verpflichtung ab Einbringung der Anklage bis zum Schluss der HV das Gericht.

Im vorliegenden Fall hindert daher (anders als in jenem des Absehens von der Verfolgung nach § 6 JGG) der Todeseintritt eine diversionelle Erledigung nicht schlechthin. Gleichwohl scheint die Möglichkeit einer diversionellen Erledigung mit Blick auf § 7 Abs 2 Z 2 JGG insoweit fraglich, als ihr gerade bei Alkoholdelikten regelmäßig Präventionsüberlegungen entgegenstehen werden.

123. *A soll zu einer routinemäßigen Lenker- und Fahrzeugkontrolle angehalten werden. Da er aufgrund seiner Alkoholisierung (1,2 ‰) befürchtet, seine Lenkberechtigung für einige Zeit zu verlieren, hält er jedoch das Fahrzeug trotz gegebenen Haltezeichens nicht an, sondern fährt unter weiterer Beschleunigung auf den auf der Fahrbahn stehenden Polizisten P zu. Dieser kann sich gerade noch durch einen Sprung zur Seite retten (§§ 89, 269 StGB).*

Noch am selben Abend kontaktiert A seinen Anwalt, der in As Namen bei der StA beantragt, von der Verfolgung nach Maßgabe des 11. Hauptstückes zurückzutreten.

Die StA möchte diesem Ansinnen nicht nähertreten; aufgrund der Ermittlungsergebnisse bestünden nämlich ernste Zweifel, ob das Verschulden des A nicht doch als schwer zu beurteilen wäre.

Wie hat sie vorzugehen?

Voraussetzung für ein Vorgehen des StA nach dem 11. Hauptstück ist ua, dass aufgrund eines hinreichend geklärten Sachverhaltes feststeht, dass das Verschulden des Beschuldigten nicht schwer ist. Lässt der vorliegende Sachverhalt eine solche Beurteilung (noch) nicht zu, so kommt die Anwendung diversioneller Reaktionsformen (zumindest in diesem Stadium) nicht in Betracht.

Die **Prüfung** der Voraussetzungen des § 198 **durch die StA erfolgt ausschließlich von amtswegen**. Ein entsprechendes (durchsetzbares) Recht des Beschuldigten besteht nicht. Der „Antrag" könnte allerdings (vergleichbar § 23) als entsprechende Anregung verstanden werden. Möchte A jedoch eine Entscheidung der StA erwirken, so ist der Antrag als unzulässig zurückzuweisen. Gegen diese Erledigung könnte ein auf § 106 Abs 1 Z 1 gestützter Einspruch erwogen werden, dem jedoch kein Erfolg beschieden wäre.

124. *Was kann A unternehmen, wenn er*

a) *im Ermittlungsverfahren*
b) *im Hauptverfahren, aber noch vor der HV*
c) *in der HV*

zur Ansicht gelangt, dass ein Vorgehen nach dem 11. Hauptstück geboten wäre?

a) Wie bereits dargelegt, steht dem Beschuldigten kein Rechtsanspruch auf ein Zurücktreten von der Strafverfolgung seitens des StA zu. Erachtet A die Voraussetzungen für eine diversionelle Erledigung der Sache als gegeben, so kann er ein entsprechendes Vorgehen seitens des StA nur anregen.

b) und c) Fraglich ist, ob dem Angeklagten ab Einbringen der Anklage, mithin im Hauptverfahren, die Möglichkeit offensteht, bei Gericht ein entsprechendes Vorgehen zu beantragen. Wenngleich die diesbezügliche ausdrückliche Regelung des § 90l Abs 3 aF StPO im Zuge des StrafprozessreformG nicht übernommen wurde, lassen die Mat (EBRV 26. BlgNR 20. GP 237, 240) erkennen, dass die bis dahin geltende Rechtslage (namentlich hinsichtlich §§ 199, 209) im Wesentlichen fortgeschrieben werden sollte. Solcherart ist von einem Antragsrechts des Angeklagten auszugehen (vgl auch § 209 Abs 3).

Die Entscheidung steht diesfalls

- außerhalb der HV dem **Vorsitzenden,**
- in der HV dem **erkennenden Gericht** (im Geschworenenverfahren dem Schwurgerichtshof)

zu (§ 209 Abs 2). Gegen den entsprechenden Beschluss kann nach § 87 Beschwerde erhoben werden. Ein gleichwohl ergehendes Urteil ist aus dem Nichtigkeitsgrund der Z 10a, nicht auch aus jenem der Z 4 bekämpfbar. Zumal letztlich keine rechtliche Möglichkeit besteht, einen entsprechenden Beschluss zu erwirken (fehlender Säumnisschutz), nähert sich dieses Antragsrecht (materiell) einer Anregung an.

125. *Nach Rechtswirksamkeit der Anklageschrift stellt A den Antrag, das Verfahren unter Anwendung diversioneller Reaktionsformen einzustellen. Aufgrund eines Versehens gerät dieser Antrag zunächst in Verstoß und wird vom Vorsitzenden (des Schöffengerichts) erst zu Beginn der HV wieder aufgefunden.*

Wer hat über diesen Antrag zu entscheiden?

Beschlüsse nach dem 11. Hauptstück sind gemäß § 209 Abs 2 in der HV vom erkennenden Gericht (im Geschworenenverfahren vom Schwurgerichtshof), sonst vom Vorsitzenden zu fassen. Ob für die Begründung der Zuständigkeit der Zeitpunkt der Antragstellung (bzw jenes Verfahrensstadium, in dem der Antrag gestellt wurde) oder der Entscheidungszeitpunkt (also jenes Verfahrensstadium, in dem die Entscheidung gefällt wird) maßgeblich sein soll, lässt das Gesetz offen. Der Gesetzeswortlaut würde letzteres nahelegen (arg: *Beschlüsse ... in der HV ... sonst ...*) und es damit im Wesentlichen dem Belieben des Gerichts (bzw seiner Organe) anheimstellen, Zuständigkeiten wahrzunehmen oder zu verschieben und damit sogar (folgt man den Materialien) unterschiedliche RM-Möglichkeiten (Beschwerde nach § 87, NB, Berufung) zu ermöglichen.

Eine solche gesetzliche Regelung steht jedoch mit dem Grundrecht auf ein Verfahren vor dem gesetzlichen Richter (Art 83 Abs 2 B-VG) in einem Spannungsverhältnis.

Richtigerweise wird man daher aus verfassungsrechtlichen Gründen (im Sinne einer verfassungskonformen Interpretation) das Stadium der Antragstellung als maßgeblich zu betrachten haben (eine entsprechende Überarbeitung dieser Regelung erscheint nach wie vor dringend geboten).

Im konkreten Fall obliegt die Entscheidung über den Antrag daher dem Vorsitzenden (aA offenbar BMJ-E 50).

126.

a) *Nach Anberaumung der HV*

b) *Zu Beginn der HV*

stellt A den Antrag, das Verfahren wegen § 84 Abs 4 StGB unter Anwendung diversioneller Reaktionsformen einzustellen. Das Gericht gibt dem Antrag keine Folge.

Was kann A dagegen unternehmen? Worauf hat das Gericht zu achten?

Gegen einen Beschluss, mit dem ein Antrag auf Einstellung abgewiesen wird, steht dem Beschuldigten und der StA binnen 14 Tagen die Möglichkeit der Beschwerde offen (§ 87). Solange über eine solche Beschwerde noch nicht entschieden wurde, ist die Durchführung einer HV unzulässig (§ 209 Abs 3). Die HV darf sohin erst nach Rechtskraft des Beschlusses (also nach ungenütztem Ablauf der RM-Frist bzw nach RM-Entscheidung) durchgeführt werden.

a) A kann daher Beschwerde an das OLG erheben. Macht A von dieser Möglichkeit Gebrauch, so darf eine HV bis zur Entscheidung des OLG nicht anberaumt werden. Es handelt sich dabei um eine ausschließlich verfahrensökonomische Zwecke verfolgende Ordnungsvorschrift; ihre Verletzung kann daher von den Beteiligten im RM-Wege nicht mit Erfolg geltend gemacht werden.

Das Gesagte gilt auch dann, wenn solche Anträge kurze Zeit vor der HV gestellt werden. Sofern die HV bereits anberaumt wurde, wäre eine Vertagung der HV zu erwägen (§ 226); zwingend erforderlich ist dies nicht.

Abweichend davon soll es – dem BMJ-E (49) zufolge (zur Vermeidung von Verzögerungen des Verfahrens und zwecks Verbreiterung der Entscheidungsgrundlagen über die Diversion) zulässig sein, die Diversionsentscheidung aufzuschieben und den Beschluss, sofern er auf Abweisung lautet, **gemeinsam mit dem Urteil** zu verkünden und zu begründen.

In diesem Fall nehme das Urteil den Inhalt des Beschlusses gleichsam „überholend" auf. Das Urteil könne aus den Nichtigkeitsgründen des § 281 Abs 1 Z 10a bzw des § 345 Abs 1 Z 12a bekämpft werden, während die Beschwerde obsolet würde.

b) Wird der Beschluss in der HV gefällt, so soll eine Beschwerdemöglichkeit – den Materialien (EBRV 1581 BlgNR 20. GP 30) zufolge – aus verfahrensökonomischen Gründen nicht bestehen. Vielmehr könne das Urteil diesfalls aus den Nichtigkeitsgründen der §§ 281 Abs 1 Z 4 und 10a bzw 345 Abs 1 Z 5 und 12a bekämpft werden (idS RIS-Justiz RS0117211, RS0119091). Für diese Auslegungsvariante könnte die Bestimmung des § 238 Abs 3 ins Treffen geführt werden, wonach gegen auf Antrag von Beteiligten in der HV gefällte Beschlüsse kein selbständiges, die HV hemmendes RM zur Verfügung steht.

Dem Gesetz selbst ist eine solche Differenzierung nach Verfahrensstadien freilich nicht zu entnehmen, sodass auch erwogen werden könnte – als Ausnahme vom Gebot des § 238 (lex specialis derogat legi generali) – abgesonderte Beschwerden gegen Beschlüsse dann zuzulassen, wenn es sich um solche nach dem 11. Hauptstück handelt. Die Notwendigkeit einer Beschwerdemöglichkeit ergibt sich aber jedenfalls dann, wenn mit einem Beschluss nach dem 11. Hauptstück das Verfahren eingestellt wird (RIS-Justiz RS0118013). Mangels Urteils in dieser Sache wäre es der StA andernfalls nämlich unmöglich, eine derartige gerichtliche Entscheidung zu bekämpfen.

Folgt man dieser Ansicht, so ist es A unbenommen, auch gegen diesen Beschluss Beschwerde zu erheben. Wird diese abgewiesen, so steht es ihm frei, die Frage neuerlich im RM gegen das Urteil aufzugreifen. Daran vermögen auch die in den Materialien aufgeworfenen verfahrensökonomischen Erwägungen nichts zu ändern. Da in der HV gefasste Beschlüsse nicht zugestellt, sondern verkündet werden, erscheint es sinnvoll, die zweiwöchige RM-Frist ab Verkündung zu berechnen (zwingend ist dies aber nicht).

Folgt man der Rsp, wäre A gehalten, das Urteil mit Berufung wegen Nichtigkeit nach §§ 489 Abs 1, 281 Abs 1 Z 10a zu bekämpfen.

127. *A verabsäumt es, den Gehsteig vor seinem Haus ordnungsgemäß zu streuen, sodass X dort zu Sturz kommt und sich leicht verletzt (§ 88 Abs 1 StGB). Die StA teilt A am 30.1. mit,*

a) *dass die Verfolgung für eine Probezeit von einem Jahr unterbleibt (§ 203).*
b) *bei Zahlung eines Geldbetrages von der Verfolgung zurückzutreten (§ 200), wobei A – aufgrund wirtschaftlicher Probleme – ein Zahlungsaufschub bis 30.7. gewährt wird (§ 200 Abs 2).*

Am 1.7. erhebt die StA gegen A wegen § 83 Abs 1 Anklage.

Wie hat der StA hinsichtlich der fahrlässigen Körperverletzung vorzugehen?

Nach Erlassung einer Mitteilung ist das Strafverfahren gemäß § 205 Abs 2 Z 3 insb dann fortzusetzen, wenn gegen den Beschuldigten ua vor Ablauf der Probezeit wegen einer anderen Straftat ein Strafverfahren eingeleitet wird. Die nachträgliche Fortsetzung des Verfahrens ist zulässig, sobald gegen den Beschuldigten wegen der neuen oder neu hervorgekommenen Straftat Anklage eingebracht wird, und zwar auch noch während dreier Monate nach dem Einbringen, selbst wenn inzwischen die Probezeit abgelaufen ist.

Von der Fortsetzung des Verfahrens kann jedoch abgesehen werden, wenn sie nach den Umständen nicht geboten ist, um den Beschuldigten von strafbaren Handlungen abzuhalten (Abs 3).

Während im Fall **b)** die Fortsetzung des Strafverfahrens wegen § 88 Abs 1 StGB ausscheidet (Z 3 betrifft ausschließlich eine Diversion nach §§ 203 und 204; das Faktum der fahrlässigen Körperverletzung hat im folgenden Verfahren wegen § 83 StGB außer Betracht zu bleiben), hat die StA dieses Verfahren im Fall **a)** grds fortzusetzen, es sei denn, dass dies aus spezialpräventiven Gründen nicht erforderlich wäre. Die Fortsetzung (etwa durch Erhebung der Anklage) hat bis längstens 1.10. (drei Monate nach der Anklageerhebung wegen des § 83 StGB) zu erfolgen.

128. *Wie 127.a) Die StA erhebt am 2.10. Anklage wegen der Verletzung des X. A wird in der Folge anklagegemäß wegen §§ 88 Abs 1 und 83 Abs 1 StGB verurteilt.*

A möchte das Urteil wegen des Ausspruchs nach § 88 Abs 1 StGB bekämpfen.

Mit Erfolg?

Mit ungenütztem Ablauf der dreimonatigen Frist des § 205 Abs 2 Z 3 erlischt das Recht der StA, das Verfahren aus diesem Grund fortzusetzen – das Anklagerecht ruht wieder bis zum Ablauf der Probezeit. Der Berücksichtigung im Urteil steht sohin das Verfolgungshindernis des verbrauchten Anklagerechts entgegen. A kann dies mit Berufung gemäß §§ 468 Abs 1 Z 4, § 281 Abs 1 Z 9 lit b gelten machen.

129. *A steht im Verdacht, einen Ladendiebstahl (§ 127 StGB) begangen zu haben. Die StA möchte von der Strafverfolgung zurücktreten, wenn A einen Geldbetrag von 60 Tagessätzen entrichtet. Nach Übermittlung der Mitteilung stellt die StA fest, dass*

a) *die Mitteilung statt 60 nur sechs Tagessätze nennt,*
b) *sich der Tatort im Nachbarsprengel befindet,*
c) *bereits tags zuvor eine Mitteilung übermittelt wurde, die einen Betrag von 30 Tagessätzen nennt.*

Wie wirken sich diese Fehler aus?

Bei der Mitteilung des StA handelt es sich um einen Rechtsakt sui generis. Sie bindet die StA **(Immutabilitätsprinzip)** und lässt das Anklagerecht ruhen,

- solange es dem Beschuldigen möglich ist, den Vorschlag der StA anzunehmen (zB Erklärung, bereit zu sein, gemeinnützige Leistungen zu erfüllen), oder
- sich diesem entsprechend zu verhalten (zB einen Geldbetrag zu zahlen), und
- der Beschuldigte nicht die Einleitung oder Fortsetzung des Strafverfahrens verlangt.

Läuft die Frist zur Annahme des Angebots ungenützt ab, entspricht der Beschuldigte der Verpflichtung nicht oder beantragt er die Einleitung oder Fortsetzung, tritt die Mitteilung (grds) ex lege außer Kraft (vgl § 205). Ein auf Abänderung oder Aufhebung der Mitteilung gerichtetes RM besteht ebenso wenig wie die Möglichkeit einer amtswegigen Abänderung oder Aufhebung. Die Mitteilung ähnelt insoweit verfahrensrechtlich weitgehend der Anonymverfügung nach § 49a VStG.

a) Maßgeblich ist grds der **objektive Erklärungswert** der Mitteilung, mag dieser auch von den wahren Absichten der StA abweichen. Fraglich ist die Berichtigungsfähigkeit derartiger Mitteilungen. Wenngleich dem Gesetz eine solche Ermächtigung fremd ist, könnte sie im Wege der Analogie angenommen werden. Einer Berichtigung zugänglich wären demgemäß Schreib- und Rechenfehler sowie diesen gleichzuhaltende, offenbar auf einem Versehen oder offenbar ausschließlich auf technisch mangelhaftem Betrieb einer automationsunterstützten Datenverarbeitungsanlage beruhende Unrichtigkeiten (vgl § 270 Abs 3; § 62 Abs 4 AVG; § 29 Abs 1 BAO).

Offenbar auf einem Versehen beruht eine Unrichtigkeit dann, wenn sie für den Beteiligten klar erkennbar ist und von der Behörde bei entsprechender Aufmerksamkeit bereits bei der Erlassung der Erledigung hätte vermieden werden können (VwGH 30.10.1991, 91/09/0047). Eine Berichtigung ist dort ausgeschlossen, wo sie den normativen Inhalt der Erledigung ändert (zB VwGH 24.2.1997, 94/17/0344; vgl auch § 270 Abs 3).

Im konkreten Fall würde durch eine Berichtigung einerseits der normative Inhalt der Erledigung berührt bzw ist der Mangel andererseits für den Beschuldigten nicht klar erkennbar (die Mitteilung der StA enthält keine Begründung). Eine Berichtigung scheidet daher aus. Die StA hat nach Zahlung eines Betrages von 6 Tagessätzen von der Verfolgung zurückzutreten.

b) Mitteilungen nach dem 11. Hauptstück haben jeweils von dem nach der Geschäftsverteilung (§ 6 StAG) zuständigen Organ der StA zu ergehen. **Voraussetzung für die Rechtswirksamkeit** einer Mitteilung ist dies aber nicht. Ausreichend ist vielmehr, dass sie von einem dazu **abstrakt berechtigten Organ** stammt.

Auch die Mitteilung eines sachlich oder örtlich unzuständigen StA (§§ 25 ff) entfaltet daher Bindungswirkung.

c) Die Bindung an die Mitteilung hat zur Folge, dass während ihrer Dauer in derselben Sache weder Anklage erhoben werden noch eine weitere Mitteilung ergehen darf. Dennoch ergangene Mitteilungen sind rechtswidrig.

Dennoch gehören sie bis zu ihrem Außerkrafttreten mit allen daraus erfließenden Folgen dem Rechtsbestand an. Ergehen daher in ein und derselben Sache mehrere Mitteilungen, so steht es dem Beschuldigten frei, sich für ein Angebot zu entscheiden. Die übrigen Mitteilungen treten gemäß § 205 Abs 2 Z 1 bzw 2 ex lege außer Kraft.

130. *A steht im Verdacht, den X im Zuge eines Verkehrsunfalls schwer am Körper verletzt zu haben (§ 88 Abs 1, 4 StGB); die StA teilt ihm mit, für eine Probezeit von einem Jahr vorläufig von der Verfolgung zurückzutreten, wenn er sich bereit erkläre, sich innerhalb dieser Zeit einem Driver Improvement zu unterziehen (§ 203). A erklärt sich ausdrücklich bereit.*

Ein paar Wochen später wendet er sich neuerlich an die StA und beantragt, gegen eine Zahlung von 60 Tagessätzen von der Verfolgung zurückzutreten.

Wie hat die StA vorzugehen?

Mit Erlassung der Mitteilung ist die StA an diese gebunden. Das bedeutet, dass während dieses Zeitraumes auch keine neuerliche Mitteilung (die ja eine Art der Wahrnehmung des Anklagerechts darstellt) ergehen darf. Erst mit Außerkrafttreten der Mitteilung und damit Wiederaufleben des Anklagerechts stehen der StA wieder alle Optionen offen; das Strafverfahren ist einzuleiten bzw fortzusetzen.

Mitteilungen **verlieren** (ex lege) ihre **Verbindlichkeit** nach Maßgabe des § 205, ua also grds (vgl aber § 205 Abs 3) dann, wenn der Beschuldigte

- den Geldbetrag samt allfälliger Schadensgutmachung, oder die gemeinnützigen Leistungen samt allfälligem Tatfolgenausgleich nicht vollständig oder nicht rechtzeitig zahlt oder erbringt (§§ 200 Abs 1 und 3; 201 Abs 1 und 3) oder wenn eine Ausgleichsvereinbarung (§ 204) nicht zustande kommt oder diese vom Beschuldigten nicht erfüllt wird (§ 205 Abs 2 Z 1; stellt er einen Antrag auf Neubemessung der Geldleistung [§ 208 Abs 2], so kommt eine Fortsetzung erst nach Entscheidung hierüber in Betracht);
- übernommene Pflichten nicht hinreichend erfüllt, einen Pauschalkostenbeitrag nicht leistet oder sich beharrlich dem Einfluss des Bewährungshelfers entzieht (§ 205 Abs 2 Z 2);
- dies verlangt (§ 205 Abs 1 aE).

Maßgeblich ist im konkreten Fall, ob der Antrag des A als ein solcher auf Fortsetzung des Verfahrens iSd § 205 Abs 1 aE verstanden werden kann oder nicht:

Lässt er diese Deutung zu, so verliert die Mitteilung ihre Bindungswirkung und hat die StA das Verfahren fortzusetzen. Diese Fortsetzung kann einerseits in der Erhebung der Anklage, andererseits aber auch in einer neuerlichen Prüfung diversioneller Erledigungsformen bestehen. Ein in diesem Verfahrensstadium durchsetzbarer Rechtsanspruch auf neuerliche Prüfung diversioneller Erledigungsformen besteht allerdings nicht.

Lässt der Antrag des A eine solche Deutung nicht zu (und ist er nicht nur als Anregung zu verstehen), so ist er aufgrund der Bindungswirkung der Mitteilung als unzulässig zurückzuweisen.

Bestehen – wie im konkreten Fall – Zweifel über den Inhalt des Antrages, so hat die StA den Antragsteller zur Klarstellung aufzufordern (Parteiengehör).

131. *Der weit überschuldete, arbeitslose A hat aus Langeweile den elektrischen Rollstuhl seines betagten Nachbarn X in Gebrauch genommen und diesen aus Unachtsamkeit schwer beschädigt (Schaden € 2.500). Die StA möchte nach einem Tatausgleich (§ 204) von der Verfolgung zurücktreten; im Hinblick auf die wirtschaftliche Situation des A erachtet sie einen Ausgleich in der Höhe von € 700 als ausreichend.*

In der Folge wird X von einem Konfliktregler (im Auftrage der StA) über seine Rechte iSd § 206 belehrt; die Beiziehung einer Vertrauensperson zu diesem Gespräch wird ihm unter Hinweis auf das Amtsgeheimnis verwehrt. Daraufhin verweigert X die Zustimmung zum Tatausgleich, da er einerseits „mit solchen Verbrechern nichts zu tun haben" wolle und er andererseits auf einer vollständigen Schadensgutmachung bestehe.

Kurze Zeit später erfährt X, dass sich A bereit erklärt hätte, einen Ausgleich in Höhe von € 700 zu leisten, und das Verfahren nach § 204 eingestellt würde. X ist erbost und möchte dagegen etwas unternehmen. Was kann er tun, und wird er erfolgreich sein?

Wesentliches Ziel der Strafprozessnovelle 1999 und des StrafprozessreformG war es, die **Position des Opfers** im größtmöglichen Ausmaß zu stärken und durch umfassende Belehrungs- und Anhörungspflichten sowie Mitwirkungsrechte abzusichern (§ 206).

Das Opfer hat insb das Recht, eine Vertrauensperson beizuziehen. Die Schadensgutmachung oder ein anderer Tatfolgenausgleich soll bei jeder diversionellen Erledigung nach Möglichkeit zu einer (gegebenenfalls zusätzlichen) Voraussetzung des Rücktritts von der Verfolgung gemacht werden (vgl §§ 200 Abs 3, 201 Abs 3, 203 Abs 2, 204 Abs 1).

Besonders stark soll seine Position beim Rücktritt nach einem Tatausgleich sein. Um die Durchsetzung berechtigter Interessen optimal zu ermöglichen, ist eine im Rahmen des Tatausgleichs erarbeitete Ausgleichsvereinbarung idR von seiner Zustimmung abhängig. Die Zustimmung ist nur dann nicht erforderlich, wenn sie aus Gründen nicht erteilt wird, die – mögen sie auf eine nachvollziehbare Haltung des Verletzten oder auch auf Rachebedürfnisse zurückgehen – im Strafverfahren (dem Beschuldigten gegenüber) nicht berücksichtigungswürdig sind (§ 204 Abs 2).

Während X die Verweigerung der Beiziehung einer Vertrauensperson jedenfalls mit Einspruch iSd § 106 Abs 1 Z 1 bekämpfen kann, scheint dies im Zusammenhang mit der Einstellung des Verfahrens nach § 204 zweifelhaft. Wenngleich erwogen werden könnte, im Erfordernis der Zustimmung des Opfers ein subjektives und damit ebenfalls im Wege des § 106 Abs 1 Z 1 durchsetzbares Recht zu erblicken, sprechen doch systematische Gründe, nämlich die Beschränkung des Antrags auf Fortführung auf nach den §§ 190 bis 192 eingestellte Verfahren, dagegen. Eine Möglichkeit, die

Einschätzung der StA, ob eine Zustimmung des Opfers erforderlich gewesen wäre oder nicht, einer Überprüfung zu unterziehen, besteht daher nicht.

> ***132.*** *Wie 131. Ändert sich an der Beurteilung etwas, wenn die diversionelle Erledigung durch das Gericht erfolgt?*

Gegen einen Beschluss, mit dem ein Strafverfahren nach dem 11. Hauptstück eingestellt wird (§§ 200 Abs 5, 201 Abs 1 und 5, 203 Abs 1 und 4, 204 Abs 1 iVm § 199) steht gemäß § 209 Abs 2 ausschließlich der StA die Beschwerde an das übergeordnete Gericht (hier an das OLG) zu.

Diese abschließende Regelung geht dem – grds jedermann zukommenden – Beschwerderecht nach § 87 vor, sodass X keine Beschwerdemöglichkeit zukommt.

> ***133.*** *A ist mit dem Zug auf dem Heimweg von einem Urlaub in den Niederlanden. Bei einer routinemäßigen Kontrolle stellt die Polizei bei A eine geringe Menge Suchtgift sicher, die A noch im Zug konsumieren wollte, und erstattet Anzeige.*
>
> *Wie kann die StA vorgehen?*

Da der Beschuldigte ausschließlich eine geringe Menge Suchtgift zum eigenen Gebrauch eingeführt und besessen hat (§ 27 Abs 2 SMG), hat die StA unter den Voraussetzungen des § 35 Abs 3 bis 7 SMG vorläufig von der Verfolgung zurückzutreten. Der vorläufige Rücktritt kann solcherart ua davon abhängig gemacht werden, dass sich der Beschuldigte der notwendigen ärztlichen Behandlung oder Überwachung unterzieht (diese Überwachung wird von den Bezirksverwaltungsbehörden als Gesundheitsbehörden wahrgenommen).

Zu beachten ist, dass das Strafverfahren auf Antrag des Beschuldigten jederzeit fortzusetzen ist. Das Verfahren ist aber auch von amtswegen nach Maßgabe des § 38 SMG fortzusetzen. Durch den vorläufigen Rücktritt wird der Ablauf der Verjährungsfrist gehemmt (§ 35 Abs 8 SMG).

> ***134.*** *Wie 133.*
>
> ***a)*** *Da es sich um eine einmalige „Dummheit" gehandelt hätte und A befürchtet, seine Lenkberechtigung für einige Zeit zu verlieren, möchte er bewirken, dass die StA bei Zahlung eines Geldbetrages von 30 Tagessätzen von der Strafverfolgung zurücktritt. Besteht eine solche Möglichkeit?*
>
> ***b)*** *Wie ist mit dem sichergestellten Suchtgift zu verfahren?*
>
> ***c)*** *Wie b) Was könnte A gegen die Verfügung der Einziehung unternehmen?*

a) Wenngleich das SMG eigene Diversionsregelungen kennt, steht auch der Anwendung des 11. Hauptstückes grds nichts entgegen (idS auch OGH 1.10.2002, 11 Os

81/02). Die Diversionsregelungen der StPO sind nicht materienspezifisch. Lediglich der Rücktritt nach einer Probezeit (§ 203) könnte im Bereich des Suchtmittelrechts insoweit ausgeschlossen sein, als § 35 SMG als lex specialis hiezu betrachtet werden könnte.

A kann daher gemäß § 38 Abs 1 Z 3 SMG einen Antrag auf Einleitung bzw Fortsetzung des Strafverfahrens stellen und unter einem ein Vorgehen nach dem 11. Hauptstück – konkret nach § 200 – anregen.

b) Nach § 445a Abs 2 hat die StA nach Durchführung des in Abs 1 vorgesehenen Verfahrens die Einziehung des Suchtgifts anzuordnen, soweit nicht ein Haftungsbeteiligter die Entscheidung des Gerichts verlangt (dieses Verlangen muss richtigerweise vor der Erlassung der Verfügung erfolgen, da die Verfügung mit Erlassung rechtskräftig wird; siehe unten c). Die Verfügung der StA ist dem Haftungsbeteiligten (hier dem Beschuldigten des aufgrund Diversion eingestellten Verfahrens) gegenüber schriftlich (vgl auch § 102) zu erlassen.

c) Vor Verfügung der Einziehung hat die StA – entsprechend § 445a Abs 1 – den Haftungsbeteiligten dazu zu hören und steht diesem die Möglichkeit offen, eine Entscheidung durch das Gericht zu beantragen. Dieser Umstand rechtfertigt es grds, dass gegen die Verfügung der Einziehung in weiterer Folge kein RM offen steht (der Einspruch nach § 106 scheidet insoweit aus, als das Ermittlungsverfahren eingestellt ist). Die Verfügung wird vielmehr mit ihrer Bekanntmachung rechtskräftig.

Unterbleibt die Anhörung des (nicht notwendig mit dem Beschuldigten identen) Haftungsbeteiligten aus welchem Grund auch immer, ist dieser gehalten, seine Ansprüche nach § 444 Abs 2 auf dem Zivilrechtsweg geltend zu machen. Dass diese Konstruktion mit Art 6 EMRK vereinbar ist (es diesfalls an jedem gerichtlichen Rechtsschutz), muss bezweifelt werden.

135. *A steht im Verdacht, aufgrund überhöhter Geschwindigkeit einen Verkehrsunfall verursacht und dabei den X (leicht) am Körper verletzt zu haben. Die StA teilt dem A mit, das Strafverfahren gegen ihn bei Zahlung eines Geldbetrages von 30 Tagessätzen gemäß § 200 einzustellen. Obwohl A der Ansicht ist, die zulässige Höchstgeschwindigkeit eingehalten zu haben, sieht er im Hinblick auf ein im Akt befindliches Radarfoto keine Möglichkeit, dies glaubhaft zu machen. Um sich langwierige Verfahren zu ersparen, bringt er den Geldbetrag daher zur Einzahlung.*

Zwei Monate nach Einstellung des Verfahrens erfährt A zufällig, dass das Radargerät – wie anlässlich einer routinemäßigen Überprüfung festgestellt wurde – im damaligen Zeitpunkt defekt gewesen ist. A möchte, um die nachteiligen Folgen der Vormerkung im Register der StA zu beseitigen, die Sache neu prüfen lassen.

Besteht eine solche Möglichkeit?

Nach einem nicht bloß vorläufigen Rücktritt von der Verfolgung des Beschuldigten nach dem 11. Hauptstück ist eine Fortsetzung des Strafverfahrens gemäß § 205 Abs 1 nur unter den Voraussetzungen der ordentlichen Wiederaufnahme zulässig, also unter dem Eindruck bestimmter neuer Beweise. Fraglich ist, ob dies auch zugunsten des Beschuldigten möglich ist oder nicht.

Gegen eine solche Möglichkeit könnte zunächst vorgebracht werden, dass der Beschuldigte durch die Einstellung nach dem 11. Hauptstück (vergleichbar einer Einstellung nach §§ 190 bis 192) nicht belastet würde (BMJ-E 2; ablehnend auch RIS-Justiz RS0119777).

Auch könnte § 205 Abs 1 letzter Satz ins Treffen geführt werden, wonach das Strafverfahren *vor* einem endgültigen Rücktritt von der Strafverfolgung dann einzuleiten oder fortzusetzen ist, wenn der Verdächtige dies verlangt. E contrario könnte geschlossen werden, dass ein solches Antragsrecht *nach* rechtskräftigem Rücktritt nicht mehr bestehen soll.

Dies ist jedoch – trotz der systematischen Stellung dieses Satzes in jenem Absatz des § 205, der im Gegensatz zu Abs 2 die *nachträgliche* Fortsetzung des Verfahrens regelt – keinesfalls zwingend. Betrachtet man nämlich den ersten Satz des § 205 Abs 1 isoliert, so kommt eine nachträgliche Fortsetzung des Verfahrens – lege non distinguente – sowohl zu Lasten als auch zugunsten des Verdächtigen in Betracht.

Nicht zu überzeugen vermag aber auch das erstgenannte Argument, zumal die Einstellung nach dem 11. Hauptstück einerseits nicht unabhängig von den ihr regelmäßig vorgelagerten Sanktionen gesehen werden und sie andererseits in Form der Registrierung von Auswirkung auf weitere Verfahren sein kann. Nicht zuletzt entfalten diversionelle Erledigungen in anderen (Verwaltungs-) Verfahren Tatbestandswirkung. Die Einstellung nach dem 11. Hauptstück ist daher mit einer solchen nach §§ 190 bis 192 nicht vergleichbar.

Aus dem Gesagten ergibt sich, dass eine nachträgliche Fortsetzung des Verfahrens auch zugunsten des Beschuldigten möglich ist.

Gemäß § 353 Z 2 kann der rechtskräftig Verurteilte die Wiederaufnahme des Strafverfahrens selbst nach vollzogener Strafe verlangen, wenn er neue Tatsachen oder Beweismittel beibringt, die alleine oder in Verbindung mit den früher erhobenen Beweisen geeignet erscheinen, einen Freispruch zu begründen. Dies gilt sinngemäß auch in Fällen eines rechtskräftigen Verfahrensabschlusses nach dem 11. Hauptstück.

A kann daher richtigerweise einen Antrag auf Wiederaufnahme stellen (aM AnwBl 2004/7957 mA *Krückl*; RZ 2005/22).

136. *Aufgrund vorübergehender wirtschaftlicher Probleme beantragt A bei der StA, ihm hinsichtlich eines Geldbetrages iSd § 200 einen sechsmonatigen Zahlungsaufschub zu gewähren. Was kann A unternehmen, wenn die StA*

a) *dem Antrag keine Folge leistet?*
b) *über den Antrag nicht abspricht?*

a) Da dem Beschuldigten bei Vorliegen der Voraussetzungen des § 200 Abs 2 ein Rechtsanspruch auf Gewährung von Zahlungserleichterungen zukommt, könnte zunächst ein auf § 106 Abs 1 Z 1 gestützter Einspruch erwogen werden. Dagegen spricht freilich, dass hinsichtlich staatsanwaltschaftlicher Entscheidungen nach dem 11. Hauptstück grds kein gesonderter Rechtsschutz besteht. Vielmehr ist der Beschuldigte gehalten, etwa durch Nichtzahlung der vorgeschriebenen Geldleistung eine Anklage zu provozieren, um dann im Hauptverfahren auf eine diversionelle Erledigung einschließlich der Gewährung von Zahlungserleichterungen hinwirken zu können (es handelt sich dabei um eine – einer sukzessiven gerichtlichen Zuständigkeit vergleichbare – Form besonderen Rechtsschutzes).

b) Wie unter a) gilt auch hier, dass dem Beschuldigten allenfalls der Einspruch nach § 106 zusteht (sofern man von einem subjektiven Recht auf Entscheidung der StA über den Antrag ausgehen will), ihm in jedem Fall aber die Möglichkeit bleibt, durch Nichtbezahlung eine Anklage zu provozieren.

137. Der Chemiestudent C steht im Verdacht, im Garten des X Sprengstoff deponiert zu haben. Aus dem Gutachten eines Sprengmittelsachverständigen ergibt sich, dass X lediglich „aufgrund eines außerordentlichen Zufalles" durch die Explosion nicht verletzt wurde. Da C glaubhaft versichert, in keinster Weise auch nur entferntest an eine Gefährdung des X gedacht zu haben,

a) wird das Verfahren in der Folge nach dem 11. Hauptstück eingestellt. Monate später

b) teilt die StA dem C mit, nach Begleichung einer Geldleistung von der Verfolgung zurückzutreten. Während der offenen Frist zur Annahme des Angebots werden der StA Aufzeichnungen des C zugespielt, aus denen sich ergibt, dass sich C nicht nur der konkreten Gefährdung des X bewusst war, sondern sogar dessen Tod ernstlich für möglich hielt und sich damit abfand.

c) teilt die StA dem C mit, nach Begleichung einer Geldleistung von der Verfolgung zurückzutreten. Während der offenen Frist zur Annahme des Angebots gelangt der StA bei neuerlichem Aktenstudium zum Schluss, dass das Verschulden des C doch als schwer zu beurteilen sei.

Wie hat die StA vorzugehen?

a) Nach einem nicht bloß vorläufigen Rücktritt von der Verfolgung des Beschuldigten nach dem 11. Hauptstück ist eine Fortsetzung des Strafverfahrens gemäß § 205 Abs 1 nur unter den Voraussetzungen der ordentlichen Wiederaufnahme zulässig, also etwa bei Vorliegen neuer Beweise. Daraus ergibt sich zunächst, dass eine sog „formlose" Fortsetzung (nach Art des § 363) ausgeschlossen ist. Zufolge § 352 Abs 1 ist dabei ein nach dem 11. Hauptstück beendetes Verfahren einem ohne Urteil beendeten Verfahren gleichzuhalten.

Die nachträgliche Fortsetzung des Strafverfahrens setzt daher voraus, dass

- die Tat (hier §§ 15, 75 StGB) **noch nicht verjährt** ist und
- ein **Wiederaufnahmegrund** (hier: § 352 Z 2) vorliegt.

Da diese Voraussetzungen im konkreten Fall vorliegen, ist das Verfahren gemäß § 205 Abs 1 nachträglich fortzusetzen. Die StA wird daher nach Ergänzung des Ermittlungsverfahrens Anklage zu erheben haben.

Von A bereits erbrachte Leistungen sind bei einer allfälligen Strafbemessung zu berücksichtigen. Wird er freigesprochen oder sonst außer Verfolgung gesetzt, so sind nur nach § 200 geleistete Geldbeträge zurückzuzahlen, andere Leistungen jedoch nicht zu erstatten (§ 205 Abs 5).

b) Anders als unter a) werden jene Umstände, die einer diversionellen Erledigung entgegenstehen, hier bereits **während des schwebenden Diversionsverfahrens** – also nach Mitteilung aber vor nicht nur vorläufigem Rücktritt – bekannt. Diese Konstellation ist im Gesetz nicht ausdrücklich geregelt. § 205 Abs 1 e contrario kann vertreten werden, dass diesfalls das Strafverfahren **formlos fortgesetzt** werden kann (idS OGH 13.5.2003, 14 Os 56/03). Die Bindungswirkung der Mitteilung erlischt, wenn sich aus den nachträglich bekanntwerdenden Umständen ergibt, dass eine diversionelle Erledigung unzulässig wäre.

c) Waren die Umstände, die die Unzulässigkeit einer diversionellen Erledigung bewirken, der StA bei Erlassung der Mitteilung bekannt, bleibt sie demgegenüber an die Mitteilung gebunden, mag diese auch insoweit rechtswidrig sein.

138. *Wie 137.a)*

a) *Wer hat über die nachträgliche Fortsetzung zu entscheiden?*

b) *Das Gericht verfügt die nachträgliche Fortsetzung des Verfahrens. C ist der Ansicht, dass die Voraussetzungen des § 205 Abs 1 nicht vorliegen. Was kann er gegen den Beschluss unternehmen?*

a) Über einen Antrag auf nachträgliche Fortsetzung des Verfahrens hat das Gericht auf Antrag der StA mit Beschluss zu entscheiden. Da die Einstellung nicht während des Hauptverfahrens erfolgte, scheint fraglich, ob über diesen Antrag (wie über einen solchen auf Wiederaufnahme im Ermittlungsverfahren aus sonstigen Gründen eingestellter Verfahren; § 31 Abs 6 Z 2) das LG als Dreirichtersenat oder – wie sich aus § 209 Abs 2 ergeben könnte – der Vorsitzende (des erkennenden, mithin für das Hauptverfahren zuständigen Gerichts) zuständig ist. Im Ergebnis dürfte aus systematischen Gründen erstgenannter Variante der Vorzug zu geben zu sein.

b) Gegen den Beschluss auf nachträgliche Fortsetzung des Verfahrens steht dem C die Möglichkeit einer Beschwerde an das OLG offen (§ 87), der aufschiebende Wirkung zukommt (§ 209 Abs 3).

139. *Wie 138.a)*

Was ändert sich, wenn das Verfahren durch das Gericht (§ 199) eingestellt wurde?

Wurde das Verfahren nach dem 11. Hauptstück durch das Gericht eingestellt (§ 199) und liegen die Voraussetzungen für eine nachträgliche Fortsetzung des Verfahrens vor, so hat das Gericht auf Antrag der StA die nachträgliche Fortsetzung zu beschließen. Da die Einstellung im Hauptverfahren erfolgt sein musste (erst in diesem kommt dem Gericht die Möglichkeit einer diversionellen Erledigung zu), könnte erwogen werden, dass die Entscheidung hierüber zufolge § 209 Abs 2 dem Vorsitzende zukommt. Mit Blick auf §§ 352 ff iVm § 31 Abs 6 Z 2 wird jedoch auch hier die Zuständigkeit des Dreirichtersenats anzunehmen sein. Hinsichtlich der Bekämpfbarkeit ergeben sich keine Unterschiede.

140. *Der jugendliche A hat eine schwere Sachbeschädigung begangen. Da A den Schaden – nach Erhebung der Anklage – beglichen hat und sich einsichtig zeigt, stellt das Gericht das Verfahren gemäß § 6 Abs 3 JGG ein.*

Was kann die StA gegen diesen Beschluss unternehmen?

Gemäß § 6 Abs 3 JGG hat das Gericht nach Erhebung der Anklage bis zum Schluss der HV das Verfahren wegen einer nur mit Geldstrafe oder mit nicht mehr als fünfjähriger Freiheitsstrafe bedrohten von amtswegen zu verfolgenden Straftat mit Beschluss einzustellen, wenn weitere Maßnahmen (insb solche iSd 11 Hauptstück iVm § 7 JGG) aus general- und spezialpräventiven Gründen nicht erforderlich scheinen.

Gegen den Einstellungsbeschluss steht der StA eine Beschwerde an das übergeordnete Gericht (hier: an das OLG) offen (§ 87).

V. Die Anklage

1. Die Anklageschrift

141. *A und B (§ 12 Abs 1 StGB) geben in Graz eine Briefbombe auf, die – wie von A und B beabsichtigt – in Wien explodiert und den X tötet. Wegen dieses Sachverhaltes bringt die StA die Anklageschrift*

a) *beim StrafLG Wien als Schöffengericht ein und*

b) *beantragt darin die zeugenschaftliche Vernehmung des Verteidigers des A sowie*

c) *die Verhaftung des A und B.*

Wie hat das Gericht vorzugehen?

Nach § 210 Abs 1 hat die StA Anklage – bei den Kollegialgerichten in Form einer Anklageschrift – bei dem ihres Erachtens für das Hauptverfahren zuständigen Gericht einzubringen. In der Anklageschrift hat die StA neben der dem Angeklagten zur Last gelegten Tat ua auch jene Beweise anzuführen, die im Hauptverfahren aufgenommen werden sollen (§ 211 Abs 2), bzw sonstige für das Hauptverfahren relevante Anträge – etwa auf Festnahme des Angeklagten (§ 210 Abs 3) – zu stellen.

Das Gericht hat den Angeklagten die Anklageschrift mitzuteilen und sie über die Möglichkeit zu belehren, gegen die Anklageschrift **Einspruch** beim OLG zu erheben (§ 213 Abs 1 und 2), mit dem sie unter anderem die Unzuständigkeit des Gerichts geltend machen können.

Gleichzeitig hat es die Angeklagten über die ihre Verteidigung betreffenden Vorschriften, insb die Notwendigkeit der Beiziehung eines Verteidigers in der HV zu informieren. Weil der Verteidiger des A in der HV als Zeuge vernommen werden soll und daher an der HV nicht von Beginn an teilnehmen kann (§ 241 Abs 1), wird für die Beiziehung eines zusätzlichen Verteidigers zu sorgen sein.

Schließlich hat das Gericht auch über den **Haftantrag** zu entscheiden (§§ 210 Abs 3, 171 Abs 1). Befindet sich der Angeklagte bereits in Haft oder wird er zugleich verhaftet, so ist die Anklageschrift (gegebenenfalls mit der Anordnung der Festnahme) sogleich auszufolgen und seinem Verteidiger zuzustellen (§ 213 Abs 3).

Wird Einspruch erhoben oder hegt das Gericht von sich aus Bedenken gegen seine Zuständigkeit, so hat es die Akten dem OLG vorzulegen (§ 213 Abs 6). Andernfalls hat es mit Beschluss die Rechtswirksamkeit der Anklage festzustellen und die HV anzuordnen (§ 213 Abs 4).

***142.** Wie 141.a) und c)*

A und B werden am 2.1. antragsgemäß festgenommen. Mit der Anordnung der Festnahme wird ihnen gleichzeitig die Anklageschrift ausgefolgt. Die Zustellung der Anklageschrift an den Verteidiger des A erfolgt am 9.1. A möchte gegen die Anklageschrift ein RM ergreifen.

Welches wird er wählen und wie wird er es begründen?

Gegen die Anklageschrift kann der Angeklagte binnen 14 Tagen Einspruch an das OLG erheben (§ 213 Abs 2). Wird die Anklageschrift dem in Haft befindlichen oder zugleich verhafteten Angeklagten übergeben und seinem Verteidiger zugestellt, so wird die RM-Frist durch die zuletzt bewirkte Zustellung ausgelöst (Abs 3).

Einspruchsgründe sind (grob)

- die Unzuständigkeit des Gerichts und
- die Unzulässigkeit der Anklage.

a) Gemäß § 36 Abs 3 ist zur Führung des Hauptverfahrens grds jenes Gericht berufen, in dessen Sprengel die Tat begangen wurde, auch wenn der Erfolg in einem anderen Sprengel eingetreten ist. Im konkreten Fall wäre das Verfahren somit vor dem StrafLG Graz als Geschworenengericht (§ 31 Abs 2 Z 1) zu führen. A kann daher die **sachliche und örtliche Unzuständigkeit** des Gerichts geltend machen (§ 212 Z 5 und 6).

c) Hinsichtlich der U-Haft steht dem Angeklagten die Möglichkeit offen, einen **Enthaftungsantrag** zu stellen (§ 176 Abs 1 Z 2). Allerdings hat das OLG anlässlich des Einspruchs ohnedies von amtswegen über die Aufrechterhaltung der U-Haft zu entscheiden (§ 214 Abs 3).

***143.** Wie 141.a) A erhebt Einspruch an das OLG Wien.*

a) Wie hat dieses zu entscheiden?

b) Das OLG spricht aus, dass der Anklage Folge gegeben wird. In der Folge wird A wegen § 87 Abs 2 2.Fall StGB verurteilt.

Was kann A dagegen unternehmen?

a) Gelangt das OLG zur Ansicht, dass das Verfahren von einem anderen Gericht zu führen ist als in der Anklageschrift angenommen, so hat es, wenn dieses Gericht in einem anderen OLG-Sprengel liegt, den Einspruch dem OGH vorzulegen. An diesem liegt es in weiterer Folge, die Sache an das örtlich zuständige OLG zur inhaltlichen Prüfung des Einspruchs zu übermitteln (§ 215 Abs 4).

Da im konkreten Fall das Verfahren vor dem StrafLG Graz als Geschworenengericht (Sprengel des OLG Graz) zu führen ist, hat das OLG Wien den Einspruch dem OGH vorzulegen und dieser die Sache dem OLG Graz zu übermitteln. Eine inhaltliche Prüfung des Einspruchs steht dem OLG Wien nicht zu.

b) Gegen den Beschluss des OLG, mit dem die Rechtswirksamkeit der Anklage festgestellt wird, steht **kein ordentliches RM** zur Verfügung (§ 214 Abs 1). A kann allerdings die örtliche Unzuständigkeit (ausnahmsweise; § 213 Abs 5) mit NB (§ 281a) gegen das in der Sache ergehende Urteil geltend machen.

144. *Wie 141.a)*

Der StA bringt die Anklageschrift beim StrafLG Graz als Geschworenengericht ein.

Wie hat das OLG Graz zu entscheiden, wenn es zur Ansicht gelangt, dass die Verdachtsmomente trotz hinreichend geklärten Sachverhalts für eine Verurteilung unmöglich ausreichen würden und daran auch weitere Ermittlungen nichts ändern würden?

Erachtet das OLG, dass Dringlichkeit und Gewicht des Tatverdachts trotz hinreichend geklärten Sachverhalts nicht ausreichen, eine Verurteilung auch nur für möglich zu halten, und von weiteren Ermittlungen eine Intensivierung des Verdachts nicht zu erwarten ist (§ 212 Z 2), so hat es dem Einspruch Folge zu geben und das Verfahren einzustellen (§ 215 Abs 2). Die Einstellung wird rechtskräftig.

Gleichzeitig hat das OLG – im Übrigen unabhängig von allfälligen Anträgen der Parteien und gleichgültig, ob es dem Einspruch Folge gibt oder nicht – die **Haftfrage** zu **prüfen** (§ 214 Abs 3). Der Einspruch gegen die Anklageschrift wirkt daher wie eine Haftbeschwerde (die Prüfung hat auch zu erfolgen, wenn kein Einspruch erhoben wird, sondern lediglich das Erstgericht iSd § 213 Abs 6 Bedenken hegt; OGH 25.1.2008, 8 Ns 3/08i). Stellt das OLG sohin das Verfahren ein, so hat es die Enthaftung des Beschuldigten zu verfügen.

Dieselben Überlegungen gelten auch für B, der allerdings keinen Einspruch erhoben hat. Nichtsdestoweniger hat das OLG so vorzugehen, als ob auch B Einspruch erhoben hätte, und das Verfahren gegen ihn von Amts wegen einzustellen sowie seine Enthaftung zu verfügen (§ 214 Abs 2; **beneficium cohaesionis).**

145. *A gibt in Graz eine Briefbombe auf, die – wie von A beabsichtigt – in Wien explodiert und den X tötet. Wegen dieses Sachverhaltes bringt die StA beim StrafLG Wien als Schöffengericht eine Anklageschrift ein. Die Anklageschrift wird rechtswirksam. A möchte die örtliche Unzuständigkeit des Gerichts geltend machen.*

a) *Was kann er unternehmen?*

b) *Wie hat das Schöffengericht beim StrafLG Wien zu entscheiden?*

a) Wird die Anklageschrift rechtswirksam, so kann die örtliche Zuständigkeit grds nicht mehr (§ 213 Abs 5; vgl aber § 281a), die sachliche nur mehr eingeschränkt geltend gemacht werden.

b) Wird – wie im konkreten Fall – durch die Anklage die Zuständigkeit eines Gerichts niedrigerer Ordnung begründet, so hat das angerufene Gericht seine Unzuständigkeit auszusprechen (§ 261 Abs 1). Während die Inanspruchnahme der Kompetenz eines Gerichts höherer Ordnung im BG- und ER-Verfahren jedenfalls zur Nichtigkeit des Urteils führt (§§ 468 Abs 1 Z 2, 489 Abs 1), fehlt es im Schöffenverfahren an einem entsprechenden Nichtigkeitsgrund. Das Urteil ist vielmehr nur dann anfechtbar, wenn dem Erstgericht ein zusätzlicher Fehler unterlaufen ist. Dies etwa, wenn eine die Strafkompetenz des Gerichts übersteigende Strafe verhängt wurde (§ 281 Abs 1 Z 11 1. Fall; vgl OGH 23.6.1998, 14 Os 64/98). Nur im Falle der Abweisung eines Antrags auf Fällung eines Unzuständigkeitsurteils besteht die Möglichkeit einer Anfechtung nach § 281 Abs 1 Z 4.

146. *C beschließt, den X durch eine Explosion in dessen Garten „ordentlich zu erschrecken". Als X eines Abends das Gartentor öffnet, explodiert der von C unter einem Laubhaufen deponierte Sprengstoff und verursacht einen geringen Schaden am Garten. X wird nicht verletzt.*

Aus dem Gutachten eines Sprengmittelsachverständigen ergibt sich, dass X lediglich „aufgrund eines außerordentlichen Zufalles" nicht verletzt wurde. Die StA erhebt in der Folge Anklage nach § 173 StGB, da C – aufgrund seiner Ausbildung – um die konkrete Gefährdung des X gewusst hätte. Im Zuge der Prüfung der Anklageschrift gelangt das OLG zur Ansicht, dass

- ***a)*** *das Gutachten zur Klärung der Frage, ob durch die Explosion eine konkrete Gefährdung des X gegeben gewesen wäre, nicht ausreichend sei;*
- ***b)*** *keinerlei Anhaltspunkte für die Annahme eines Gefährdungsvorsatzes gegeben seien. Im Übrigen sei die Schuld des C nicht als schwer zu beurteilen.*

Wie hat das OLG vorzugehen?

a) Erachtet das OLG, dass der Sachverhalt (noch) nicht soweit geklärt ist, dass eine Verurteilung des Angeklagten naheliegt, so hat es die Anklageschrift zurückzuweisen. Dies mit der Folge, dass das Hauptverfahren beendet und das Ermittlungsverfahren wiedereröffnet wird (§ 215 Abs 3).

Da die Frage der konkreten Gefährdung hier für die Beurteilung der Tat als gerichtlich strafbar wesentlich ist (lag nämlich keine konkrete Gefährdung vor, hätte C nur eine Verwaltungsübertretung verwirklicht), hat das OLG gemäß § 215 Abs 3 zu verfahren.

b) Wenngleich die Beurteilung des OLG einer diversionellen Erledigung das Wort reden würde (die Tat wäre unter § 174 StGB zu subsumieren und damit grds diversionsfähig), hat dies das OLG im Zuge der Prüfung der Anklageschrift außer Betracht zu lassen und bei Vorliegen aller übrigen Voraussetzungen die Rechtswirksamkeit der Anklage festzustellen (§ 215 Abs 6). Teilt auch das erkennende Gericht diese Ansicht, so bleibt es ihm unbenommen, auf die Anklage nicht mit Anberaumung einer HV, sondern mit Einleitung einer diversionellen Maßnahme zu reagieren.

2. Die Verfahrenseinleitung beim ER und BG

147. *Der deutsche Botschaftsangehörige A wird eines schweren Betruges (§§ 146, 147 Abs 1 StGB) angeklagt. Der ER ist der Ansicht, dass*

a) *A diplomatische Immunität zukommt.*

b) *nach dem 11. Hauptstück vorzugehen wäre.*

Wie hat er vorzugehen?

Anders als im Schöffen- oder Geschworenenverfahren ist die Anklage im **ER- und BG-Verfahren ausschließlich von amtswegen** zu prüfen. Das Verfahren wird durch einen **schriftlichen Strafantrag** (der denselben Inhalt wie eine Anklageschrift hat) eingeleitet (§ 210 Abs 1).

a) Ist der ER der Ansicht, dass Umstände vorliegen, durch die die Verfolgung der Tat ausgeschlossen ist, so hat er den Strafantrag mit Beschluss zurückzuweisen und das Verfahren einzustellen (§ 485 Abs 1 Z 3). Gegen die Einstellung steht die Beschwerde an das OLG offen (§ 87). Teilt das OLG die Ansicht des ER nicht, so ist die HV anzuordnen (§ 485 Abs 1 Z 4).

b) Ist der ER nach Erhebung der Anklage der Ansicht, dass die Voraussetzungen für eine diversionelle Erledigung vorliegen, so hat er die für die StA geltenden Bestimmungen des 11. Hauptstückes sinngemäß anzuwenden (§§ 199, 209 Abs 2).

Bevor der ER dem Angeklagten eine Mitteilung nach dem 11. Hauptstück oder einen Beschluss, mit dem das Verfahren eingestellt wird, zustellt, hat er die StA zu hören. Ein solcher Beschluss ist dem Angeklagten erst dann zuzustellen, wenn er der StA gegenüber in Rechtskraft erwachsen ist (§ 209 Abs 2).

148. *Wie 147.a) Die StA erhebt sogleich gegen den Beschluss des ER Beschwerde. Wie ist vorzugehen, wenn sich A zu diesem Zeitpunkt in U-Haft befindet?*

Anders als Beschwerden der StA gegen Einstellungen nach § 108 kommt der hier interessierenden Beschwerde keine aufschiebende Wirkung zu, sodass das Strafverfahren mit Erlassung des Beschlusses (und nicht erst nach seiner Rechtskraft) beendet ist. Ist aber kein Strafverfahren mehr anhängig, so fallen auch die Voraussetzungen für die Aufrechterhaltung der U-Haft weg, sodass A nach § 177 Abs 2 zu enthaften ist.

149. *A hat – trotz Zahlungsunfähigkeit – von Wien aus bei einem Versandhaus in Graz Waren im Wert von € 5.500 bestellt und weiterverkauft. Aufgrund dieses Sachverhaltes stellt die StA beim ER des StrafLG Graz einen Strafantrag wegen §§ 146, 147 Abs 2 StGB. In der HV wendet A die örtliche Unzuständigkeit des Gerichts ein. Der Einwand des A wird vom ER unter Hinweis auf § 213 Abs 5 abgetan und A in der Folge anklagegemäß verurteilt.*

A möchte gegen das Urteil ein RM ergreifen. Welches wird er wählen und wie wird er es begründen?

Anders als im Schöffen- oder Geschworenenverfahren ist dem ER-Verfahren die Möglichkeit des Einspruchs fremd, sodass der Angeklagte die örtliche Unzuständigkeit (sofern sie nicht vom ER gemäß § 485 Abs 1 Z 1 von amtswegen wahrgenommen wird) erstmals in der HV rügen kann. Folgt der ER der Rüge, so hat er die Sache (bis zum Schluss der HV) beschlussmäßig an das örtlich zuständige Gericht abzutreten (EvBl 1970/141; SSt 61/14). Ein Unzuständigkeitsurteil ist diesfalls nicht zu fällen (OGH 17.5.1990 12 Os 46/90).

Da vom örtlich unzuständigen ER erlassene Urteile nichtig sind (§§ 489 Abs 1, 468 Abs 1 Z 1), wird A eine Berufung wegen Nichtigkeit erheben und begründend darauf verweisen, dass § 213 Abs 5 im ER-Verfahren keine Anwendung findet.

150. *Nachdem A, obwohl er von der bevorstehenden Fahrt wusste, einen Cocktail zu sich genommen und in diesem Zustand (Blutalkoholgehalt 0,7 ‰) einen Verkehrsunfall verursacht und den X (iSd § 84 Abs 1 StGB) schwer verletzt hat, stellt der BA beim BG einen Strafantrag. Aus dem Akt ergeben sich Anhaltspunkte dafür, dass A an einer Alkoholintoleranz leidet.*

Wie hat das BG vorzugehen?

Aus dem Akt ergeben sich im konkreten Fall Anhaltspunkte dafür, dass A wegen § 88 Abs 3 und 4 2.Fall (§ 81 Abs 2) StGB zu bestrafen ist, sodass das BG sachlich unzuständig wäre (§ 30 Abs 1).

Erachtet sich das BG sachlich unzuständig, so hat es seine Unzuständigkeit mit Beschluss auszusprechen (§ 450).

151. *Wie 150. Das LG gibt einer gegen den Beschluss erhobenen Beschwerde Folge.*

Wie hat das BG vorzugehen, wenn sich seine Ansicht im Verfahren bestätigt?

Gibt das LG der Beschwerde Folge, so kann das BG seine sachliche Zuständigkeit (außerhalb der HV) nicht weiter ablehnen. Stellt sich jedoch in der HV tatsächlich die sachliche Unzuständigkeit des BG heraus, so hat es (bei sonstiger Nichtigkeit: § 468 Abs 1 Z 2) ein Unzuständigkeitsurteil zu fällen.

***152.** Der BR, der die HV vorbereiten soll, ist der Meinung, dass*

***a)** die StA zur Verfolgung der Tat nicht berechtigt sei.*

***b)** eine dem Beschuldigten gemäß § 203 eingeräumte Probezeit noch offen sei.*

Kann das Verfahren aus diesem Grund vor der HV rechtskräftig beendet werden?

Gelangt das BG zur Ansicht, dass die Tat nicht mit gerichtlicher Strafe bedroht, die Strafbarkeit aufgehoben oder die Verfolgung aus sonstigen Gründen ausgeschlossen ist, so hat es gemäß § 451 Abs 2 das Verfahren mit Beschluss einzustellen. § 451 Abs 2 enthält somit eine Ermächtigung, das Verfahren bereits vor Durchführung einer HV durch Beschluss rechtskräftig zu beenden. Gegen diesen Beschluss steht die Beschwerde an das LG offen (§ 87).

a) Wenngleich der Fall, dass der Strafantrag von einem nicht berechtigten Ankläger gestellt wurde, im Gesetz nicht ausdrücklich genannt ist, wird die Möglichkeit, die Einleitung des Strafverfahrens (mit Beschluss) abzulehnen, vom OGH (31.10.1968, 9 Os 147/68) bejaht. Das Verfahren kann daher auch im vorliegenden Fall schon vor der HV rechtskräftig abgeschlossen werden.

b) Ein vorläufiger Rücktritt von der Verfolgung gemäß § 203 lässt das Anklagerecht für die Zeit der Probezeit ruhen. Besteht ein solches Verfolgungshindernis, so hat das BG das Verfahren richtigerweise (bereits vor HV) durch Beschluss einzustellen. Diese Entscheidung entfaltet freilich nur insoweit Sperrwirkung, als das Verfahren nicht gemäß § 205 fortzusetzen ist.

VI. Die Vorbereitung zur HV

153. *In einem Geschworenenverfahren kündigt der Angeklagte, A, seinem Verteidiger einen Tag vor Beginn der HV die Vollmacht. Nachdem A trotz Aufforderung keinen Wahlverteidiger bestellt, wird ihm ein Notverteidiger (§ 62 Abs 2) beigegeben. A wird anklagegemäß verurteilt.*

a) *Was könnte A gegen das Urteil unternehmen?*

b) *Welche Möglichkeiten stehen ihm nach Ausschöpfung des innerstaatlichen Instanzenzuges offen?*

a) Gemäß § 221 Abs 2 ist die HV so anzuberaumen, dass dem Angeklagten und seinem Verteidiger bei sonstiger Nichtigkeit (§ 345 Abs 1 Z 4) ab Zustellung der Ladung eine Vorbereitungsfrist von wenigstens acht bzw 14 Tagen bleibt, sofern sie nicht selbst in eine Verkürzung dieser Frist einwilligen.

Da die **Vorbereitungsfrist des Verteidigers** allerdings durch einen Wechsel der Person des Verteidigers nicht verlängert wird, liegt kein Verstoß gegen § 221 Abs 2 vor, sodass eine NB gemäß § 345 Abs 1 Z 4 nicht erfolgreich sein wird.

Erwogen werden könnte allenfalls noch eine auf § 345 Abs 1 Z 5 gestützte NB. Voraussetzung dafür wäre freilich die Stellung eines **Vertagungsantrages** in der HV, der vom Gericht abgewiesen wird. Begründend wäre auf Art 6 Abs 1 iVm 3 lit b EMRK zu verweisen. Aufgrund dieser Bestimmung hat der Beschuldigte jedenfalls (zumindest) das Recht, über ausreichende Zeit und Gelegenheit zu verfügen, seine Verteidigung vorzubereiten. Zu diesem Recht zählt unter anderem die Möglichkeit, sich eines Verteidigers zu bedienen, der seinerseits ausreichend Gelegenheit hatte, sich mit der Sache vertraut zu machen.

b) Nach Ausschöpfung des innerstaatlichen Instanzenzuges steht A die Möglichkeit einer Beschwerde an den EGMR (Art 46 Abs 1 EMRK) offen, wobei eine Verletzung des Art 6 Abs 1 iVm 3 lit b EMRK geltend gemacht werden müsste.

Im Ergebnis dürfte aber im vorliegenden Fall weder der auf Z 5 gestützten NB noch der Beschwerde an den EGMR Erfolg beschieden sein.

154. *Nach Rechtswirksamkeit der Anklageschrift beantragt der Angeklagte die Beiziehung seines Beichtvaters B als Zeuge über ein mit ihm geführtes Beichtgespräch.*

a) *Der Vorsitzende möchte dem Antrag nicht entsprechen. Wie hat er vorzugehen?*

b) *Der Antrag wird in der HV abgewiesen. Was kann der Angeklagte dagegen unternehmen?*

a) Grds steht es den Parteien auch noch nach Rechtswirksamkeit der Anklageschrift offen, weitere Beweisanträge zu stellen, wobei dies so rechtzeitig zu erfolgen hat, dass die Beweisaufnahme in der HV vorgenommen werden kann. Im Übrigen ist § 55 Abs 1 und 2 zu beachten (§ 222 Abs 1).

Möchte der Vorsitzende einem solchen Antrag nicht entsprechen, so hat er die Entscheidung darüber der HV vorzubehalten (§ 238) und den Antragsteller davon zu verständigen (§ 222 Abs 2).

b) Gegen die Entscheidung des Gerichts nach § 238 steht den Beteiligten kein gesondertes RM zu (§ 238 Abs 2). Jedoch bleibt es dem Angeklagten unbenommen, denselben Antrag in der HV zu wiederholen und sich solcherart die Möglichkeit einer NB nach § 281 Abs 1 Z 4 offenzuhalten.

155. *Nach Rechtswirksamkeit der Anklagschrift im Schöffenverfahren beantragt der A unter gleichzeitiger Vorlage neuer Beweise, das Verfahren nach*

a) dem 11. Hauptstück zu beenden. Der Vorsitzende möchte den Antrag abweisen.

b) § 191 einzustellen. Der Vorsitzende teilt die Einschätzung des A.

Wie hat er vorzugehen?

a) Gemäß § 199 hat das Gericht die für die StA geltenden Bestimmungen des 11. Hauptstückes sinngemäß anzuwenden und das Verfahren unter den für die StA geltenden Voraussetzungen bis zum Schluss der HV mit Beschluss einzustellen. Dem Angeklagten steht ein entsprechendes Antragsrecht zu.

Über derartige Anträge hat außerhalb der HV der Vorsitzende zu entscheiden (§ 209 Abs 2). Der Vorsitzende wird den Antrag daher beschlussmäßig abzuweisen haben.

b) Liegen die Voraussetzungen des § 191 Abs 1 vor, so hat das Gericht ab Rechtswirksamkeit der Anklageschrift bis zum Schluss der HV das Verfahren mit Beschluss einzustellen (Abs 2). Die Entscheidung hat durch den Vorsitzenden zu erfolgen (§ 209 Abs 2).

156. *A hat X und Y bei einem Verkehrsunfall in alkoholisiertem Zustand schwer am Körper verletzt. Nachdem A bereits zweimal „sein Führerschein abgenommen" wurde und er nunmehr die dauernde Entziehung der Lenkberechtigung fürchtet, geben A und B (letztere als Zeugin) vor der Kriminalpolizei an, dass B das KFZ gelenkt hätte. Allerdings geben die Zeugen X und Y übereinstimmend an, den A am Steuer gesehen zu haben. A wird in der Folge wegen § 88 Abs 3 und 4 2. Fall StGB sowie wegen § 297 StGB, B wegen § 288 Abs 1 StGB angeklagt.*

In der folgenden HV erklären sich A und B im Sinn der Anklage für nicht schuldig; B bekennt sich jedoch der fahrlässigen schweren Körperverletzung gemäß § 88

Abs 1, Abs 4 1. Fall StGB an X und Y schuldig, weil sie die Lenkerin des PKW gewesen sei. Darauf reagiert der StA nicht. A und B werden in der Folge von den gegen sie erhobenen Anklagen gemäß § 259 Z 3 „in dubio pro reo" freigesprochen.

Daraufhin bringt der StA einen neuen Strafantrag gegen B wegen § 88 Abs 1, Abs 4 1.Fall StGB hinsichtlich X und Y ein. In diesem zweiten Verfahren gegen B, in dem A und B ihre ursprünglichen Angaben wiederholen, wird B schließlich im Sinn der Anklage schuldig gesprochen. Gegen dieses Urteil erhebt B eine auf den Nichtigkeitsgrund des § 281 Abs 1 Z 9 lit b gestützte Berufung wegen Nichtigkeit; in dieser bringt sie vor, dass das Anklagerecht des StA wegen Unterlassung einer Alternativanklage im ersten gegen sie geführten Strafverfahren erloschen sei und sie deshalb nicht ein zweites Mal angeklagt hätte werden dürfen.

Welche Argumente lassen sich für und welche gegen die Rechtsmeinung der B anführen?

Unbestritten ist, dass **Alternativanklagen** in der Form, dass einem Beschuldigten mehrere einander widersprechende Taten zur Last gelegt werden, in gewissen Fällen zulässig sind (SSt 27/56). Fraglich ist ihre Zulässigkeit allerdings gegen zwei oder mehrere Personen, von denen nur eine die Tat begangen haben kann.

Gegen die Zulässigkeit spricht, dass es dem Wesen des Anklageprozesses widerspricht, dem Gericht die Entscheidung zu überlassen, wer schuldig sei. Auch genügt eine Alternativanklage nicht den Anforderungen des § 210 Abs 1 bzw des § 212 Z 2. Dies muss auch für eine Anklageausdehnung gemäß § 263 Abs 1 gelten. Nach Ansicht des OGH ist allerdings § 263 auf diesen Fall nicht anzuwenden, weil es sich nicht um die Beschuldigung wegen einer anderen Tat handelt, als der, wegen welcher der Beschuldige angeklagt ist (KH 3680; EvBl 1992/39 = JBl 1993, 122).

Für die Möglichkeit der Alternativanklage könnte ins Treffen geführt werden, dass eine Anklageausdehnung gemäß § 263 immer zulässig ist, wenn sich in der HV Anhaltspunkte für eine strafbare Handlung ergeben, die noch nicht Gegenstand der Anklage war.

Auch erschiene es im Interesse der freien Beweiswürdigung wünschenswert, dass das Gericht über mehrere einander ausschließende strafbare Handlungen, hinsichtlich derer jeweils ausreichende Verdachtsgründe vorliegen, gleichzeitig entscheiden kann.

Im Übrigen hätte das Verbot der Alternativanklage als auch der Ausdehnung der Anklage eine Prozessvermehrung und -verteuerung sowie allenfalls die Verjährung nicht angeklagter Taten zur Folge.

Die Lösung des Falles ist strittig.

VII. Die HV

1. Allgemeines

157. *A ist des schweren Betruges (§§ 146, 147 Abs 1 StGB) angeklagt. Zu Beginn der HV stellt er einen Vertagungsantrag, nachdem er einen Tag zuvor seinen Verteidiger gekündigt und noch keinen neuen bestellt hat. Der ER weist den Antrag ab.*

Zu Recht?

Für die HV vor dem ER gelten grds die Bestimmungen für das Verfahren der Schöffengerichte, wobei dem **ER** die **Aufgaben des Vorsitzenden und des Schöffengerichts zukommen** (§ 488 Abs 1), sodass er grds auch zur Abweisung von Anträgen (die im kollegialgerichtlichen Verfahren dem Schöffengericht vorbehalten ist; § 238 Abs 1) berechtigt ist. Darüber hinaus ist zu klären, ob die HV zu vertagen ist, weil A keinen Verteidiger hat. Gemäß § 61 Abs 1 Z 5 bedarf der Angeklagte in der HV vor dem ER dann eines Verteidigers, wenn die Tat (außer in den Fällen der §§ 129 Abs 2 Z 1 und 164 Abs 4 StGB) mit einer mehr als dreijährigen Freiheitsstrafe bedroht ist. Hat der Angeklagte keinen Verteidiger bestellt (und bedarf er keines Verteidigers), so nimmt er dessen Rechte selber wahr (§ 488 Abs 2).

Im konkreten Fall stehen somit zwingende Bestimmungen der Abweisung des Antrages nicht entgegen. Dem Angeklagten bleibt freilich die Möglichkeit einer Berufung wegen Nichtigkeit gemäß §§ 489 Abs 1, 281 Abs 1 Z 4 im Hinblick auf das Grundrecht des Art 6 Abs 1 iVm Abs 3 lit b EMRK.

2. Der Prozessgegenstand – Identität der Tat

158. *A soll in alkoholisiertem Zustand einen Verkehrsunfall verursacht haben, bei dem B schwer verletzt wurde, und, ohne sich um das Unfallopfer zu kümmern, weitergefahren sein.*

In der Folge wird A wegen § 88 Abs 4 2. Fall (§ 81 Abs 2) StGB angeklagt. In der HV zeichnet sich ab, dass der Vorwurf der Beeinträchtigung des A durch Alkoholisierung nicht aufrechterhalten werden kann, sodass der ER A nunmehr wegen § 88 Abs 4 1. Fall StGB und wegen § 94 Abs 1 StGB verurteilt, „da ja die Subsidiaritätsklausel des § 94 Abs 4 StGB nicht mehr zur Anwendung" gelange.

Hat A mit einer Berufung gegen das Urteil eine Chance?

Fraglich ist hier, ob die Verurteilung wegen eines nicht angeklagten Deliktes im Hinblick auf die notwendige Übereinstimmung von Anklage- und Urteilsfaktum **(Identität der Tat)** rechtlich zulässig ist.

Identität der Tat liegt dann vor, wenn beide Delikte nicht ohne Verletzung des Grundsatzes „ne bis in idem“ Gegenstand zweier Schuldsprüche sein können (ÖJZ-LSK 1976/357) oder der gesamte Geschehenskomplex, wie er als zusammenhängender Tatablauf in der Anklageschrift geschildert ist, auch den Gegenstand des Schuldspruches bildet (ÖJZ-LSK 1978/343). In diesem Fall muss zumindest ein Zusammenhang zwischen der Urteils- und Anklagetat bestehen (SSt 47/30). **Keine Überschreitung der Anklage** liegt schließlich in Fällen einer nicht angeklagten **Idealkonkurrenz** vor (SSt 20/148).

Im konkreten Fall liegt jedoch zwischen § 88 Abs 4 StGB und § 94 Abs 1 StGB Realkonkurrenz und damit keine Identität der Tat vor. Der StA hätte daher entweder einen Eventualantrag stellen oder die Anklage in der HV ausdehnen müssen (§ 263).

Da aufgrund des Sachverhaltes anzunehmen ist, dass keine entsprechende Antragstellung erfolgte, ist das Urteil wegen Anklageüberschreitung nichtig, sodass A mit einer Berufung wegen Nichtigkeit gemäß §§ 489 Abs 1, 281 Abs 1 Z 8 Erfolg haben wird.

159. *Während der HV vor einem Schöffengericht wegen §§ 127, 128 Abs 2 StGB erinnert sich der Sitzungsvertreter der StA einer schon längst zurückliegenden Anzeige (schwerer Diebstahl), die einen sehr ähnlichen Vorfall zum Inhalt hatte. Weil die Personsbeschreibung, die damals abgegeben wurde, haargenau mit dem Aussehen des A übereinstimmt, dehnt der StA die Anklage gemäß § 263 Abs 1 aus.*

Was wird das Gericht verfügen?

Wird der Angeklagte in der HV einer anderen Tat bezichtigt, als wegen der er angeklagt ist, so kann das Gericht auf Antrag des Anklägers die HV und das Urteil auch auf diese Tat ausdehnen (§ 263 Abs 1).

Das Gericht hat folgende Möglichkeiten:

- Auf Antrag des berechtigten Anklägers kann das Gericht die Verhandlung und das Urteil auf das neue Faktum ausdehnen. Fiele der Angeklagte bei der Verurteilung wegen dieser Tat unter ein strengeres Strafgesetz, so bedarf die Ausdehnung seiner Zustimmung (§ 263 Abs 1).
- Ist das Gericht unzuständig, verweigert der Angeklagte seine Zustimmung oder erscheint eine sorgfältigere Vorbereitung notwendig, so hat sich das Urteil auf das ursprüngliche Anklagefaktum zu beschränken und dem Ankläger auf dessen Antrag die Verfolgung (binnen dreier Monate) vorzubehalten (§ 263 Abs 2 und 4).
- Schließlich kann die HV unter dem Vorbehalt abgebrochen und vertagt werden, dass die neue HV über alle Fakten geführt wird (§ 263 Abs 3).

Wenngleich das Gericht hier grds zur Ausdehnung von HV und Urteil berechtigt wäre, wird im konkreten Fall (längst zurückliegende Anzeige) sinnvollerweise mit einer Vertagung gemäß § 263 Abs 3 vorzugehen sein.

160. *A hat im Dezember 2024 in einem Elektrogroßmarkt einen Trickdiebstahl begangen (Schaden € 350). In der HV wegen dieser Tat im März 2025 stellt sich aufgrund einer Zeugenaussage heraus, dass A bereits im November 2023 in einer anderen Filiale dieses Großmarktes auf dieselbe Art seine Weihnachtsgeschenke „besorgt" hat. Die damals erstattete Anzeige geriet jedoch in Verstoß. Nachdem der BA in der HV die Anklage auch auf diese Tat ausdehnt, wird A anklagegemäß verurteilt.*

A möchte gegen das Urteil hinsichtlich der Tat im November 2023 ein RM ergreifen. Welches wird er wählen und wie wird er es begründen?

Wird der Beschuldigte in der HV einer anderen Tat beschuldigt, als wegen der er angeklagt ist, so kann das Gericht bei Anklageausdehnung durch den berechtigten Ankläger die Verhandlung und das Urteil auch auf diese Tat ausdehnen. Aufgrund der hinsichtlich der ersten Tat inzwischen eingetretenen Verjährung hätte das BG den Beschuldigten nach Anklageausdehnung freizusprechen gehabt (§ 259 Z 3).

Da das Gericht die Verjährung nicht berücksichtigt hat, ist das Urteil mit Nichtigkeit bedroht und wird A daher Berufung wegen Nichtigkeit (§§ 468 Abs 1 Z 4, 281 Abs 1 Z 9 lit b) erheben.

161. *A hat aus einem Lager am 1.2., 24.2., 1.3., 5.3. und 13.3. jeweils teure Markenkleidung gestohlen. Er wird anklagegemäß wegen schweren, gewerbsmäßigen Diebstahls „zwischen dem 1.2. und dem 13.3." verurteilt, wobei der Diebstahl vom 1.3. vorerst unbekannt bleibt. Nach Rechtskraft des Urteils übernimmt ein neuer StA die Sache und erhebt nach zusätzlichen Ermittlungen auch wegen des Diebstahls am 1.3. Anklage.*

Zu Recht?

Im konkreten Fall stellt sich aufgrund des im österreichischen Strafrecht geltenden Grundsatzes „ne bis in idem" die Frage, ob auch der Diebstahl am 1.3. bereits im ersten Verfahren Prozessgegenstand war; auch hier handelt es sich letztlich um das Problem der **Identität der Tat.**

Richtigerweise umfasste sowohl die erste Anklage als auch das erste Urteil die Diebstähle „zwischen dem 1.2. und dem 13.3.", sodass auch der unbekannt gebliebene Diebstahl am 1.3. bereits Gegenstand eines rechtskräftig abgeschlossenen gerichtlichen Verfahrens war (idS VwGH 27.6.2002, 99/10/0124; 17.1.1984, 83/04/0137).

Eine neuerliche Anklage kommt daher nicht in Betracht. Vielmehr bleibt dem StA ausschließlich die Möglichkeit, eine Wiederaufnahme des Verfahrens nach Maßgabe der §§ 352 ff zu beantragen.

162. *A ist wegen schwerer Körperverletzung (§ 84 Abs 1) an X angeklagt. In der HV stellt sich heraus, dass A*

a) *Tötungsvorsatz hatte;*
b) *lediglich fahrlässig gehandelt hat;*
c) *auch den Y schwer verletzt hat.*

A wird entsprechend dem Verhandlungsergebnis verurteilt, ohne dass der StA Anträge gestellt hätte. A möchte das mit einem RM geltend machen.

Welches wird er wählen und wie wird er es begründen?

Anders als hinsichtlich des Prozessgegenstandes ist das **Gericht** in seiner **rechtlichen Beurteilung frei** und nicht an die rechtliche Beurteilung der StA in der Anklage gebunden (§ 262). Über die geänderten rechtlichen Gesichtspunkte hat das Gericht die Beteiligten zu hören.

Da A wegen § 84 Abs 1 StGB angeklagt ist, findet das Verfahren vor dem ER statt. Gegen das Urteil des ER kann der Beschuldigte volle Berufung erheben (§ 489 Abs 1).

a) Ergibt sich im Verfahren, dass A Tötungsvorsatz hatte, so hätte der ER seine Unzuständigkeit auszusprechen (§ 488 Abs 3), da Verfahren wegen versuchten Mordes vom Geschworenengericht zu führen sind (§ 31 Abs 2 Z 1). Das Urteil des ER ist daher nichtig (§§ 489 Abs 1, 468 Abs 1 Z 2).

b) Weil sich im vorliegenden Fall Anklage- und Urteilsfaktum jedenfalls decken (Prozessgegenstand ist die Verletzung des X) und das Gericht an die rechtliche Beurteilung der StA in der Anklage nicht gebunden ist (§ 262), steht einer Verurteilung des A wegen § 88 Abs 1 iVm 4 1. Fall StGB nichts im Wege.

Ein diesbezügliches RM wird daher nicht erfolgreich sein.

c) Anders als in den Fällen a) und b) liegt hier nicht Identität der Tat vor. Vielmehr handelt es sich bei der Verletzung des Y um ein anderes, bisher nicht angeklagtes Faktum, sodass eine Ausdehnung der Anklage gemäß § 263 Abs 1 erforderlich ist. Da keine solche Anklageausdehnung erfolgte und es an einem entsprechenden Antrag der StA fehlt, ist das Urteil nichtig (§§ 489 Abs 1, 281 Abs 1 Z 8).

3. Beweisrecht in der HV

163. *X hat ihren Ehegatten (A) angezeigt. In der HV verweigert sie die Aussage, woraufhin der Vorsitzende*

a) *Xs Aussage vor der Polizei verlesen lässt;*
b) *Xs Aussage aus der kontradiktorischen Vernehmung (§ 165) verlesen lässt;*
c) *einen Polizeibeamten (P) über Xs Aussage vor der Polizei vernimmt;*
d) *einen Polizeibeamten (P) über Xs Verletzungen im Anzeigezeitpunkt vernimmt.*

In einer NB macht A geltend, dass die Beweiserhebungen unzulässig gewesen sind. Mit Erfolg?

Gemäß § 252 Abs 1 dürfen Protokolle über die Vernehmung von Mitbeschuldigten und Zeugen, Protokolle über die Aufnahme von Beweisen, Amtsvermerke und andere amtliche Schriftstücke, in denen Aussagen von Zeugen oder Mitbeschuldigten festgehalten worden sind, Gutachten von Sachverständigen sowie Ton- und Bildaufnahmen über die Vernehmung von Mitbeschuldigten oder Zeugen bei sonstiger Nichtigkeit nur in den in den Ziffern 1 bis 4 genannten Fällen verlesen bzw vorgeführt werden.

a) Die Verlesung früherer Aussagen von Zeugen, die in der HV die Aussage berechtigt verweigern, ist gemäß § 252 Abs 1 Z 2a nur zulässig, wenn StA und Angeklagter Gelegenheit hatten, sich an einer gerichtlichen (kontradiktorischen) Vernehmung zu beteiligen (§§ 165, 247).

Da eine solche hier nicht stattgefunden hat, hätte die Aussage der X nicht verlesen werden dürfen, sodass das Urteil gemäß § 281 Abs 1 Z 3 nichtig ist.

b) Anders als unter a) hatte A Gelegenheit, sich an einer kontradiktorischen Vernehmung zu beteiligen, sodass alle dem Angeklagten bis zum Zeitpunkt dieser Vernehmung bekannten Aussagen der X in der HV verlesen werden dürfen.

c) Gemäß § 252 Abs 4 dürfen die Bestimmungen des § 252 Abs 1 bei sonstiger Nichtigkeit nicht umgangen werden, wobei etwa an Vernehmungen des Ermittlungsorgans über frühere Angaben des Zeugen zu denken wäre.

Weil die Vernehmung des G somit eine **Umgehung** des Verlesungsverbotes des Abs 1 darstellt, ist das Urteil nichtig (§ 281 Abs 1 Z 3).

d) Während die Vernehmung des Ermittlungsorgans über die Angaben des begünstigten Zeugen unzulässig ist [siehe oben c)], steht § 252 Abs 4 einer Vernehmung über von den Angaben des Zeugen verschiedene Wahrnehmungen des Ermittlungsorgans (etwa über Verletzungen oder Gemütszustand des Zeugen) nicht entgegen.

164. *A wird wegen § 81 Abs 2 StGB verurteilt. Die Feststellung der Alkoholisierung stützt das Gericht auf ein von der Verkehrsbehörde eingeholtes Gutachten, das dem Beschuldigten zwar im Verwaltungsstrafverfahren, nicht aber im gerichtlichen Strafverfahren zur Kenntnis gebracht und auch nicht in die HV eingeführt wurde.*

Zu Recht?

Gemäß § 258 Abs 1 hat das Gericht bei der Urteilsfindung nur auf das Rücksicht zu nehmen, was in der HV vorgekommen ist. Aktenstücke können nur insoweit als Beweismittel dienen, als sie in der HV verlesen bzw vorgetragen wurden.

Gemäß § 252 Abs 2 und 2a müssen Amtsvermerke über Augenscheine und Befunde, gegen den Angeklagten früher ergangene Straferkenntnisse sowie für die Sache bedeutsame Urkunden und Schriftstücke anderer Art vorgelesen bzw vorgetragen werden.

Im konkreten Fall wäre daher das Gutachten in der HV zu verlesen gewesen. Daran vermag auch die Tatsache nichts zu ändern, dass das Gutachten dem A im Verwaltungsstrafverfahren zur Kenntnis gebracht wurde. Da die Verlesung unterlassen wurde, durfte das Urteil nicht auf dieses Gutachten gestützt werden.

Das Urteil ist wegen Begründungsmangels nichtig (§ 281 Abs 1 Z 5).

165. *A und B sollen gemeinsam als Mitglied einer kriminellen Vereinigung Suchtgift in großen Mengen nach Österreich eingeführt haben (§ 28a Abs 2 Z 2 SMG). Die Verfahren gegen A und B werden*

a) *getrennt*
b) *gemeinsam*

geführt. Nachdem B in der HV (gegen A) die Aussage verweigert, wird seine im Ermittlungsverfahren abgelegte Aussage verlesen. A wird in der Folge anklagegemäß – gestützt auf Bs Angaben im Ermittlungsverfahren – verurteilt und möchte aus diesem Grund ein RM ergreifen.

Welches wird er wählen und wie wird er es begründen?

Das Verfahren wegen § 28a Abs 2 SMG ist vor dem Schöffengericht zu führen, sodass dem A gegen das Urteil gemäß § 280 die NB und die Berufung zur Verfügung stehen.

Gemäß § 252 Abs 1 dürfen Protokolle über die Vernehmung von Mitbeschuldigten und Zeugen, Protokolle über die Aufnahme von Beweisen, Amtsvermerke und andere amtliche Schriftstücke, in denen Aussagen von Zeugen oder Mitbeschuldigten festgehalten worden sind, Gutachten von SV sowie Ton- und Bildaufnahmen über die Vernehmung von Mitbeschuldigten oder Zeugen bei sonstiger Nichtigkeit nur in den in den Ziffern 1 bis 4 genannten Fällen verlesen bzw vorgeführt werden.

a) Dies ist unter anderem dann der Fall, wenn der Zeuge, ohne dazu berechtigt zu sein, die Aussage verweigert (Z 3). Da aber dem B im Verfahren gegen A das Aussageverweigerungsrecht des § 157 Abs 1 Z 1 zugutekommt, hätte seine Aussage nicht verlesen werden dürfen. Das Urteil ist daher nichtig (§ 281 Abs 1 Z 3).

b) Anders als unter a) ist B hier nicht Zeuge, sondern ebenfalls Angeklagter (Mitangeklagter). Frühere Aussagen Mitangeklagter dürfen gemäß § 252 Abs 1 Z 3 verlesen werden, wenn der Mitangeklagte die Aussage verweigert (vgl auch § 245). Die Verlesung der früheren Aussage des B war daher zulässig.

Ausschlaggebend für die Zulässigkeit der Verlesung früherer Aussagen ist daher nicht die materielle Stellung des B als Angeklagter (die in beiden Fällen gleich ist), sondern die **formelle Stellung** im jeweils zu beurteilenden Verfahren.

166. *A hat vor der Polizei gestanden, einen Erpressungsbrief an die S-Supermarktkette geschickt zu haben. Wenngleich er dieses Geständnis in der HV wiederholt, verdichten sich die Indizien, dass A nicht der Täter sein kann.*

Wie hat das Gericht vorzugehen?

Auch **Geständnisse** des Beschuldigten entbinden das Gericht nicht von der Pflicht, den Sachverhalt soweit wie möglich zu ermitteln (§ 3 Abs 1; **Grundsatz der materiellen Wahrheit).**

Gemäß § 258 Abs 2 hat das Gericht die Glaubwürdigkeit und Beweiskraft der Beweismittel sowohl einzeln als auch in ihrem Zusammenhang zu prüfen. Über die Frage, ob eine Tatsache als erwiesen anzunehmen ist, entscheidet das Gericht nach freier Überzeugung. Es gilt daher – im Gegensatz zu festen Beweisregeln – der **Grundsatz der freien Beweiswürdigung.** Bleiben Zweifel an der Täterschaft oder Schuld des Täters, so ist der Beschuldigte gemäß § 259 Z 3 **in dubio pro reo** freizusprechen (§ 14).

Hegt das Gericht daher trotz Vorliegens eines Geständnisses Zweifel an der Täterschaft des A, so hat es A freizusprechen.

167. *A hat im Dezember im alkoholisierten Zustand (0,5 ‰) den ordnungsgemäß die Fahrbahn querenden Fußgänger X überfahren und wird wegen § 81 Abs 2 StGB angeklagt. Ein Antrag auf Einholung eines medizinischen Gutachtens zur Fahrtauglichkeit im Unfallzeitpunkt wird vom Gericht abgewiesen, da die Fahruntauglichkeit bereits aufgrund der Tatsache, dass A im Jänner bzw August desselben Jahres wegen Übertretung des § 14 Abs 8 FSG (Inbetriebnahme eines Kfz mit einem Blutalkoholgehalt von 0,5 ‰ und darüber) bestraft worden ist, erwiesen sei. A möchte das Urteil aus diesem Grunde anfechten.*

Mit Erfolg?

Ein Beweisantrag darf nicht abgelehnt werden, wenn der Beweisgegenstand nicht unerheblich und ein verwertbares Ergebnis nicht von vornherein auszuschließen ist (Verbot der vorgreifenden Beweiswürdigung, §§ 55, 281 Abs 1 Z 4; vgl SSt 52/17 ua).

Hält man sich den Grundsatz der freien Beweiswürdigung vor Augen, könnte einem medizinischen Gutachten entsprechende Relevanz nicht von vornherein abgesprochen werden. Im konkreten Fall gilt jedoch insoweit Abweichendes, als gemäß § 5 Abs 1a StVO eine absolute (unwiderlegliche) Fahruntauglichkeit (und damit ein alkoholisierter Zustand iSd § 81 Abs 2 StGB) dann anzunehmen ist, wenn es sich bei der Tat um den dritten oder häufigeren Verstoß gegen § 14 Abs 8 FSG innerhalb eines Zeitraumes von zwölf Monaten handelt. Da diese Voraussetzungen im konkreten Fall vorlagen, durfte das Gericht von der Einholung eines entsprechenden Gutachtens Abstand nehmen. § 5 Abs 1a StVO statuiert insoweit eine **feste Beweisregel.**

4. Sitzungspolizei

168. *Während einer Zeugenvernehmung in einer HV wegen § 28a Abs 1 (27 Abs 1) SMG macht sich X lautstark über den Zeugen lustig. Wie hat das Gericht vorzugehen, wenn X*

a) *ein Zuschauer,*
b) *der Beschuldigte,*
c) *der Verteidiger,*
d) *ein mit der Vertretung beauftragter Mitarbeiter einer Interventionsstelle (§ 25 Abs 3 SPG)*
e) *der StA*

ist und auch trotz Ermahnung die Störungen nicht beendet?

Gemäß § 233 Abs 1 obliegt dem Vorsitzenden die Erhaltung der Ruhe und Ordnung und des der Würde des Gerichts entsprechenden Anstandes im Gerichtssaal.

a) Er ist gemäß § 233 Abs 3 – sofern nicht Sonderbestimmungen bestehen (vgl unten b–e) – berechtigt, Personen, die die Verhandlung stören,

- zur Ordnung zu ermahnen oder nötigenfalls einzelne oder alle Zuschauer aus dem Saal entfernen zu lassen,
- im Wiederholungsfall über solche Personen eine Ordnungsstrafe von bis zu € 1.000 oder – wenn dies unerlässlich ist – eine Freiheitsstrafe von bis zu 8 Tagen zu verhängen.

b) Stört der **Angeklagte** die Verhandlung trotz Ermahnung und Androhung, aus dem Saal entfernt zu werden, so kann er gemäß § 234 auf Beschluss des Schöffengerichts auf einige Zeit oder für die übrige Verhandlung aus dem Saal entfernt werden. Das Urteil ist ihm in einem solchen Fall durch ein Mitglied des Schöffengerichts und in Gegenwart des Protokollführers (wohl nur sofern einer beigezogen wurde [vgl § 271 Abs 4]) zu verkünden. Die Verhängung einer Ordnungsstrafe ist nicht zulässig.

c) Setzt ein einer **Disziplinargewalt** einer Standesbehörde **unterliegender Parteienvertreter** in der HV ein ungebührliches Verhalten und setzt er dieses Verhalten trotz Ermahnung fort, so kann ihm der Vorsitzende das Wort entziehen und den Beteiligten zur Wahl eines anderen Vertreters auffordern. Kommt der Angeklagte einer solchen Aufforderung nicht nach, so kann ihm auch von amtswegen ein Verteidiger beigegeben werden (§§ 236a, 236 Abs 2). Die Verhängung einer Ordnungsstrafe ist nicht vorgesehen, weil die Verhängung einer Disziplinarstrafe einerseits und einer Ordnungsstrafe andererseits gegen das Verbot der Doppelbestrafung (ne bis in idem) verstieße.

Zumal ein neuer Verteidiger idR nicht in derselben HV stellig gemacht werden kann, hat das Gericht jedenfalls in den Fällen notwendiger Verteidigung die HV zu vertagen (§ 274).

d) Setzt ein **nicht** einer **Disziplinargewalt** einer Standesbehörde **unterliegender Parteienvertreter** in der HV ein ungebührliches Verhalten, so kann er vom BG mit einem Verweis oder einer Geldstrafe von bis zu € 1.000 bestraft werden (§ 236 Abs 1). Setzt er dieses Verhalten trotz Ermahnung fort, so kann ihm der Richter das Wort entziehen und den Beteiligten zur Wahl eines anderen Vertreters auffordern (§ 236 Abs 2).

Bei erschwerenden Gründen kann das OLG auf Antrag des Gerichts dem Vertreter auch die Befugnis, zur Vertretung in Strafsachen vor Gericht zu erscheinen, für die Dauer von ein bis sechs Monaten entziehen (§ 236 Abs 3; unterliegt der Vertreter der Disziplinargewalt einer Standesbehörde, so kommt auch diese Sanktion nicht in Betracht).

e) Eine Disziplinierungsmaßnahme für den **StA** sieht die StPO nicht vor; zu denken wäre aber an die Möglichkeit eines Inzidentalverfahrens gemäß § 278 Abs 1 auf Antrag des X. Darüber hinaus steht dem Gericht nur die Möglichkeit einer Anzeige an die Disziplinarbehörde offen.

169. *In der HV vor einem Schöffengericht*

a) stürzt der Zeuge Z plötzlich auf den Angeklagten, versetzt ihm einen Faustschlag und verletzt ihn leicht;
b) sagt der Zeuge Z falsch aus (was aufgrund eines ebenfalls in der HV vorgeführten Videos erwiesen wird);
c) beschimpft der Zeuge Z den Verteidiger des Angeklagten.

Am Schluss der HV verurteilt das Gericht den Z auf Antrag des StA wegen dieses Vorfalles und verhängt über ihn im Fall c) eine Ordnungsstrafe von € 500. In seinem RM dagegen macht Z geltend, dass das Gericht hierzu nicht berechtigt war.

Mit Erfolg?

Wird während der HV im Sitzungssaal eine strafbare Handlung gesetzt und der Täter dabei auf frischer Tat betreten, so kann darüber am Schluss der HV (aber auch mit Unterbrechung der HV) auf Antrag des berechtigten Anklägers sowie nach Vernehmung des Angeklagten und allfälliger Zeugen sogleich abgeurteilt werden, sofern nicht ein Gericht höherer Ordnung zuständig ist (§ 278 Abs 1 und 2).

a) Da Z in der HV eine leichte Körperverletzung (§ 83 StGB) begangen hat, war das Gericht infolge des Antrages des StA zur sofortigen Verurteilung gemäß § 278 Abs 1 berechtigt, sodass das diesbezügliche RM keinen Erfolg haben wird.

b) Die Ermächtigung des § 278 Abs 1 zur sofortigen Verurteilung von in der HV gesetzten Straftaten durch vom Angeklagten unterschiedliche Personen gilt nicht im Falle des Verdachtes einer falschen Zeugenaussage vor Gericht (§ 288 StGB).

Vielmehr hat der Vorsitzende entweder über die Aussage ein gesondertes Protokoll aufnehmen und vom Zeugen unterfertigen zu oder diesen verhaften und dem ER vorführen zu lassen (§ 277). Außer des Tatverdachtes bedarf es eines Haftgrundes, wobei strittig ist, ob die Begehung auf frischer Tat genügt (vgl EvBl 1987/31).

Das Gericht war daher zur sofortigen Verurteilung nicht berechtigt.

c) Grds kommt eine Verurteilung gemäß § 278 Abs 1 in Betracht, weil eine Beschimpfung den Tatbestand des Privatanklagedeliktes des § 115 StGB erfüllt. Voraussetzung für eine solche Verurteilung ist allerdings ein Antrag des berechtigten Anklägers, hier also des Verteidigers (§ 71). Weil dieser Antrag nicht vorlag, war das Gericht nicht berechtigt, den Z gemäß § 278 Abs 1 zu verurteilen.

Das Urteil ist nichtig (§ 281 Abs 1 Z 9 lit c).

Beschimpft ein Zeuge in der HV einen Dritten, so kann das Gericht aber auch auf Antrag des Beleidigten, des StA oder von Amts wegen über ihn eine Ordnungsstrafe von bis zu € 1.000 oder – soweit dies erforderlich ist – eine Freiheitsstrafe von bis zu acht Tagen verhängen (§§ 235, 233 Abs 3). Diese Möglichkeit besteht selbst dann, wenn das Verhalten den Tatbestand einer mit gerichtlicher Strafe bedrohten Handlung erfüllt. Namentlich besteht kein Verstoß gegen das Doppelbestrafungsverbot, weil es sich bei Ordnungsstrafen um keine Strafen im technischen Sinn handelt (VwGH 21.6.2022, Ra 2022/03/0159).

Eine gegen die Verhängung der Ordnungsstrafe erhobene Beschwerde (§ 87) wäre daher nicht erfolgreich.

170. *In der HV wegen Betruges (§ 146 StGB) stürzt der Beschuldigte, B, plötzlich auf einen Zeugen und versetzt ihm eine Ohrfeige. Der Zeuge wird*

a) *leicht verletzt (Schwellung);*

b) *schwer verletzt, was aber nicht sofort, sondern erst aufgrund eines Gutachtens festgestellt werden kann.*

Der BA erklärt sich in der HV nicht. Eine Woche nach der HV erhebt der BA bzw der StA Anklage.

Mit Erfolg?

Hat der Angeklagte in der HV eine strafbare Handlung begangen, so finden die Bestimmungen über die Ausdehnung der Anklage (§ 263) Anwendung. Das Gericht hat folgende Möglichkeiten:

- Auf Antrag des berechtigten Anklägers kann das Gericht die Verhandlung und das Urteil auf das neue Faktum ausdehnen. Fiele der Beschuldigte bei der Verurteilung wegen dieser Tat unter ein strengeres Strafgesetz, so bedarf die Ausdehnung seiner Zustimmung (§ 263 Abs 1).
- Ist das Gericht unzuständig, verweigert der Beschuldigte seine Zustimmung oder erscheint eine sorgfältigere Vorbereitung notwendig, so hat sich das Urteil auf das

ursprüngliche Anklagefaktum zu beschränken und dem Ankläger auf dessen Antrag die Verfolgung (binnen dreier Monate) vorzubehalten (§ 263 Abs 2 und 4).

- Schließlich kann die HV unter dem Vorbehalt abgebrochen und vertagt werden, dass die neue HV über alle Fakten geführt wird (§ 263 Abs 3).

Erklärt sich der anwesende berechtigte Ankläger nicht oder lässt er nach Vorbehalt die dreimonatige Frist ungenützt verstreichen, so kommt eine Anklage nicht mehr in Betracht.

a) Da hier die Voraussetzungen für eine Anklageausdehnung vorliegen, sich der BA aber nicht erklärt, wird er seines Anklagerechts verlustig.

b) Dies gilt grds auch dann, wenn die in der HV verübte Tat (möglicherweise) vor ein Gericht höherer Ordnung gehört (etwa, wenn B hier den Zeugen töten würde).

Strittig ist, ob diese Vorbehaltspflicht auch in der HV vor dem BG anzuwenden ist, wenn die begangene Straftat vor ein Gericht höherer Ordnung gehört. Dafür spricht die Tatsache, dass das Gesetz – anders als bei der Rügepflicht gemäß § 281 Abs 3 – diesbezüglich nicht differenziert. Strenggenommen mangelt es zur Anwendung des § 263 aber am anwesenden berechtigten Ankläger. Anders als der StA muss der BA kein Jurist sein, sondern werden häufig geeignete und entsprechend ausgebildete Maturanten oder Rechtspraktikanten mit den Aufgaben eines BA betraut (§ 20 Abs 2, § 4 StAG). Während der StA (abstrakt) berechtigt ist, auch vor einem Gericht höherer Ordnung Anklage zu erheben, ist die Anklageberechtigung des BA ausschließlich auf das BG-Verfahren beschränkt.

Richtigerweise ist daher in diesem Fall § 263 nicht anwendbar, sodass es dem StA freisteht, innerhalb der allgemeinen Verjährungsfrist Anklage zu erheben (aM die neuere Rsp RIS-Justiz RS0098859).

171. *In der HV beleidigt der Angeklagte den X (§ 115 Abs 1 StGB).*

a) *X verfolgt die HV als Zuschauer im Verhandlungssaal, erklärt sich aber nicht.*

b) *X verfolgt die HV als Zuschauer im Verhandlungssaal und beantragt, ihm die Verfolgung vorzubehalten. Das Gericht entspricht diesem Antrag.*

c) *X erfährt am nächsten Tag von den Beleidigungen.*

Ein halbes Jahr nach der Verhandlung erhebt X Privatanklage. Mit Erfolg?

Hat der Angeklagte während der HV eine strafbare Handlung begangen, so sind gemäß § 279 die Bestimmungen des § 263 anzuwenden. Im Falle eines Privatanklagedeliktes sind daher die HV und das Urteil auf Antrag des berechtigten Privatanklägers auch auf diese Tat auszudehnen.

Kann über die neue Straftat aus irgendwelchen Gründen nicht sogleich geurteilt werden, so hat das Gericht im Urteil dem Ankläger auf dessen Antrag die Verfolgung vorzubehalten (§ 263 Abs 2). In diesem Fall hat der Ankläger binnen dreier Monate Privatanklage einzubringen (§§ 71 Abs 3, 263 Abs 4).

a) Ist der berechtigte Ankläger in der HV anwesend, so hat er entweder sofort einen Strafantrag oder einen Antrag zu stellen, ihm im Urteil die Verfolgung vorzubehalten. Zumal sich X in der HV nicht erklärt hat, ist sein Anklagerecht erloschen.

b) Anders als unter a) hat X rechtzeitig einen Antrag auf Vorbehalt der Verfolgung gestellt. Ist die Möglichkeit zur (erfolgreichen) Privatanklage an sich nur durch die Verjährungsfrist begrenzt, so hat er im hier interessierenden Fall die Dreimonatsfrist des § 263 Abs 4 zu beachten. Das Anklagerecht des X ist daher erloschen.

c) Voraussetzung für die Anwendbarkeit des § 263 ist die Anwesenheit des berechtigten Anklägers in der HV. Da X in der HV nicht anwesend war, steht ihm die Möglichkeit zur Privatanklage nach wie vor offen. Der Dreimonatsfrist des § 263 Abs 4 kommt keine Relevanz zu.

5. Besonderheiten der HV bei Geschworenengerichten

172. *A wird gemäß §§ 15, 75 StGB angeklagt; X ist leicht verletzt. In der HV behauptet A, lediglich Verletzungsvorsatz (§ 83 Abs 1 StGB) gehabt zu haben, vom Versuch strafbefreiend zurückgetreten zu sein sowie in Notwehr gehandelt zu haben.*

Welche Fragen sind an die Geschworenen zu stellen?

Im Geschworenenverfahren ist die **Schuldfrage,** also die Frage, ob der Angeklagte die ihm vorgeworfene Tat begangen hat, **ausschließlich von den Geschworenen zu entscheiden.** Zu diesem Zweck sind ihnen vom Gericht Fragen zu stellen, die mit Ja oder Nein zu beantworten sein müssen. Das dabei einzuhaltende **Frageschema,** dessen Ziel die Aufbereitung der materiellen Fallprüfung ist, entspricht im Wesentlichen dem materiellen Fallprüfungsschema.

Die erste Frage jedes Frageschemas ist eine **Hauptfrage** (§ 312 Abs 1). Sie ist – unabhängig vom Ergebnis der HV – nach jenem Delikt zu stellen, das angeklagt ist (in der Hauptfrage ist die Tat zu individualisieren [Tatort, -zeit]) und zu konkretisieren [Subsumtion des konkreten Sachverhaltes unter den Tatbestand]), im vorliegenden Fall daher nach §§ 15, 75 StGB. Pro Frageschema ist **jeweils nur eine Hauptfrage** zu stellen!

Werden in der HV Tatsachen bekannt oder behauptet, die in der materiellen Prüfung die Tatbestandsebene betreffen (Versuch, Beteiligungsform, anderer Tatbestand, Tatbildirrtum), so ist nach der Hauptfrage eine **Eventualfrage** zu stellen (§ 314 Abs 1). Im konkreten Fall daher nach § 83 Abs 1 StGB. Der Hauptfrage können je nach Fall mehrere Eventualfragen folgen.

Tatsachen, die die Strafbarkeit ausschließen würden (Rechtfertigungs-, Entschuldigungs-, Strafausschließungs- und Strafaufhebungsgründe), sind im Anschluss daran in einer alternativ zu fassenden **Zusatzfrage** zu berücksichtigen (§ 313). Im konkreten Fall wäre daher eine alternative Zusatzfrage nach Rücktritt vom Versuch (§ 16 StGB) und Notwehr (§ 3 StGB) zu stellen. Pro Frageschema ist **jeweils nur eine (alternativ zu fassende) Zusatzfrage** zu stellen!

Führt das Vorliegen eines Rechtfertigungs- oder Entschuldigungsgrundes in der materiellen Prüfung möglicherweise zur Haftung wegen eines anderen Deliktes (zB doppelt bedingte Fahrlässigkeitshaftung), so folgt auf die Zusatzfrage eine entsprechende **Eventualfrage** (§ 314 Abs 1; sog **Dreifragenschema;** vgl OGH 9.3.1999, 14 Os 20/99). Da es sich bei Annahme eines Tötungsvorsatzes um einen qualifizierten Versuch handelt, würde bei Bejahung des Rücktrittes die Haftung wegen § 83 Abs 1 StGB bestehen bleiben, sodass abschließend eine entsprechende Eventualfrage zu stellen ist.

173. *A wird vor einem Geschworenengericht unter anderem wegen Verletzung des X gemäß § 83 Abs 1 StGB angeklagt. Im Ermittlungsverfahren beteuerte A wiederholt, den X für einen Räuber gehalten zu haben (§ 8 StGB). Im Zuge des Verfahrens stellt sich heraus, dass A sogar Vorsatz auf eine an sich schwere Körperverletzung (iSd § 84 Abs 1) hatte.*

a) *Welche Fragen sind an die Geschworenen zu stellen?*
b) *Darf der Schwurgerichtshof von der Frage nach § 8 StGB Abstand nehmen, wenn er von der Unwahrheit der Behauptung überzeugt ist?*

Entsprechend der Anklage ist die Hauptfrage – unabhängig vom Verfahrensergebnis – nach § 83 Abs 1 StGB zu stellen.

Danach folgt – da in der HV den Tatbestand betreffende Tatsachen bekannt werden – eine Eventualfrage nach §§ 83 Abs 1, 15 Abs 1, 84 Abs 4 StGB (§ 314 Abs 1). Soll Gegenstand einer Eventualfrage aber ein strengeres Strafgesetz sein als das in der Anklageschrift angegebene (und daher in der Hauptfrage genannte), so darf diese Frage nur gestellt werden, wenn der Schwurgerichtshof nach Anhörung der Parteien die Vertagung der HV oder die Ausscheidung des Verfahrens wegen dieser Tat nicht für notwendig erachtet hat (§ 314 Abs 2).

Schließlich ist eine Zusatzfrage nach § 8 StGB zu stellen; dies selbst dann, wenn der Schwurgerichtshof von der Unwahrheit der Behauptung überzeugt ist. Sowohl die Beurteilung der Glaubwürdigkeit des Angeklagten oder eines Zeugen als auch die Beweiswürdigung muss jedenfalls den Geschworenen vorbehalten bleiben.

Abschließend sind eine Eventualfrage nach § 88 Abs 1 StGB (als fahrlässiges Gegenstück zu § 83 Abs 1) und eine solche nach § 88 Abs 1 und 4 1. Fall StGB (als fahrlässiges Gegenstück zu § 84 Abs 4 StGB) zu stellen (mögliche doppelt bedingte Fahrlässigkeitshaftung aufgrund § 8 StGB).

174. *A hat den X im Zuge einer Rauferei getötet. Aufgrund der Ergebnisse des Ermittlungsverfahrens wird A vor einem Geschworenengericht unter anderem gemäß § 75 StGB angeklagt. In der HV beteuert A zunächst, nur Misshandlungsvorsatz gehabt zu haben, danach, den X fahrlässig getötet zu haben. Wegen einer anderen Schlägerei ist A darüber hinaus nach § 87 Abs 1 StGB angeklagt, wobei A – gestützt auf Zeugenaussagen – behauptet, sich in einem die Zurechnungsfähigkeit ausschließenden Rauschzustand befunden zu haben.*

Welche Fragen sind an die Geschworenen zu stellen?

Werden dem Angeklagten mehrere Taten zur Last gelegt, so ist jede Tat in einem eigenen Frageschema aufzuarbeiten. Im konkreten Fall bedeutet das:

1. Hauptfrage I nach § 75 StGB
   Eventualfrage nach § 86 Abs 1 StGB
   Eventualfrage nach § 80 StGB
2. Hauptfrage II nach § 87 Abs 1 StGB
   Zusatzfrage nach § 11 StGB
   Eventualfrage nach § 287 StGB

175. *A ist vor einem Geschworenengericht unter anderem wegen bewaffneten Raubes (§§ 142, 143 StGB) angeklagt, wobei er eine ungeladene Waffe mit sich geführt hat. Die Hauptfrage wird von vier Geschworenen bejaht, von vier verneint.*

a) *Als sich der Schwurgerichtshof zu den Geschworenen begibt, bringt ein Geschworener vor, hinsichtlich der Waffenqualifikation einem Irrtum unterlegen zu sein. Wie hat das Gericht vorzugehen?*

b) *Der Schwurgerichtshof ist der Ansicht, dass die Geschworenen in der Hauptsache geirrt haben. Wie hat er vorzugehen?*

c) *Nach Verkündung des Urteiles bringt ein Geschworener vor, hinsichtlich der Waffenqualifikation einem Irrtum unterlegen zu sein. Kann dieser Umstand noch berücksichtigt werden?*

a) Wird von einem oder mehreren Geschworenen behauptet, dass bei der Abstimmung ein Missverständnis unterlaufen sei, so hat der Schwurgerichtshof den Geschworenen die Verbesserung des Wahrspruches aufzutragen **(Moniturverfahren**; § 332).

b) Ist der Schwurgerichtshof einstimmig der Ansicht, dass die Geschworenen in der Hauptsache geirrt haben, so setzt er die Entscheidung aus und legt die Sache dem OGH vor, der diese an ein anderes Geschworenengericht (bzw zuständiges Gericht) verweist **(Aussetzung des Wahrspruchs;** § 334). Unerheblich ist dabei, ob der Schwurgerichtshof die Ansicht der Laienrichter zugunsten oder zu Lasten des Angeklagten nicht teilt (anders § 41 Abs 1 hinsichtlich des sog kleinen Schöffengerichts, wo eine Art „Vetorecht" des Vorsitzenden nur zugunsten des Angeklagten besteht).

Sowohl das Moniturverfahren als auch die Aussetzung sollen einen Ausgleich für die ausschließliche Beurteilung der Tatfrage durch die Geschworenen darstellen.

c) Da ein Verbesserungsauftrag nur bis zur Verkündung des Urteiles möglich ist, kann dieser Umstand nicht mehr berücksichtigt werden (KH 334, 1967).

176. *A ist eines Mordes sowie einer Sachbeschädigung angeklagt. Hinsichtlich der Sachbeschädigung setzt der Schwurgerichtshof die Entscheidung aus.*

Wie hat der OGH zu entscheiden, wenn die Sachbeschädigung in Krems begangen wurde?

Gemäß § 334 Abs 2 hat der OGH im Falle einer Aussetzung die Sache vor ein anderes Geschworenengericht zu verweisen; gehört die ausgesetzte Sache für sich allerdings vor ein Gericht niedrigerer Ordnung, an das vom OGH zu bezeichnende sachlich zuständige Gericht.

Im konkreten Fall hat der OGH daher die Sache dem BG Krems zuzuweisen.

177. *A hat eine Feuersbrunst verursacht und ist unter anderem deshalb vor einem Geschworenengericht angeklagt. In der HV behauptet A, die Tat im Vollrausch beschlossen und begangen zu haben. Die Geschworenen bejahen sowohl die Hauptfrage nach § 169 StGB als auch die Eventualfrage nach § 287 StGB.*

a) *Wie hat der Schwurgerichtshof vorzugehen?*
b) *Der Schwurgerichtshof verhält sich nicht richtig. Was kann A dagegen unternehmen?*

a) Kommt der Schwurgerichtshof nach Anhörung des StA und des Verteidigers zur Überzeugung, dass der Wahrspruch der Geschworenen in sich widersprüchlich ist (was hier evident ist), so hat er den Geschworenen die Verbesserung aufzutragen **(Moniturverfahren;** § 332).

b) Gemäß § 345 Abs 1 Z 9 ist das Urteil eines Geschworenengerichts nichtig, wenn die Antwort der Geschworenen auf die gestellten Fragen in sich widersprüchlich ist. A kann diesen Mangel daher mit NB gemäß § 345 Abs 1 Z 9 geltend machen.

Nicht anwendbar ist hier hingegen der Nichtigkeitsgrund des § 345 Abs 1 Z 10, wonach das Urteil eines Geschworenengerichts nichtig ist, wenn die Verbesserung gegen den Widerspruch des Beschwerdeführers zu Unrecht aufgetragen, oder, obgleich einer oder mehrere Geschworene ein bei der Abstimmung unterlaufenes Missverständnis behauptet haben, zu Unrecht die Verbesserung nicht aufgetragen wurde.

Die fehlerhafte Anwendung des Moniturverfahrens kann daher zu einer Nichtigkeit des Urteiles sowohl gemäß § 345 Abs 1 Z 9 als auch Z 10 führen.

VIII. Das Urteil

1. Allgemeines

178.

a) *A wird des Einbruchsdiebstahls angeklagt, den er nach dem Strafantrag entweder durch Einsteigen durch ein Kellerfenster (§ 129 Abs 1 Z 1 StGB) oder durch Öffnen der Hintertür mit einem entwendeten Schlüssel (§ 129 Abs 1 Z 1 StGB) begangen haben soll. Das Gericht spricht A im Zweifel lediglich des einfachen Diebstahls schuldig, da eine urteilsmäßige Wahlfeststellung nicht zulässig wäre.*

b) *A hebt von einem Sparbuch seines Bruders (ohne dessen Wissen) € 1.500 ab (§ 146 StGB), wobei er auf dem Weg zu Bank von seinem Freund B begleitet wird. B erhält für diesen Freundschaftsdienst € 100 als Belohnung. Da im gegen B geführten Strafverfahren nicht geklärt werden kann, ob B bereits vor oder erst nach dem Abheben von der Herkunft des Sparbuchs erfahren hat, fasst das Gericht eine urteilsmäßige Alternativfeststellung, wonach B entweder gegen §§ 12 3. Fall, 146 StGB oder § 164 Abs 2 StGB verstoßen hätte.*

Die StA erhebt gegen das Urteil Berufung. Mit Erfolg?

Eine **urteilsmäßige Wahlfeststellung** ist insoweit zulässig, als die wahlweise getroffenen Annahmen rechtlich gleichwertige Modifikationen desselben Deliktes darstellen. Sie sind daher unzulässig, wenn sie sich auf unterschiedliche Delikte beziehen.

a) Da die Verwirklichung der Fälle des § 129 Abs 1 Z 1 StGB rechtlich gleichwertige Modifikationen desselben Deliktes sind (§ 129 StGB ist ein alternatives Mischdelikt), wäre im konkreten Fall eine Wahlfeststellung zulässig gewesen (EvBl 1974/118).

b) Da sich die Wahlfeststellung auf verschiedene Delikte (§§ 146, 164 StGB) beziehen würde, kommt hier eine Wahlfeststellung nicht in Betracht (EvBl 1974/118; RZ 1974/13).

Die – im Fall b) zugunsten des Beschuldigten erhobene – Berufung der StA wird daher erfolgreich sein.

179. *Ein Schöffengericht verhängt über A eine Geldstrafe von 240 Tagessätzen. Nach Urteilsverkündung bemerkt der Vorsitzende, den (vom Senat beschlossenen) Ausspruch über die Ersatzfreiheitsstrafe vergessen zu haben.*

In der Folge erhält A eine mit der Urteilsausfertigung übereinstimmende Urteilsabschrift, die neben der verhängten Geldstrafe auch den Ausspruch über die Ersatzfreiheitsstrafe enthält.

A möchte gegen die Berichtigung ein RM erheben. Welches wird er wählen und wie wird er es begründen?

Gemäß § 268 hat das Gericht das Urteil samt dessen wesentlichen Gründen unter Verlesung der angewendeten Gesetzesbestimmungen am Schluss der HV zu verkünden. IdR muss dieses Urteil binnen vier Wochen vom Tag der Verkündung ausgefertigt werden (§ 270 Abs 1). Diese Urteilsausfertigung (oder Urteilsurschrift) verbleibt im Akt. Von der Urteilsausfertigung sind Abschriften zu unterscheiden (die in der Praxis ebenfalls als Urteilsausfertigungen bezeichnet werden).

Vom Beschluss des Gerichts bis zur Abschrift werden daher folgende Schritte durchlaufen:

- Beschluss
- verkündetes Urteil
- Urteilsausfertigung
- Urteilsabschrift

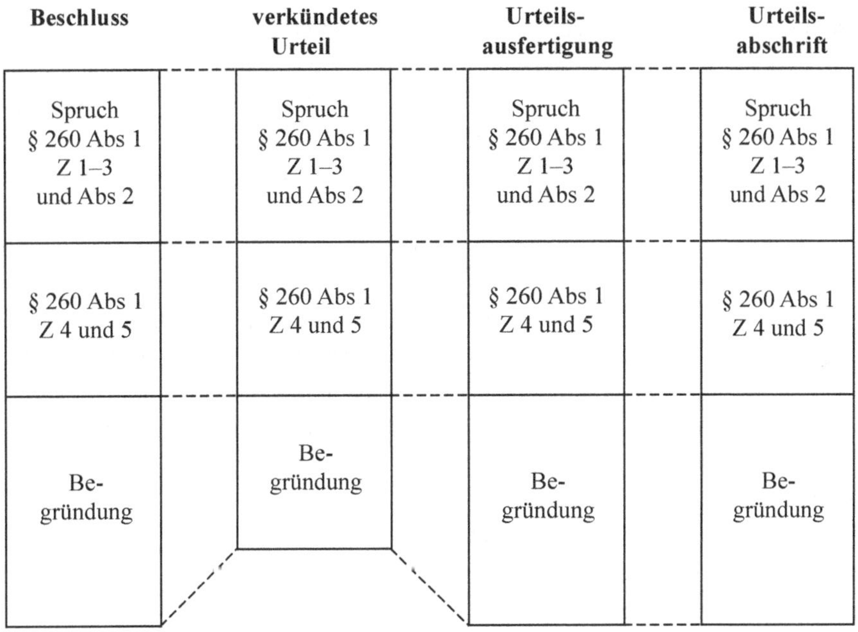

Beschluss, verkündetes Urteil und Urteilsausfertigung müssen in den für das Urteil wesentlichen Punkten (§ 260 Abs 1 Z 1 bis 3 und Abs 2), Urteilsausfertigung und Urteilsabschriften in jeder Hinsicht übereinstimmen.

Das Gericht ist grds an das **verkündete Urteil gebunden,** und zwar auch dann, wenn dieses fehlerhaft ist. Gemäß § 270 Abs 3 ist der Vorsitzende allerdings berechtigt und verpflichtet, Schreib- oder Rechenfehler sowie Formgebrechen und Auslassungen, die nicht die in § 260 Abs 1 Z 1 bis 3 und Abs 2 genannten Punkte betreffen, jederzeit zu berichtigen.

Die „vergessene" Verhängung einer Ersatzfreiheitsstrafe ist als Teil des Strafausspruches (§ 260 Abs 1 Z 3) daher einer Berichtigung nicht zugänglich.

Weicht die Urteilsausfertigung vom verkündeten Urteil in den in § 260 Abs 1 Z 1 bis 3 genannten Punkten ab, so ist das Urteil nichtig (§ 281 Abs 1 Z 3). Im Übrigen steht unter anderem dem Angeklagten gegen die unzulässige Berichtigung die Möglichkeit einer Beschwerde an das OLG zu; ist bereits eine NB anhängig, so entscheidet auch über die Beschwerde der OGH (§ 270 Abs 3).

180. *A wird von einem Schöffengericht mit dem mündlich verkündeten Urteil zu einem Jahr Freiheitsstrafe verurteilt. Der Schriftführer kann bei der Verfassung der schriftlichen Urteilsausfertigung sein Stenogramm nicht mehr lesen, sodass in der Urteilsausfertigung eine zweijährige Freiheitsstrafe als verhängt aufscheint.*

Was gilt und wie könnte der Fehler behoben werden?

Grds ist das Gericht an das verkündete Urteil gebunden (SSt 35/26).

Gemäß § 270 Abs 3 hat der Vorsitzende Schreib- und Rechenfehler sowie Formgebrechen und Auslassungen, die nicht die in § 260 Abs 1 Z 1 bis 3 und Abs 2 erwähnten Punkte betreffen, durch einen anfechtbaren Beschluss jederzeit zu berichtigen. Wenngleich das Gesetz den gegenständlichen Fall nicht ausdrücklich regelt, lässt die Rsp einen Berichtigungsbeschluss, mit dem die Ausfertigung dem verkündeten Urteil angepasst wird, zu (RIS-Justiz RS0098973). Die entsprechende Verbesserung ist zunächst unbeschränkt möglich.

Jedenfalls unzulässig ist eine Berichtigung nach Rechtskraft des Urteiles. Fraglich erscheint hingegen die Zulässigkeit während der Anhängigkeit eines RM-Verfahrens. Da sich das RM-Gericht aber nur auf die Urteilsausfertigung stützen kann, wird eine Berichtigung bis zur Entscheidung durch das RM-Gericht möglich sein (RIS-Justiz RS0098973; aM anscheinend JBl 1976, 162).

Weicht im Übrigen die Urteilsabschrift vom verkündeten Urteil ab, so kann dies mit NB gemäß § 281 Abs 1 Z 3 wegen Verstoßes gegen § 270 aufgegriffen werden (nach Rechtskraft durch NBzWdG).

181. *Im Verfahren gegen A spricht der ER gemäß § 488 Abs 3 seine Unzuständigkeit aus, weil die Sache von einem Schöffengericht zu führen wäre. Die Tat wäre A nämlich – anders als von der StA beurteilt – nicht nach § 85 Abs 1 StGB, sondern nach § 85 Abs 2 StGB zu bestrafen. Wie hat die StA vorzugehen, wenn*

a) *sie die Ansicht des ER nicht teilt?*

b) *das OLG eine Berufung der StA abweist und sie eine Verfolgung des A sicherstellen will?*

a) Spricht der ER zu Unrecht seine Unzuständigkeit aus, so ist das Urteil gemäß §§ 489 Abs 1, 281 Abs 1 Z 6 nichtig. Die StA wird daher eine Berufung wegen Nichtigkeit zu ergreifen haben.

Das Unzuständigkeitsurteil kann – selbst wenn strenggenommen ein Subsumtionsfehler vorläge – nur nach Z 6, nicht aber wegen einer materiellen Nichtigkeit angefochten werden (EvBl 1962/484).

b) Gemäß § 488 Abs 3 hat der Ankläger nach Rechtskraft (dh ab Bekanntmachung des Berufungsurteils) die zur Fortsetzung des Verfahrens notwendigen Anträge zu stellen.

182.

a) *C ist wegen Diebstahls von € 3.000 im Rückfall (§ 39 Abs 1 StGB) angeklagt. In der HV sagt der Bestohlene glaubhaft aus, dass der Betrag bei der Polizei falsch protokolliert worden sei. Tatsächlich wären € 6.000 gestohlen worden. Wie hat das Gericht zu entscheiden?*

b) *Das Gericht tut das Richtige. C wird in der Folge wegen Diebstahls der € 6.000 verurteilt.*

Was kann er gegen dieses Urteil unternehmen, wenn er geltend machen will, dass er tatsächlich nur € 3.000 gestohlen hat?

a) Aufgrund der materiellen Angaben findet das erste Verfahren wegen §§ 127 iVm 39 Abs 1 StGB vor einem BG statt (§ 30 Abs 1). Allerdings wäre C unter Zugrundelegung der Ergebnisse der HV wegen §§ 127, 128 Abs 1 Z 5 iVm 39 StGB (Höchststrafe 4 1/2 Jahre) zu verurteilen, wofür aber aufgrund des Strafrahmens der ER zuständig ist. Das BG hat daher ein Unzuständigkeitsurteil zu fällen (§§ 458, 261).

b) Gegen das Urteil des ER steht dem Angeklagten die volle Berufung zu, wobei er im konkreten Fall – er möchte Tatsachenfeststellungen anfechten – eine Berufung wegen Schuld erheben wird (§§ 489 Abs 1, 464 Z 2).

183. *B hat bei einer Rauferei X vorsätzlich misshandelt und dadurch schwer verletzt und ist angeklagt, das Vergehen der schweren Körperverletzung gemäß § 84 Abs 1 StGB begangen zu haben.*

a) *Vor der HV*

b) *In der HV*

stellt sich heraus, dass X trotz bestmöglicher Behandlung inzwischen seinen Verletzungen erlegen ist. Wie hat das Gericht vorzugehen?

Aufgrund der Anklage findet das Verfahren vor dem ER statt. Infolge des Todes des X (§ 86 Abs 1 StGB) wäre die Sache von einem Schöffengericht (§ 31 Abs 3 Z 1) zu führen, sodass der ER

a) mit Beschluss seine sachliche Unzuständigkeit auszusprechen hat (§§ 485 Abs 1 Z 1, 450).

b) gemäß § 488 Abs 3 ein Unzuständigkeitsurteil zu fällen hat.

In beiden Fällen liegt es nach Rechtskraft der Entscheidung an der StA, die für die Fortführung des Verfahrens notwendigen Anträge zu stellen.

2. Das Abwesenheitsurteil

184. *Der der Begehung eines Einbruchsdiebstahls (§§ 127, 129 Abs 1 Z 1 iVm Abs 2 Z 1 StGB) verdächtige A erscheint trotz ordnungsgemäßer Ladung nicht zur HV. Weil A bereits im Ermittlungsverfahren nach § 164 vernommen wurde, lässt der ER diese Aussage verlesen und fällt mit Zustimmung von As Verteidiger das Urteil. Als A davon erfährt, möchte er ein RM erheben.*

Welches wird er wählen und wie wird er es begründen?

IdR hat der Angeklagte bei der HV und jedenfalls bei der Urteilsverkündung anwesend zu sein. Erscheint er nicht, so können gemäß § 427 Abs 1 in seiner Abwesenheit die HV vorgenommen und das Urteil gefällt werden, wenn

- es sich um ein Vergehen (§ 17 Abs 2 StGB) handelt,
- der Angeklagte zur Anklage bereits nach §§ 164 bzw 165 vernommen wurde,
- ihm die Ladung persönlich zugestellt wurde (dies alles bei sonstiger Nichtigkeit),
- trotz Abwesenheit des Angeklagten der Sachverhalt ausreichend aufklärbar ist und
- keine Erweiterung des zur Last gelegten Sachverhaltes stattfindet.

Liegen die Voraussetzungen des § 427 Abs 1 nicht vor, so hat das Gericht nach § 226 vorzugehen (Vertagung) und erforderlichenfalls die Vorführung des Angeklagten anzuordnen.

Die Möglichkeit einer Verurteilung in Abwesenheit scheidet auch dann aus, wenn aufgrund des jeweiligen Sachverhaltes eine diversionelle Erledigung der Sache in Betracht kommt (§ 281 Abs 1 Z 10a).

Im konkreten Fall wurde A zwar bereits iSd § 164 zur Sache vernommen und ordnungsgemäß geladen, jedoch handelt es sich beim Einbruchsdiebstahl nach § 129 Abs 2 StGB um ein Verbrechen iSd § 17 Abs 1 StGB, sodass ein Abwesenheitsurteil bei sonstiger Nichtigkeit nicht ergehen darf. Die Voraussetzungen sind zwingend und können auch nicht durch die Zustimmung des Verteidigers ersetzt werden (EvBl 1994/6).

A kann daher mit Erfolg eine Berufung wegen Nichtigkeit gemäß §§ 489 Abs 1, 468 Abs 1 Z 3, 281 Abs 1 Z 3 erheben. Da im vorliegenden Fall bereits die Voraussetzungen (Vorliegen eines Vergehens) für die Erlassung eines Abwesenheitsurteils fehlen, kommt ein Einspruch nicht in Betracht.

185. *A soll eine Grabstätte beschädigt haben (§§ 125, 126 Abs 1 Z 2 StGB). Da A nicht zur HV erscheint, wird er in Abwesenheit anklagegemäß verurteilt.*

a) *Die Ladung zur HV wurde von As Freundin übernommen, die vergaß, sie dem A rechtzeitig zu übergeben.*

b) *Einen Tag vor der HV wird A bei einem Verkehrsunfall schwer verletzt und muss drei Wochen im Spital verbringen.*

c) *A ist Jugendlicher.*

d) *Die Tat war eine Jugendstraftat, A hat inzwischen aber das 18. Lebensjahr vollendet.*

A möchte das Urteil anfechten. Welches RM wird A erheben und wie wird er es begründen?

a) A war wegen eines Zustellmangels am Erscheinen bei der HV gehindert.

Die persönliche Ladung zur HV stellt eine unabdingbare Voraussetzung für die Zulässigkeit eines Abwesenheitsurteils dar, sodass ein dagegen verstoßendes Urteil mit Nichtigkeit (§ 281 Abs 1 Z 3) bedroht ist.

Wenngleich Zustellmängel darüber hinaus auch ein „unabweisbares Hindernis" darstellen, sodass grds auch die Erhebung eines Einspruches gemäß § 427 Abs 3 in Betracht käme, geht angesichts der bestehenden Nichtigkeitsdrohung die Berufung wegen Nichtigkeit vor. Der Einspruch erweist sich als unzulässig (vgl SSt 46/33; EvBl 1976/61).

b) Gegen ein Abwesenheitsurteil steht dem Angeklagten die Möglichkeit der Erhebung eines beim LG einzubringenden Einspruches zu, über den das OLG zu entscheiden hat. Dem Einspruch ist Folge zu geben, wenn nachgewiesen wird, dass der Angeklagte durch ein unabweisbares Hindernis abgehalten wurde, in der HV zu erscheinen (§ 427 Abs 3).

Da der Verkehrsunfall ein solches Hindernis darstellt, wird A mit Erfolg einen Einspruch erheben können. In der Folge wird durch das LG eine neue HV anzuordnen sein.

c) Gemäß § 32 Abs 1 JGG sind die Bestimmungen über das Abwesenheitsverfahren bei jugendlichen Angeklagten nicht anwendbar. Ein in Abwesenheit des Beschuldigten gefälltes Urteil ist jedenfalls nichtig, unabhängig davon, ob an sich die Voraussetzungen für die Erlassung eines Abwesenheitsurteils vorliegen oder nicht.

A wird daher mit Erfolg eine Berufung wegen Nichtigkeit (§§ 489 Abs 1, 468 Abs 1 Z 3, 281 Abs 1 Z 3) ergreifen können. Ob dem Angeklagten trotz Ausschlusses in § 32 Abs 1 JGG darüber hinaus auch die Möglichkeit des Einspruches offensteht, könnte überlegt werden.

d) § 32 Abs 1 JGG stellt auf das Alter des Angeklagten im Prozesszeitpunkt ab. In diesem ist A zwar nicht mehr Jugendlicher, wohl aber junger Erwachsener. Zufolge

§ 46a Abs 2 JGG findet § 32 JGG auch dann Anwendung, wenn der Angeklagte im Zeitpunkt der HV das 21. Lebensjahr noch nicht vollendet hat. Das unter c) Gesagte gilt sinngemäß.

186. *Wie 185.b) Das OLG gibt dem Einspruch statt.*

a) *Zur neu angesetzten HV bleibt A wiederum aus, weil er lieber angeln als zu Gericht gehen will. Das Gericht fällt neuerlich ein – dem ursprünglichen entsprechendes – Abwesenheitsurteil.*

b) *Während A mit dem ersten Abwesenheitsurteil zu einer bedingten Freiheitsstrafe von drei Monaten verurteilt wurde, setzt das Gericht nach Durchführung der neuerlichen HV eine unbedingte Freiheitsstrafe von drei Monaten fest.*

Tags darauf erhebt er gegen das Urteil eine Berufung, da eine

a) *neuerliche Verurteilung in Abwesenheit unzulässig wäre;*

b) *ihm die Strafe zu hoch erscheint.*

Wie hat das OLG zu entscheiden?

a) Wird eine HV infolge eines Einspruches neu angeordnet und erscheint der Beschuldigte nicht, so hat das Gericht neuerlich nach § 427 vorzugehen. Es ist – bei Vorliegen der entsprechenden Voraussetzungen – auch zur Erlassung eines neuen Abwesenheitsurteils berechtigt. Die Berufung ist daher abzuweisen.

b) Das österreichische Strafprozessrecht ist vom Grundsatz des **Verbots der reformatio in peius** beherrscht (§ 16), sodass in einer RM-Entscheidung – sofern ein RM nur zugunsten des Beschuldigten erhoben wurde – keine strengere Strafe oder Maßnahme als im angefochtenen Urteil verhängt werden darf (§§ 290 Abs 2, 295 Abs 2, 344).

Anders als bei Berufungen oder NB, mit denen Urteilsinhalte angefochten werden, stellt der **Einspruch materiell** eine **Wiedereinsetzung in den vorigen Stand** gegen die Versäumung der HV dar. Obwohl daher – systematisch richtig – in § 427 keine Statuierung des Verbotes der reformatio in peius erfolgte, wird seine Geltung von der Rsp auch im Falle eines Einspruchs angenommen (SSt 19/157 ua) und wird dies nunmehr auch durch § 16 untermauert.

Das OLG wird daher As Berufung Folge zu geben haben.

187. *Bei einem Autounfall hat A den X leicht am Körper verletzt. Nachdem der bereits nach § 164 vernommene A nicht zur HV erscheint, wird er in Abwesenheit zu einer Geldstrafe verurteilt. Als A das Urteil erhält, ist er erbost, da er*

a) *die Ladung – den Tatsachen entsprechend – nicht erhalten habe.*

b) *bei Gericht lediglich eine halbe Stunde zu spät erschienen sei, zumal er erst einen Parkplatz habe suchen müssen.*

Im Übrigen habe er den Verkehrsunfall nicht verschuldet.

Welches RM könnte A erheben und wie wird er es begründen?

Gegen ein Abwesenheitsurteil des BG steht dem Angeklagten binnen 14 Tagen ab Zustellung die Möglichkeit des Einspruchs offen, wenn ihm die Vorladung nicht gehörig zugestellt worden ist oder er nachweisen kann, dass er durch ein unabwendbares Hindernis abgehalten worden ist (§ 478 Abs 1). Über den Einspruch entscheidet das BG (§ 478 Abs 2) – es handelt sich also um ein **remonstratives RM.**

a) Anders als im LG-Verfahren eröffnet das Gesetz dem Angeklagten daher auch hinsichtlich Zustellmängel die Möglichkeit des Einspruchs, ohne ihm auf der anderen Seite jene der Berufung wegen Nichtigkeit (die persönliche Ladung stellt auch hier eine bei sonstiger Nichtigkeit einzuhaltende Voraussetzung dar) zu nehmen (eine solche Einschränkung könnte allenfalls aus der Systematik des § 478 Abs 2 abgeleitet werden). A kann daher Einspruch erheben.

b) Da A im konkreten Fall ordnungsgemäß geladen wurde, könnte sein Einspruch nur dann erfolgreich sein, wenn er durch ein unabwendbares Hindernis abgehalten wurde, zur HV zu erscheinen. Weil die Parkplatzsuche idR kein solches unabwendbares Hindernis darstellen wird, wird der Einspruch nicht erfolgreich sein.

188. *Wie 187. Das BG verwirft den Einspruch.*

Was kann A dagegen unternehmen?

Verwirft das BG den Einspruch, so kann der Angeklagte dagegen eine Beschwerde an das LG erheben (§ 478 Abs 2). Gleichzeitig ist er berechtigt, mit der Beschwerde – für den Fall ihrer Abweisung durch LG – eine Berufung (im konkreten Fall: wegen Schuld) zu verbinden.

189. *Da der – bereits nach § 164 vernommene – Angeklagte A zur HV wegen §§ 146, 147 Abs 2 StGB (Schaden € 30.000) trotz ordnungsgemäß zugestellter Ladung nicht erscheint, verhandelt der ER in dessen Abwesenheit.*

- ***a)*** *In der HV ergeben sich Anhaltspunkte dafür, dass B noch einen weiteren Betrug mit einem Schaden von € 10.000 begangen hat und dabei gewerbsmäßig vorgegangen ist. Der StA dehnt in der Folge die Anklage entsprechend aus.*
- ***b)*** *Während des Beweisverfahrens stellt sich – entgegen Bs Angaben im Ermittlungsverfahren – heraus, dass die ursprünglich mit € 30.000 bezifferte Schadenssumme doch weit höher ist und € 75.000 beträgt, wobei A gewerbsmäßig vorgegangen ist.*

B wird schließlich in Abwesenheit wegen §§ 146, 147 Abs 2 und 148 StGB zu einer unbedingten Freiheitsstrafe verurteilt.

Was kann B gegen dieses Urteil tun?

Voraussetzung für die Zulässigkeit eines Abwesenheitsurteils gemäß § 427 Abs 1 ist unter anderem, dass

- es sich um ein Vergehen handelt und
- der Angeklagte bereits nach §§ 164 bzw 165 vernommen wurde.

a) Während hinsichtlich der ursprünglich angeklagten Tat alle Voraussetzungen des § 427 Abs 1 vorliegen, fallen diese Voraussetzungen mit der Anklageausdehnung (§ 148 StGB) weg, da es sich bei dieser Straftat einerseits bereits um ein Verbrechen handelt und A andererseits zum ausgedehnten Anklagevorwurf (weiterer Betrug) bisher noch nicht vernommen wurde. Wird in der HV daher die **Anklage ausgedehnt**, so ist die Fällung eines **Abwesenheitsurteils jedenfalls unzulässig** und hätte das Gericht die Verhandlung zu vertagen und den Angeklagten neuerlich zu laden (RZ 1974/80).

b) Gleiches gilt, wenn durch die in der HV neu hervorgekommenen Änderungen des Sachverhaltes eine neue Qualifikation der Tat begründet wird (also im Unterschied zu a) Identität der Tat vorliegt, sodass keine Anklageausdehnung erforderlich ist; EvBl 1977/157).

Da der ER einerseits gegen die nichtigkeitsbewehrten Bestimmungen des § 427 Abs 1 verstoßen und andererseits seine sachliche Zuständigkeit (§ 31 Abs 3 Z 6a) überschritten hat, hat B die Möglichkeit, das Urteil mit Berufung wegen Nichtigkeit gemäß §§ 489 Abs 1, 468 Abs 1 Z 3, 281 Abs 1 Z 3 bzw §§ 489 Abs 1, 468 Abs 1 Z 2 anzufechten.

190. *Wie 189.a) Die Ladung kann dem A, georgischer Staatsangehöriger, nicht zugestellt, sein Aufenthaltsort nicht eruiert werden. Wie ist vorzugehen, wenn von ihm eine Sicherheitsleistung eingehoben wurde?*

Da A zur Verhandlung nicht mehr geladen werden kann, scheidet die Erlassung eines Abwesenheitsurteils jedenfalls aus. Das Verfahren ist nach § 197 abzubrechen (§ 427 Abs 2).

Gleichzeitig ist die Sicherheitsleistung nach § 172a Abs 4 für verfallen zu erklären.

3. Verfall, erweiterter Verfall, Einziehung

191. *Aufgrund einer anonymen Anzeige stellt die Polizei in einem aufgelassenen Bergwerksschacht eine große Menge Suchtgift sicher; ein Eigentümer oder Verfügungsberechtigter kann nicht ausfindig gemacht werden. Welche verfahrensrechtlichen Schritte sind zur Einziehung erforderlich bzw möglich, wenn der Wert des Suchtgifts*

a) *€ 700;*

b) *€ 70.000 beträgt?*

Gemäß § 34 SMG ist Suchtgift, das Gegenstand einer nach dem SMG mit Strafe bedrohten Handlung war, einzuziehen (§ 26 StGB). Mangels eines Verdächtigen kommt eine Einziehung im Rahmen eines Strafverfahrens hier nicht in Betracht, sondern könnte eine selbständige Einziehung nur in einem sog **objektiven Verfahren** erfolgen.

Liegen hinreichende Gründe für die Annahme vor, dass die Voraussetzungen des § 26 StGB gegeben sind, ohne dass darüber in einem Straf- oder Unterbringungsverfahren entschieden werden kann, so hat der Ankläger einen selbständigen Antrag auf Erlassung einer solchen „vermögensrechtlichen Anordnung" zu stellen (§ 445 Abs 1).

Über diesen Antrag entscheidet im Fall der Einziehung – unabhängig vom Wert der Sache – das **BG des Tatortes**, ist dieser jedoch nicht bekannt oder liegt er im Ausland, jenes BG, in dessen Sprengel sich die Sache befindet, grds nach öffentlicher mündlicher Verhandlung (§ 445 Abs 3).

- Übersteigt der Wert des von der Einziehung bedrohten Gegenstandes € 1.000 nicht oder
- handelt es sich bei dem Gegenstand um einen, dessen Besitz allgemein verboten ist,

so kann das BG die Einziehung im selbständigen Verfahren auf Antrag des Anklägers und Anhörung des Anklägers und der Haftungsbeteiligten (§ 444) mit Beschluss aussprechen. Von der Vernehmung des Haftungsbeteiligten kann ua Abstand genommen werden, wenn sein Aufenthaltsort nicht ohne besonderen Verfahrensaufwand feststellbar ist und wohl erst recht, wenn ein Haftungsbeteiligter nicht festgestellt werden kann (§ 445a Abs 1).

Das BG kann daher grds gemäß § 445a mit Beschluss entscheiden, da

a) einerseits der Wert € 1.000 nicht überstiegen wird und

a) und **b)** es sich bei Suchtgift andererseits um einen allgemein verbotenen Gegenstand handelt.

192. *Der chilenische Staatsangehörige D, Mitglied einer internationalen kriminellen Organisation, wird bei einem Diebstahl (§§ 127, 128 Abs 1 Z 5 StGB) bei einem Juwelier ertappt und es wird bei ihm, abgesehen vom eben erbeuteten Schmuck, eine wertvolle antike Taschenuhr im Wert von € 30.000 sichergestellt, die nach Ds Angaben auch aus einem Diebstahl stammt, wobei D nicht mehr weiß, wo er sie gestohlen hat. Durch eine Reihe widriger Umstände gelingt D in der Folge die Flucht in seine Heimat, wo er untertaucht.*
Nachdem der Eigentümer der Taschenuhr nicht ausfindig gemacht werden kann, möchte die StA das Beutestück „für verfallen erklären" lassen.

a) *Wie ist verfahrensrechtlich vorzugehen?*
Die Taschenuhr wird nach Rechtskraft des Urteiles dem Dorotheum zur Versteigerung übergeben und von X ersteigert. Ein Jahr danach erfährt der frühere Eigen-

tümer der Taschenuhr durch Zufall von dieser Versteigerung und möchte die Uhr wiederhaben.

b) *Mit Erfolg?*

a) Die Uhr unterliegt gemäß § 20 Abs 1 StGB dem **Verfall.** Grds ist darüber im Strafurteil zu entscheiden (§ 443 Abs 1), was im konkreten Fall aufgrund der Flucht des D in seine Heimat wohl nicht in Betracht kommen wird; der Verfall könnte daher allenfalls in einem **objektiven Verfahren** ausgesprochen werden.

Liegen hinreichende Gründe für die Annahme vor, dass die Voraussetzungen für einen Verfall gegeben sind, ohne dass darüber in einem Straf- oder Unterbringungsverfahren entschieden werden kann, so hat der Ankläger einen selbständigen Antrag auf Erlassung einer solchen vermögensrechtlichen Anordnung zu stellen (§ 445 Abs 1).

Über den Antrag hat gemäß § 445 Abs 2 das Gericht zu entscheiden, das für die Verhandlung und Urteilsfällung wegen jener Tat, die die Anordnung begründen soll, zuständig wäre.

Im konkreten Fall wäre für die Sache gemäß § 31 Abs 3 Z 1 das Schöffengericht zuständig, sodass das selbständige Verfallsverfahren vom Vorsitzenden des Schöffengerichts als ER zu führen ist. Dieser hat den Verfall nach öffentlicher mündlicher Verhandlung mit Urteil auszusprechen.

b) Machen Haftungsbeteiligte, also etwa die Eigentümer einer für verfallen erklärten Sache, ihre Ansprüche erst nach Rechtskraft der Entscheidung geltend, so steht es ihnen frei, ihre Ansprüche auf den Gegenstand oder den Kaufpreis binnen 30 Jahren gegen den Bund im Zivilrechtsweg geltend zu machen (§ 444 Abs 2).

193. *Wie 192. Noch bevor A zur Sache förmlich vernommen werden kann, gelingt ihm die Flucht nach Chile, wo er untertaucht.*
Wie ist mit den bei A sichergestellten, eigens zu Geschäftseinbrüchen verfertigten Nachsperrwerkzeugen zu verfahren?

Nach § 19a Abs 1 StGB sind ua Gegenstände, die der Täter zur Begehung einer vorsätzlichen Straftat verwendet hat und die zur Zeit der Entscheidung erster Instanz in seinem Eigentum stehen, zu konfiszieren. Über die Konfiskation ist grds im Strafurteil zu entscheiden (§ 443 Abs 1). Muss das Strafverfahren allerdings etwa wegen Flucht des Beschuldigten nach § 197 abgebrochen werden, kann der Ausspruch auch beschlussmäßig in einem objektiven Verfahren erfolgen, wenn

- auf Grund ausreichend geklärten Sachverhalts nahe liegt, dass im Fall einer Verurteilung eine Konfiskation ausgesprochen würde und
- der Angeklagte gemäß §§ 164 oder 165 zum Anklagevorwurf und zu den Voraussetzungen der Anordnung der Konfiskation vernommen wurde (§ 445 Abs 2a).

Im konkreten Fall scheitert ein solches Vorgehen am Fehlen der Vernehmung des A. Zumal die oben umschriebenen Werkzeuge aber auch der Einziehung unterliegt (§ 26 Abs 1 StGB; SSt 55/84) kommt jedoch eine Einziehung im objektiven Verfahren in Betracht (§ 445a).

194. *A wird wegen §§ 127, 128 Abs 2 StGB verurteilt. Weil sich die Höhe der tatsächlichen unrechtmäßigen Bereicherung nur mühsam und langwierig ermitteln lässt, nimmt das Gericht vom Ausspruch des Verfalls im Strafurteil Abstand und unterlässt jegliche Erwähnung des Verfalls.*

a) *Was kann die StA gegen das Urteil unternehmen?*

b) *Nach einem Monat steht die Schadenshöhe fest, worauf das zuständige Gericht den Verfall ausspricht. Was kann A dagegen unternehmen?*

Aufgrund der materiellen Angaben findet das Verfahren vor einem Schöffengericht statt (§ 31 Abs 3 Z 1).

Grds ist über den Verfall im Strafurteil abzusprechen (§ 443 Abs 1). Reichen für die Beurteilung die Ergebnisse des Strafverfahrens und einfache zusätzliche Erhebungen nicht aus, kann durch **Beschluss** eine **gesonderte Entscheidung vorbehalten** werden, widrigenfalls eine solche Verfügung nicht mehr zulässig ist.

a) Die Entscheidungen über vermögensrechtliche Anordnungen, also auch über den Verfall, stehen – außer im Fall des § 445a – dem Ausspruch über die Strafe gleich und können zugunsten und zum Nachteil des Verurteilten oder des Haftungsbeteiligten mit Berufung angefochten werden (§ 443 Abs 3).

Die StA kann diesen Mangel daher mit Berufung gemäß § 283 Abs 1 geltend machen.

b) Der nachträgliche Ausspruch über den Verfall erfolgte gemäß § 445 Abs 2 durch Urteil des Vorsitzenden des Schöffengerichts als ER. Gegen dieses Urteil steht A gemäß § 445 Abs 4 unter sinngemäßer Anwendung der §§ 489, 465 bis 467 die Berufung offen. Es handelt sich also um ein ER-Urteil.

IX. Das Mandatsverfahren

195. *A wird angeklagt, weil er im Rathaus einer Kleinstadt aus Zorn über die Untätigkeit des Bürgermeisters in einem Bauverfahren einen Mülleimer in Brand gesetzt und dadurch einen (durch einen Sachverständigen bewerteten) Schaden von rund € 7.000 verursacht haben soll. Im Ermittlungsverfahren nach § 164 zur Sache vernommen und mit dem Gutachten konfrontiert, führt er aus, dass ihm der verursachte Schaden zwar leidtue, es der Bürgermeister aber verdient habe. Über Frage, ob er allenfalls auf die Durchführung einer HV verzichte, meint er, er wolle zur Sache nichts mehr sagen. Eine Woche nach Erhebung der Anklage stellt die StA den Antrag auf Erledigung der Sache im Mandatsverfahren.*

a) *Kommt eine solche grds in Betracht?*

b) *Kommt eine solche in Betracht, wenn das Gericht meint, dass die Sache diversionell zu erledigen ist?*

c) *Kommt eine solche in Betracht, wenn sich A schon eine Woche in U-Haft befunden hat und das Gericht davon ausgeht, dass eine bedingte Freiheitsstrafe zu verhängen sein könnte?*

a) Das Mandatsverfahren nach § 491 unterscheidet sich vom ordentlichen Verfahren durch den Entfall der HV vor Erlassung der verfahrensabschließenden Entscheidung, der Strafverfügung. Es stellt eine Möglichkeit der Erledigung der Anklage dar und setzt voraus

- ein in die Zuständigkeit des ER oder des BG fallendes **Vergehen** (Abs 1 Z 1);
- einen **hinreichend geklärten Sachverhalt** (Abs 1 Z 3), wobei das Gericht erforderlichenfalls den Angeklagten und das Opfer vernehmen kann (Abs 3);
- keine Möglichkeit, das Verfahren (auch nach Diversion) durch Einstellung (insb §§ 191 Abs 2, 199; § 451 Abs 2; § 37 SMG) oder durch eine Unzuständigkeitsentscheidung nach § 450 oder Zurückweisung des Strafantrags zu erledigen (§ 485 Abs 1 Z 2 oder 3);
- einen dahingehenden **Antrag der StA,** der (mangels entsprechender gesetzlicher Anordnung) nicht notwendig bereits mit dem Strafantrag gestellt werden muss;
- die **Vernehmung des Angeklagten** nach §§ 164 oder 165 zum Anklagevorwurf und sein Verzicht auf die Durchführung einer HV nach entsprechender Belehrung.

Fraglich ist im vorliegenden Fall namentlich, ob die Aussage des A als Verzicht auf die Durchführung der HV verstanden werden kann. Der Verzicht muss nicht ausdrücklich, sondern kann – wie jede andere Prozesshandlung, für die keine besonderen Formvorschriften bestehen – auch schlüssig gesetzt werden. Es genügt dafür jede bestimmte und eindeutige Willenserklärung, die mit Überlegung aller Umstände keinen vernünftigen Grund daran zu zweifeln übriglässt. Kennt der Angeklagte das Recht auf Durchführung der HV, kann in seiner Äußerung, er habe zum Verhandlungsthema nichts mehr zu sagen, die Erklärung liegen, dass auf die Durchführung der HV verzichtet wird (vgl VwSlg 6439 F/1989).

b) Kommt nach Ansicht des Gerichts eine diversionelle Erledigung in Betracht, so hat es zunächst eine solche anzustreben (§ 199); erst, wenn dies scheitert, kann eine Strafverfügung erlassen werden.

c) In der Strafverfügung darf nur eine Geldstrafe oder – soweit der Angeklagte durch einen Verteidiger vertreten ist – eine ein Jahr nicht übersteigende, bedingt nachzusehende Freiheitsstrafe verhängt werden (§ 491 Abs 2). Dass auf letztere Zeiten der U-Haft anzurechnen sind (§ 38 StGB), hindert die Erledigung im Mandatsverfahren dabei nicht. Schätzt das Gericht die Sache jedoch so ein, dass mit den genannten Strafen nicht das Auslangen gefunden werden könnte, so hat es trotz des Antrages der StA die HV anzuberaumen.

196. *Wie 195.*

a) *Als A die Strafverfügung erhält, ist er außer sich, schreibt in großen Lettern quer darüber „So nicht" und retourniert sie an das Gericht.*

b) *Als der Bürgermeister von der Strafverfügung erfährt, meint er, dass A in der Sache viel zu gut davongekommen sei und erhebt Einspruch.*

Wie hat das Gericht vorzugehen?

Gegen die Strafverfügung können die StA, der Angeklagte und das Opfer binnen vier Wochen ab Zustellung schriftlich Einspruch bei dem die Strafverfügung erlassenden Gericht erheben.

a) Inhaltlich genügt es dabei, dass das Schriftstück die Absicht, Einspruch zu erheben, deutlich erkennen lässt (§ 491 Abs 6); einer Begründung bedarf es nicht. Dies ist im konkreten Fall anzunehmen, sodass das Gericht die HV anzuordnen hat (§ 491 Abs 8).

b) Während die Gemeinde als Opfer iSd § 65 Abs 1 lit c zur Erhebung des Einspruchs berechtigt ist, kommt dem Bürgermeister selbst eine entsprechende RM-Legitimation nicht zu. Das Gericht hat den Einspruch daher beschlussmäßig zurückzuweisen (§ 491 Abs 7).

197. *Wie 195 a).*

a) *Was ändert sich, wenn A im Tatzeitpunkt 20 Jahre alt war, im Anklagezeitpunkt aber das 21. Lebensjahr schon vollendet hat?*

b) *Das Gericht erlässt gegen den erst 16-jährigen A eine Strafverfügung. Als sein Vater V davon erfährt, ist er verärgert und möchte dagegen etwas unternehmen. Wozu würden Sie ihm raten?*

c) *Wie b) Müsste V fürchten, dass in einem folgenden Urteil eine höhere Strafe als in der Strafverfügung verhängt wird?*

Nach §§ 32 Abs 4, 46a Abs 2 JGG sind die Bestimmungen über das Mandatsverfahren bei Angeklagten, die das 21. Lebensjahr noch nicht vollendet haben, nicht anzuwenden.

a) Zumal es insoweit nicht auf das Alter im Tatzeitpunkt, sondern auf jenes im Zeitpunkt der Prozesshandlung ankommt, steht die Möglichkeit einer Erledigung im Mandatsverfahren offen.

b) Auch in diesen Fällen steht gegen die Strafverfügung ausschließlich das RM des Einspruchs zur Verfügung. Aufgrund der offenen Formulierung des § 38 Abs 3 JGG kann dieses auch vom gesetzlichen Vertreter des Jugendlichen ergriffen werden.

c) Dem Verbot der reformatio in peius (§ 16) kommt grds auch im Verhältnis zwischen Strafverfügung und Urteil Bedeutung zu, sodass eine Anhebung der Strafe unzulässig ist, wenn der Einspruch nur zugunsten des Angeklagten erhoben wird. Während dies im Fall des Erziehungsberechtigten klar ist, werden Einsprüche der StA – die ja sowohl zugunsten als auch zu Lasten des Angeklagten erfolgen können – insoweit stets einer entsprechenden Begründung bedürfen (erst diese lässt es zu, die Beachtlichkeit des § 16 zu beurteilen). Verstöße gegen das Verschlechterungsverbot können mit Berufung wegen Nichtigkeit aus dem Grund des § 281 Abs 1 Z 11 bekämpft werden.

198. *Eine Woche nachdem A gegen eine Strafverfügung Einspruch erhoben hat, rät ihm ein Bekannter, es lieber dabei bewenden zu lassen. A verfasst daher ein an das Gericht adressiertes Schreiben, mit dem er den Einspruch zurückzieht.*

Wie hat das Gericht vorzugehen?

Beim Einspruch handelt es sich um eine Erklärung des Verfahrensbeteiligten, die die Strafverfügung aus dem Rechtsbestand beseitigt und das Gericht verpflichtet, die HV anzuordnen. Eine Zurückziehung derartiger Erklärungen ist demgemäß nicht möglich und damit wirkungslos.

X. Das Rechtsmittelverfahren

1. Allgemeines

Das RM-Recht stellt erfahrungsgemäß – insb bei schriftlichen Prüfungen – einen Prüfungsschwerpunkt dar. Wie die StPO allgemein folgen auch die Bestimmungen betreffend RM im Wesentlichen dem Ablauf des entsprechenden Verfahrens, was am Beispiel der RM gegen Schöffenurteile kurz verdeutlicht werden soll:

Hier regelt das Gesetz zunächst, wer (§ 282) aus welchen Gründen (§§ 281, 283 Abs 1 und 2) welches RM ergreifen kann. Danach wird – getrennt nach NB und Berufung – das RM-Verfahren, beginnend mit dessen Einleitung (durch Anmeldung und Ausführung des RM) bis hin zur Entscheidung des RM-Gerichts, detailliert geregelt.

Der Schwerpunkt der Falllösungsarbeit liegt daher auch im Bereich des RM-Rechts primär im Auffinden der „richtigen" Bestimmung, zunächst also des jeweils anzuwendenden RM. Um aus der Vielzahl möglicher RM das jeweils richtige zu finden, empfiehlt es sich, nach folgendem (einem Filter entsprechenden) Frageschema vorzugehen:

1. Welches Gericht hat das angefochtene Urteil (die angefochtene Entscheidung) erlassen?
   Hieraus ergibt sich, welche RM gegen ein Urteil (die Entscheidung) des entsprechenden Gerichts an sich zur Verfügung stehen.
2. Ist das Urteil (die Entscheidung) rechtskräftig oder nicht?
   Wenn dem Sachverhalt nicht anders zu entnehmen ist, ist das Urteil (die Entscheidung) noch nicht rechtskräftig. Im Zweifel empfiehlt es sich, anzumerken, wovon man bei der Prüfung ausgeht.
3. Was wird bekämpft?

Der Weg durch die Fallprüfung soll anhand der nächsten beiden Fälle verdeutlicht werden:

> ***199.*** *A soll in einer Telefonzelle eine Brieftasche mit € 200 gefunden haben. Obwohl er auch die Brieftasche zunächst behalten will, entschließt er sich zuhause, sich dieser – wegen des auffälligen Monogramms – zu entledigen.*
> *Wegen dieses Sachverhaltes wird A gemäß §§ 134 Abs 1 und 135 StGB verurteilt.*
>
> *A möchte gegen das Urteil ein RM ergreifen, wobei er auch geltend machen will, dass das Gericht die Aussage des Zeugen Z falsch gewürdigt hat.*
>
> *Welches RM wird er wählen und wie wird er es begründen?*

Aufgrund der materiellen Angaben wurde A von einem BG verurteilt (§ 30 Abs 1). Mangels gegenteiliger Anhaltspunkte im Sachverhalt ist das Urteil noch nicht rechtskräftig.

Gegen noch nicht rechtskräftige Urteile des BG steht das RM der „vollen“ Berufung zur Verfügung (§ 463).

Den ersten Anfechtungsgrund stellt eine **unrichtige rechtliche Beurteilung** dar, sodass an eine **Berufung wegen Nichtigkeit** (§§ 464 Z 1; 468 Abs 1 Z 4) zu denken wäre.

Im konkreten Fall ist je nach materieller Lösung wie folgt zu unterscheiden:

- Geht man davon aus, dass die Tathandlung des § 135 StGB in einem Gewahrsamsbruch besteht, so ist der objektive Tatbestand nicht gegeben (da A, als er den entsprechenden Vorsatz fasste, bereits Gewahrsam hatte; dolus superveniens); das Wegwerfen erfüllt somit keinen gerichtlichen Straftatbestand (§§ 468 Abs 1 Z 4, 281 Abs 1 Z 9 lit a);
- bedarf es hingegen zur Erfüllung des Tatbestandes des § 135 StGB keines Gewahrsamsbruchs, so ist hier zwar der Tatbestand der dauernden Sachentziehung verwirklicht, jedoch tritt diese nach den Regeln der Scheinkonkurrenz (als straflose Nachtat) hinter § 134 StGB zurück; diesfalls ist die Tat zwar an sich strafbar, wurde jedoch durch eine unrichtige Gesetzesauslegung einem Strafgesetz (Tatbestand) unterstellt, der darauf nicht anzuwenden ist (§§ 468 Abs 1 Z 4, 281 Abs 1 Z 10).

Abgesehen von der rechtlichen Beurteilung möchte A die **Beweiswürdigung**, also die **Tatsachenfeststellung** bekämpfen. Er wird daher auch eine **Berufung wegen Schuld** (§ 464 Z 2 1. Fall) erheben.

> ***200.*** *Die Berufung des A wird durch das LG abgewiesen. A ist dennoch der Ansicht, dass dem Urteil eine falsche rechtliche Beurteilung zugrunde liegt.*
>
> *Welches RM kann er dagegen erheben?*

Das angefochtene Urteil wurde vom LG als Berufungsgericht (offenbar im BG-Verfahren) erlassen. Gegen eine solche Entscheidung ist gemäß § 479 kein weiteres RM zulässig. Dies entspricht dem Grundsatz des **zweigliedrigen Instanzenzuges** im österreichischen Strafprozessrecht, wonach gegen RM-Entscheidungen ordentliche RM nicht mehr zulässig sind. RM-Entscheidungen werden vielmehr bereits mit Verkündung oder Zustellung rechtskräftig.

A kann daher nur mehr bei der GenProk die Erhebung einer NBzWdG (§§ 23, 292) anregen. Ein Rechtsanspruch darauf, dass die GenProk tatsächlich eine NBzWdG erhebt, steht A freilich nicht zu.

2. Formale Voraussetzungen

201. *A wird von einem Schöffengericht am 2.2. anklagegemäß verurteilt, wobei das Gericht seine Entscheidung vor allem auf die Aussage der Ehegattin des A stützt, die allerdings nicht über ihr Aussagebefreiungsrecht belehrt wurde und sohin auch nicht ausdrücklich darauf verzichtet hat. Nachdem A sogleich nach Verkündung des Urteils NB anmeldet, wird ihm die Urteilsabschrift am 10.2. zugestellt. Am 2.3. wird A bei einem Verkehrsunfall schwer verletzt und in künstlichen Tiefschlaf versetzt, aus dem er erst am 12.3. wieder geweckt wird.*

a) *Nach dem Unfall findet der Sohn des A das Urteil sowie handschriftliche Aufzeichnungen des A, möchte gegen das Urteil eine NB ergreifen und bringt diese am 9.3. ein. Wie hat das Gericht vorzugehen?*

b) *Als A aus dem Tiefschlaf erwacht, möchte er eine NB erheben. Wie hat er vorzugehen?*

Gemäß § 284 Abs 1 ist die NB binnen **dreier Tage** nach Verkündung des Urteils beim LG **anzumelden.** Der Beschwerdeführer hat dann (grds; vgl aber § 285 Abs 2) binnen vier Wochen nach Anmeldung – wenn die Urteilsabschrift aber erst nach Anmeldung zugestellt wird, ab diesem Zeitpunkt – die NB auszuführen (§ 285 Abs 1).

a) Gemäß § 282 Abs 1 kann die NB zugunsten des Angeklagten außer von diesem selbst nur von seinem gesetzlichen Vertreter sowie von der StA erhoben werden. Verwandten kommt demgegenüber keine RM-Legitimation zu. Das LG wird die NB daher gemäß § 285a Z 1 zurückzuweisen haben.

b) Gemäß § 285 Abs 1 ist die NB (grds; vgl aber § 285 Abs 2) binnen vier Wochen ab Anmeldung auszuführen und sind verspätete NB vom LG gemäß § 285a Z 1 zurückzuweisen.

Gegen die Versäumung der RM-Frist steht dem Angeklagten aber die **Wiedereinsetzung in den vorigen Stand** (§ 364) zu, wenn

- es ihm durch ein **unvorhersehbares oder unabwendbares Ereignis** unmöglich war, die Frist einzuhalten, es sei denn, dass ihm oder seinem Vertreter ein Versehen nicht bloß minderen Grades zur Last liegt,
- die Wiedereinsetzung innerhalb von **14 Tagen nach Wegfall des Hindernisses** beantragt wird und
- die versäumte schriftliche Verfahrenshandlung sogleich mit dem Antrag nachgeholt wird.

Da es sich beim Unfall des A um solch ein unvorhersehbares und unabwendbares Ereignis handelt, hätte A innerhalb von 14 Tagen nach Wegfall des Hindernisses die Wiedereinsetzung zu beantragen und gleichzeitig die NB auszuführen.

202. *B beauftragt seinen Verteidiger, gegen das Urteil des ER ein RM zu erheben. Nach rechtzeitiger Anmeldung merkt seine Sekretärin, wie dies in der Kanzlei üblich ist, den letzten Tag der Ausführungsfrist im Kalender des Verteidigers an. Dabei irrt sich die an sich verlässliche Sekretärin um eine Woche, sodass die Ausführung des RM verspätet erfolgt. Das RM wird zurückgewiesen, da die Beschwerdepunkte in der Anmeldung noch nicht deutlich und bestimmt angeführt sind und die Ausführung des RM zu spät erfolgt.*

Gibt es dagegen eine Abhilfe?

In Betracht käme eine **Wiedereinsetzung in den vorigen Stand** (§ 364 Abs 1).

Hat der Verteidiger die Frist dadurch versäumt, dass eine sonst verlässliche Kanzleiangestellte durch ein einmaliges Versehen das Ende der Frist unrichtig vorgemerkt hat, so ist das ein unabwendbarer Umstand; weder der Angeklagte noch der Verteidiger haben die Versäumung verschuldet.

Im konkreten Fall wird daher das OLG als RM-Gericht (§ 364 Abs 2 Z 3) bei Vorliegen der übrigen Voraussetzungen dem Antrag auf Wiedereinsetzung Folge zu geben haben.

203. *X wurde bei einem Verkehrsunfall getötet. A und dessen Freundin B, die beide im Unfallzeitpunkt alkoholisiert waren, stehen im Verdacht, das KFZ im Unfallzeitpunkt gelenkt zu haben. Aufgrund eines Geständnisses des A wird dieser gemäß § 81 Abs 2 StGB verurteilt.*

a) *Der Vater des A möchte gegen das Urteil berufen, weil er glaubt, A habe nur gestanden, um B zu decken; A hingegen erklärt, auf RM zu verzichten.*

b) *Wie a) A ist Jugendlicher.*

As Vater bringt in der Folge einen als „Einspruch" titulierten Schriftsatz beim zuständigen Gericht ein. Kann dieser „Einspruch" erfolgreich sein, wenn das Geständnis des A der einzige Anhaltspunkt für die Täterschaft des A war?

Gemäß §§ 489 Abs 1, 467 Abs 2 steht ein Vergreifen in der gesetzlichen Benennung des RM der Berücksichtigung eines deutlich und bestimmt bezeichneten Beschwerdepunktes oder Nichtigkeitsgrundes nicht entgegen (falsa demonstratio non nocet). Der Schriftsatz ist daher trotz **Vergreifens im Ausdruck** als Berufung zu werten.

a) Das Recht, Berufung zu erheben, steht gemäß §§ 489 Abs 1, 465 Abs 1 neben der StA dem Angeklagten sowie seinem gesetzlichen Vertreter zu. Selbst wenn die Ermittlungen mangelhaft waren, wird daher die Berufung des Vaters mangels RM-Legitimation zurückzuweisen sein.

b) Ist der Angeklagte hingegen noch minderjährig, also **Jugendlicher,** so kann die Berufung vom gesetzlichen Vertreter **auch gegen den Willen des Angeklagten**

erhoben werden (§§ 489 Abs 1, 465 Abs 1). Das RM-Gericht wird daher in die Sache einzusteigen haben.

204. *Der 17-jährige Z wird von einem Schöffengericht verurteilt und erklärt nach Urteilsverkündung, das Urteil anzunehmen. Auch Zs Verteidiger ist mit dem Urteil zufrieden. Nur der StA findet die Strafe als zu hoch bemessen.*

Kann er gegen das Urteil ein RM erheben und welches?

Gemäß §§ 282 Abs 1, 283 Abs 2 ist unter anderem die StA berechtigt, auch zugunsten des Angeklagten Berufung zu erheben.

Im konkreten Fall stellt sich das Problem der Erhebung eines RM durch die **StA** gegen den Willen des Angeklagten bzw dessen Verteidigers. Weil die StA aber – anders als in den Fällen widersprüchlicher Erklärungen von Angeklagtem und Verteidiger (§ 57 Abs 2) – nicht als Vertreter des Angeklagten, sondern selbständig und unabhängig tätig wird, ist sie auch **berechtigt, gegen den Willen des Angeklagten** zu dessen Gunsten RM zu ergreifen (so ausdrücklich § 465 Abs 1; vgl KH 2915; 4090).

205. *A möchte gegen ein Urteil des BG Berufung erheben. Als er die Berufung am letzten Tag der RM-Frist zur Post geben will, wird er von einem Auto angefahren und schwer verletzt, sodass er das Spital erst nach drei Tagen verlassen kann. Nachdem A zunächst glaubt, keine Berufung mehr erheben zu können, trifft er vier Wochen nach dem Unfall einen befreundeten Jus-Studenten, der ihn über die Möglichkeit einer Wiedereinsetzung in den vorigen Stand informiert. Tatsächlich bringt er tags darauf einen Antrag auf Wiedereinsetzung bei Gericht ein, den er mit einer Berufung verbindet.*

Mit Erfolg?

Gemäß § 364 Abs 1 Z 2 sind Wiedereinsetzungsanträge binnen 14 Tagen ab Wegfall des Hindernisses zu stellen. Zumal A diese Frist im konkreten Fall versäumt hat, ist der Antrag (und auch die Berufung) als verspätet zurückzuweisen.

Zwar kann auch ein Irrtum über die Möglichkeit, ein RM zu ergreifen, einen Wiedereinsetzungsgrund darstellen, jedoch ist eine **Wiedereinsetzung in die Wiedereinsetzungsfrist** gemäß § 364 Abs 6 **ausgeschlossen**.

A wird daher keinen Erfolg haben.

206. *A wird von einem*

a) *Schöffengericht wegen §§ 127, 128 Abs 2 StGB*

b) *BG wegen § 127 StGB*

c) *ER wegen §§ 127, 128 Abs 1 Z 5 StGB*

freigesprochen, wobei das Gericht seine Entscheidung vor allem auf die Aussage der Ehegattin (E) des A stützt, die allerdings in der HV nie ausdrücklich auf ihr Aussagebefreiungsrecht verzichtet hat. E sagte aus, dass sich A zum Tatzeitpunkt bei ihr befunden hätte.

Gleichzeitig nimmt das Gericht von der vom StA (BA) in der Anklageschrift (im Strafantrag) beantragten Vernehmung des Zeugen Y Abstand, da der Sachverhalt bereits ausreichend geklärt sei. Nach Angaben des StA hätte Y den A bei der Tat beobachtet.

Nach der HV übernimmt ein anderer StA (BA) die Sache und möchte ein RM gegen das Urteil erheben, weil die Aussage der Ehegattin des A unzulässig gewesen wäre und die Aussage des Zeugen Y zu einer Verurteilung geführt hätte.

Welches wird er wählen und wird es erfolgreich sein?

a) Gegen das Urteil eines Schöffengerichts stehen die NB und die Berufung zur Verfügung (§ 280).

Gemäß § 156 Abs 1 Z 1 ist ua die Ehegattin des A von der Pflicht zur Aussage befreit. Ihre Aussagen dürfen bei sonstiger Nichtigkeit nur dann verwertet werden, wenn sie ausdrücklich darauf verzichtet hat (§ 159 Abs 3).

Da es an einem ausdrücklichen Verzicht mangelt, ist das Urteil nichtig (§ 281 Abs 1 Z 3).

Anders als ein Verstoß gegen § 156 ist die Abstandnahme von der Vernehmung eines Zeugen nicht ausdrücklich mit Nichtigkeit bedroht. Dennoch können auch nicht ausdrücklich mit Nichtigkeit bedrohte Fehler (etwa Verstöße gegen § 55) nach Maßgabe des § 281 Abs 1 Z 4 mit NB geltend gemacht werden, dh wenn das Gericht während der HV über einen Antrag des Beschwerdeführers nicht erkannt oder gegen dessen Antrag oder Widerspruch ein Zwischenerkenntnis gefällt hat und durch dieses Erkenntnis Gesetze oder Grundsätze des Verfahrens hintangesetzt oder unrichtig angewendet worden sind, deren Beobachtung durch grundrechtliche Vorschriften, insb durch Art 6 EMRK oder sonst durch das Wesen eines die Strafverfolgung oder Verteidigung sichernden, fairen Verfahrens geboten ist. Dieser **Nichtigkeitsgrund** muss jedenfalls in der HV durch einen Antrag des Beschwerdeführers (über den das Gericht nicht oder mit Zwischenerkenntnis ablehnend entscheidet) werden.

Der StA müsste daher, um sich die Möglichkeit einer NB gemäß § 281 Abs 1 Z 4 zu schaffen, in der HV den Antrag auf zeugenschaftliche Vernehmung des Y wiederholen. Da er dies unterlassen hat, kommt hier eine NB aus diesem Grund nicht in Betracht.

Hätte der StA hingegen in der HV einen entsprechenden Antrag gestellt, könnte er das Urteil mit Erfolg wegen Nichtigkeit anfechten (es handelt sich hier – gleichgültig, ob es sich bei Y um einen Be- oder Entlastungszeugen handelt – um den Fall einer unzulässigen „vorgreifenden Beweiswürdigung“ – § 55 Abs 2; vgl JBl 1981, 445).

Die Nichtigkeitsgründe des **§ 281 Abs 1 Z 2, 3 und 4** können gemäß § 281 Abs 3 **zum Nachteil des Angeklagten** nur geltend gemacht werden, wenn

- erkennbar ist, dass die Formverletzung einen die Anklage beeinträchtigenden Einfluss auf die Entscheidung auszuüben vermochte (sog relativer Nichtigkeitsgrund) und
- sich der Ankläger ihr widersetzt, die Entscheidung des Gerichts begehrt und sich sofort nach Verweigerung oder Verkündung dieser Entscheidung die NB vorbehalten hat.

Daraus ergibt sich, dass der StA die **Nichtigkeitsgründe** des § 281 Abs 1 Z 2, 3 und 4 **vorbereiten** muss. Da der StA die Formverletzung nicht gerügt hat, wird seine NB nicht erfolgreich sein.

b) Gegen das Urteil eines BG steht die volle Berufung zur Verfügung (§ 463).

Aufgrund der unter a) dargestellten Fehler kommt hier eine Berufung wegen Nichtigkeit gemäß § 468 Abs 1 Z 3 in Betracht.

Zu den **formalen Voraussetzungen** für die Geltendmachung der Berufung wegen Nichtigkeit bestimmt § 468 Abs 2, dass unter anderem der Nichtigkeitsgrund der Z 3 nur unter den in § 281 genannten Bedingungen geltend gemacht werden kann. Allerdings wird der Ankläger der Geltendmachung des Nichtigkeitsgrundes nicht schon deshalb verlustig, weil er hinsichtlich eines Formgebrechens nicht die Entscheidung des Richters begehrt und sich die Beschwerde nicht sofort nach Verweigerung oder Verkündung der Entscheidung vorbehalten hat.

Die **gelockerten Formvorschriften** haben ihren Grund in der Tatsache, dass die Anklage im BG-Verfahren Bediensteten der StA obliegt, die nicht rechtskundig sein müssen (Bezirksanwälte; § 20 Abs 2).

An der Notwendigkeit der Vorbereitung des Nichtigkeitsgrundes des § 281 Abs 1 Z 4 durch Antragstellung in der HV ändert freilich auch die Lockerung des § 468 Abs 2 nichts, sodass der BA diesen Mangel auch im BG-Verfahren nicht mehr mit Berufung wegen Nichtigkeit geltend machen kann.

Hingegen kann er den Verstoß gegen §§ 156, 159 hier mit Erfolg geltend machen.

c) Gegen das Urteil eines ER steht die volle Berufung zur Verfügung (§ 489 Abs 1).

Aufgrund der unter a) dargestellten Fehler kommt hier eine Berufung wegen Nichtigkeit gemäß §§ 489, 468 Abs 1 Z 3, 281 Abs 1 Z 3 und gemäß §§ 489, 281 Abs 1 Z 4 in Betracht.

Gemäß § 489 Abs 1 gelten für das RM-Verfahren die Bestimmungen des § 281, nicht hingegen jene des § 468 sinngemäß, sodass der StA hier gehalten ist, Verstöße gegen § 281 Abs 1 Z 2 und 3 zu rügen. Es gilt das unter a) Gesagte.

207. *A wird gemäß §§ 87 Abs 1 und 2 1.Fall StGB verurteilt und meldet sogleich nach Urteilsverkündung NB an, da „der Sachverhalt rechtlich völlig unrichtig beurteilt worden" wäre. Die Frist zur Ausführung des RM lässt er ungenützt verstreichen.*

Wie ist über das RM zu entscheiden?

Im konkreten Fall wurde A von einem Schöffengericht verurteilt. Gegen das Urteil stehen daher die RM der NB und der Berufung offen (§ 280).

Gemäß § 285 Abs 1 muss der RM-Werber entweder bei der Anmeldung oder bei der Ausführung der NB die **Nichtigkeitsgründe einzeln** und **bestimmt bezeichnen,** widrigenfalls auf seine Beschwerde keine Rücksicht zu nehmen, dh diese als unzulässig zurückzuweisen ist (§ 285a Z 2).

Im konkreten Fall lässt die NB nicht erkennen, welchen Nichtigkeitsgrund A geltend machen will, wobei insb jene der Z 9 und 10 in Betracht kommen.

Mangels entsprechender Präzisierung wird die NB vom LG gemäß § 285a Z 2 als unzulässig zurückzuweisen sein.

208. *A soll bei einem Juwelier einen Ring gestohlen haben und wird in der Folge mit Urteil vom 5.6.2025 gemäß § 127 Abs 1 StGB verurteilt. Innerhalb der RM-Frist langt beim zuständigen Gericht ein Schriftsatz des A ein, in dem er ausführt: „Ich lege gegen die Bestrafung vom 5.6.2025 wegen § 127 StGB Einspruch ein".*

Wie ist vorzugehen?

Im konkreten Fall wurde A von einem BG verurteilt. Gegen das Urteil eines BG steht dem Verurteilten das RM der (vollen) Berufung offen (§ 463). Im BG- (und damit im Übrigen auch im ER-) Verfahren ist die für im Kollegialverfahren ergangenen Urteile uneingeschränkt geltende Präzisierungspflicht bezüglich der Beschwerdepunkte gemäß § 467 Abs 2 dahingehend gelockert, dass der Anfechtungsgegenstand keiner näheren Konkretisierung durch den RM-Werber bedarf. Dies gilt allerdings nicht bei Nichtigkeitsgründen (§ 464 Z 1), die auch in diesen Verfahren deutlich und bestimmt bezeichnet werden müssen (§§ 467 Abs 2, 470 Z 1).

Der Vorschrift des § 467 Abs 2 ist schon dann entsprochen, wenn aus dem Sinn der Erklärung des RM-Werbers erkennbar ist, in welche Richtung er das Urteil anfechten will. Die Anmeldung oder Ausführung einer vollen Berufung bedeutet daher zumindest eine Urteilsanfechtung wegen Schuld und Strafe.

Das gegenständliche RM des A ist im konkreten Fall als Berufung zu betrachten (die Bezeichnungen „Einspruch" oder „Bestrafung" sind insoweit ohne Bedeutung; § 467 Abs 2).

Das RM-Gericht wird daher eine Sachentscheidung zu fällen haben (RZ 1986/11).

209. *Wie 208. In seinem RM macht A geltend, dass er die ihm vorgeworfene Handlung zwar gesetzt hätte, diese aber nicht gerichtlich strafbar wäre. Eine Woche danach zieht er das RM zurück.*

Welche Auswirkungen hat die Zurückziehung?

Durch die Zurückziehung des RM wird das Ersturteil im Zeitpunkt des Einlangens der Zurückziehung beim Erstgericht rechtskräftig (ÖJZ-LSK 1982/147). Das RM-Verfahren ist daher einzustellen.

3. Anfechtungsgründe

3.1 „Gesetzlicher Richter“

Diese erste Gruppe von Anfechtungsgründen betrifft das **konkret zuständige Gericht** bis hin zur Zusammensetzung des Gerichts. Nichtig sind (zT nur bei rechtzeitiger Rüge) Urteile von unzuständigen oder falsch besetzten Gerichten.

210. *Der jugendliche A hat einen Raubüberfall begangen und wird anklagegemäß verurteilt. Nach Verkündung des Urteils entsinnt sich sein Anwalt, dass dem Senat zwei weibliche Laienrichter angehört haben, und möchte das geltend machen.*

a) *Welches RM wird er wählen, und wird es erfolgreich sein?*

b) *Was ändert sich, wenn A im Tatzeitpunkt 20 Jahre, im Zeitpunkt der HV aber bereits 21 Jahre alt war?*

a) Gemäß § 280 stehen gegen Urteile eines Schöffengerichts NB und Berufung zur Verfügung.

Gemäß § 28 Abs 2 JGG muss dem Jugend-Schöffengericht mindestens eine Person des Geschlechts des Angeklagten angehören, sodass im konkreten Fall das Gericht falsch besetzt war.

Nach § 281 Abs 1 Z 1 sind Urteile eines nicht gehörig besetzten Schöffengerichts nichtig (vgl OGH 13.7.2004, 14 Os 72/04), es sei denn, diese Tatsache war dem Beschwerdeführer bereits vor oder in der HV bekannt und er hat dies nicht sogleich zu Beginn der HV oder sogleich nach Kenntnis geltend gemacht.

Weil A von der Tatsache, dass zwei weibliche Schöffen dem Senat angehört haben, bereits in der HV Kenntnis hatte und dies nicht rügte, kann er die nicht gehörige Besetzung des Gerichts nicht mehr geltend machen.

b) Gemäß § 46a Abs 1 JGG ist § 28 JGG auch auf Verfahren wegen Straftaten anzuwenden, die vor Vollendung des 21. Lebensjahres begangen wurden; auf das Alter im Verfahrenszeitpunkt kommt es nicht an. Das unter a) Gesagte gilt sinngemäß.

211. *A wird angeklagte, weil er den X absichtlich schwer am Körper verletzt haben soll, wobei X seinen Verletzungen erlegen sei (§ 87 Abs 1 und 2 2. Fall StGB). Aufgrund der Ergebnisse der HV wird A in weiterer Folge nach § 76 StGB schuldig erkannt.*

Durch das Urteil sieht sich A in seinem Recht auf ein „Verfahren vor dem gesetzlichen Richter" verletzte, weil das Schöffengericht – entgegen § 32 Abs 1a – lediglich mit einem Berufs- und zwei Laienrichtern besetzt gewesen sei. Kann er dies mit Erfolg in einem Rechtsmittel geltend machen?

Nach § 32 Abs 1a Z 1 setzt sich das Schöffengericht im Verfahren wegen § 76 StGB aus zwei Berufs- und zwei Laienrichtern zusammen, wobei für diese Besetzung nicht die rechtliche Würdigung der Straftat durch die StA in der Anklageschrift, sondern jene durch das Gericht maßgeblich ist. Demnach ist A zunächst darin zuzustimmen, dass ein Besetzungsmangel vorlag.

Ein solcher Besetzungsmangel kann jedoch nach Abs 1b nur geltend gemacht werden, wenn die StA in der Anklageschrift oder der Angeklagte innerhalb der Einspruchsfrist (§ 213 Abs 2) eine solche Besetzung verlangt hat. Wurde ein solches Verlangen rechtzeitig gestellt, so ist das LG als Schöffengericht unabhängig von den Voraussetzungen des Abs 1a mit zwei Richtern und zwei Schöffen zu besetzen. Die Besetzung kann daher nicht mehr mit Erfolg geltend gemacht werden.

212. *A wird nach § 140 StGB angeklagt, weil er, als er beim Wildern auf frischer Tat betreten worden sei, den J mit einer Schusswaffe bedroht habe, um sich mit dem erlegten Wild absetzen zu können. Innerhalb der Einspruchsfrist beantragt er iSd § 32 Abs 1b eine Besetzung des Schöffengerichts mit zwei Berufs- und zwei Laienrichtern. Zumal keinerlei Anhaltspunkte für ein Vorliegen einer in § 32 Abs 1a genannten Straftat vorliegen und ohnehin Personalknappheit herrscht, wird er in der Folge von einem sog kleinen Schöffengericht (§ 32 Abs 1) anklagegemäß verurteilt.*

Kann A das Urteil aus diesem Grund mit Erfolg bekämpfen?

Nach § 32 Abs 1b ist das LG als Schöffengericht bei rechtzeitiger Antragstellung unabhängig von den Voraussetzungen des Abs 1a mit zwei Berufs- und zwei Laienrichtern zu besetzen. Zumal es sohin ausschließlich auf die fristgerechte Antragstellung ankommt, ohne dass weitere (materielle) Kriterien erfüllt sein müssen, war das Gericht im vorliegenden Fall unrichtig zusammengesetzt, sodass das Urteil nach Maßgabe des § 281 Abs 1 Z 1 mit NB bekämpft werden kann.

213. *Am Tag der HV wegen §§ 146, 147 Abs 1 StGB erhält der Richter einen Anruf, dass A freizusprechen wäre, widrigenfalls das Haus des Richters in Flammen aufgehen würde. In der Folge*

a) *spricht er A frei, obwohl das Verfahrensergebnis eher gegen A spricht.*

b) *verurteilt er A anklagegemäß.*

Als die StA am Tag nach der HV vom Drohanruf hört, möchte sie ein RM gegen das Urteil ergreifen. Welches wird sie wählen und wie wird sie es begründen?

Aus der materiellen Beurteilung ergibt sich, dass das gegenständliche Urteil vom ER erlassen wurde (§ 31 Abs 4 Z 1), sodass der StA gemäß § 489 Abs 1 die volle Berufung zur Verfügung steht.

Gemäß § 43 Abs 1 Z 3 ist ein Richter ausgeschlossen, wenn Gründe vorliegen, die geeignet sind, seine volle Unvoreingenommenheit und Unparteilichkeit in Zweifel zu ziehen. Dies ist insb dann der Fall, wenn er aus dem Freispruch oder der Verurteilung Nutzen oder Schaden zu erwarten hätte. Da der Richter im konkreten Fall für den Fall einer Verurteilung Nachteile für sein Vermögen (Haus) befürchten müsste, ist er ausgeschlossen. Dies im Übrigen unabhängig davon, ob das Urteil inhaltlich richtig ist oder nicht.

Gemäß §§ 489 Abs 1, **281 Abs 1 Z 1** ist ein Urteil eines ER dann nichtig, wenn der Richter ausgeschlossen war. Dieser Nichtigkeitsgrund kann gemäß §§ 489 Abs 1 nur unter den in § 281 bezeichneten Bedingungen geltend gemacht werden, also nur dann, wenn diese Tatsache dem Beschwerdeführer nicht bereits vor oder in der HV bekannt war und er dies sogleich zu Beginn der HV oder sogleich nach Kenntnis geltend gemacht hat.

Da die Tatsache der StA erst nach Urteilsverkündung bekannt wurde, kann sie mit Erfolg Berufung wegen Nichtigkeit gemäß §§ 489 Abs 1, 281 Abs 1 Z 1 erheben.

214. *A wird rechtskräftig wegen § 75 StGB verurteilt, wobei am erstinstanzlichen Verfahren auch Dr. L als Mitglied des Schwurgerichts teilnimmt, der bereits im Zuge des Ermittlungsverfahrens als ER (Rechtsschutzrichter) eine Durchsuchung der Wohnung des A bewilligt hatte.*

Nachdem ein von A nach einigen Jahren gestellter Wiederaufnahmeantrag vom LG abgewiesen wird, erhebt A Beschwerde an den OLG. Im Senat des OLG, der zur Entscheidung über diese Beschwerde zuständig ist, sitzt der inzwischen zum „Richter des OLG“ avancierte Dr. L. Das OLG gibt der Beschwerde des A keine Folge. Die GenProk erhebt in der Folge NBzWdG.

Welche Gesetzesverletzung wird sie behaupten? Wie wird der OGH entscheiden?

Zu unterscheiden ist im konkreten Fall die Frage der Rechtmäßigkeit des Urteils I. Instanz einerseits und des Beschlusses des OLG andererseits, wobei in beiden Fällen zu klären ist, ob bezüglich Dr. L ein Ausschlussgrund vorliegt.

Hinsichtlich des erstinstanzlichen Urteils ist zunächst der Ausschlussgrund des § 43 Abs 2 zu prüfen, wonach in der HV als Richter ausgeschlossen ist, wenn er im Ermittlungsverfahren insb ein gegen den Beschuldigten gerichtetes Zwangsmittel bewilligt hat. Da dies auf Dr. L zutrifft, ist das Urteil mit einem Mangel behaftet.

Von der Entscheidung über einen Wiederaufnahmeantrag ist ausgeschlossen, wer im Verfahren (gleich ob im Ermittlungs- oder Hauptverfahren) bereits als Richter tätig war (§ 43 Abs 4). Da Dr. L daher von der Beschlussfassung über die Beschwerde gegen die Versagung der Wiederaufnahme ausgeschlossen war, ist der Beschluss mit Rechtswidrigkeit belastet.

Der OGH wird den Beschluss somit aufzuheben und die Sache zur neuerlichen Entscheidung an das OLG zurückzuverweisen haben.

215. *Innerhalb einer Probezeit begeht A einen Diebstahl. Anlässlich des Urteiles widerruft das BG auch die bedingte Nachsicht einer Strafe von 14 Monaten (die durch einen ER verhängt wurde). Gegen dieses Urteil erhebt A Berufung, weil das Gericht „sachlich nicht zuständig" gewesen wäre.*

Mit Erfolg?

Begeht der Beschuldigte innerhalb der Probezeit eine strafbare Handlung, so steht die Entscheidung über den **Widerruf der bedingten Strafnachsicht** gemäß § 494a Abs 1 dem erkennenden Gericht zu, wobei das BG nur insoweit zum Widerruf berechtigt ist, als die zu widerrufende Strafe oder der Strafrest ein Jahr nicht übersteigt (§ 494a Abs 2). Im konkreten Fall wäre das BG daher zum Widerruf nicht befugt gewesen (sondern wäre die Entscheidung vom ER zu treffen, der die bedingte Strafnachsicht erteilt hat).

Durch den Widerruf hat das BG seine Widerrufsbefugnis überschritten, sodass der entsprechende Beschluss – nicht hingegen das Urteil – rechtswidrig ist und gemäß § 87 Abs 1 mit Beschwerde angefochten werden kann. Über diese Beschwerde entscheidet für den Fall der Verbindung mit einer Berufung (oder NB) das für das RM gegen das Urteil zuständige Gericht (§ 498 Abs 3 letzter Satz).

Im konkreten Fall ergreift A allerdings eine Berufung wegen Nichtigkeit (§ 468 Abs 1 Z 2), sodass sich die Frage stellt, ob der LG berechtigt ist, auch den Widerrufsbeschluss einer Überprüfung zu unterziehen. Gemäß § 467 Abs 3 ist eine Berufung wegen Nichtigkeit auch als eine solche wegen Schuld und wegen Strafe zu betrachten.

Da schließlich gemäß § 498 Abs 3 eine Berufung wegen Strafe auch als Beschwerde gegen den Widerrufsbeschluss zu betrachten ist, steht einer Überprüfung des Widerrufsbeschlusses durch das LG nichts im Wege.

3.2 Verfahrensfehler

Die folgende Gruppe von Nichtigkeitsgründen betrifft Verfahrensfehler im Ermittlungsverfahren und im Zusammenhang mit der HV. Nichtig sind Urteile dabei nicht nur, wenn die verletzte Verfahrensvorschrift ausdrücklich nichtigkeitsbewehrt ist (§ 281 Abs 1 Z 2 und 3), sondern auch, wenn Verfahrensfehler geeignet sind, einer Partei schwere Nachteile zuzufügen (§ 281 Abs 1 Z 4); im letzteren Fall bedarf es allerdings einer Vorbereitung in der HV.

Ausdrücklich mit Nichtigkeit bedrohte Verfahrensfehler können nur gemäß Z 2 oder 3, nicht aber gemäß Z 4 geltend gemacht werden. Dem Nichtigkeitsgrund der Z 4 kommt daher eine „Auffangfunktion" zu, sodass er systematisch erst nach Z 2 und 3 zu prüfen ist.

216. *In einem Verfahren wegen § 28a Abs 2 Z 1 SMG stützt das Gericht seine Entscheidung auf eine Aussage der Lebensgefährtin des Angeklagten (B) im Ermittlungsverfahren, auf die Aussage des Mitangeklagten M vor der Polizei, da dieser in der HV nicht aussagen will, sowie auf ein in der HV widerrufenes Geständnis des B vor der Polizei.*

B möchte das Urteil anfechten, weil die genannten Beweise rechtswidrig erlangt worden wären.

a) *Einerseits hätte seine Lebensgefährtin im Ermittlungsverfahren nicht ausdrücklich auf das Aussagebefreiungsrecht verzichtet,*

b) *andererseits wäre die Verlesung der Aussage des M in der HV nicht zulässig gewesen.*

c) *Schließlich hätte das Gericht einen Beweisantrag abgewiesen, obwohl die Voraussetzungen des § 55 Abs 2 nicht vorgelegen seien.*

Welches RM wird er wählen und wird es erfolgreich sein?

Aus der materiellen Beurteilung ergibt sich, dass das Urteil von einem Schöffengericht gefällt wurde, sodass als RM gemäß § 280 NB und Berufung in Betracht kommen.

a) Da der von B geltend gemachte Fehler im Ermittlungsverfahren unterlaufen sein soll, ist zunächst der Nichtigkeitsgrund des § 281 Abs 1 Z 2 zu prüfen. Aufgrund dieser Bestimmung sind Urteile nichtig, wenn ein Protokoll oder ein anderes amtliches Schriftstück über eine nichtige Erkundigung oder Beweisaufnahme im Ermittlungsverfahren trotz Widerspruchs des Beschwerdeführers in der HV verlesen wurde. Der mit Nichtigkeit bedrohte **Fehler** muss daher **im Ermittlungsverfahren** unterlaufen sein.

Gemäß § 156 Abs 1 Z 1 sind Personen in Verfahren gegen Angehörige (§ 72 StGB) von der Pflicht zur Zeugenaussatze befreit. Verzichten sie nicht ausdrücklich auf dieses Aussagebefreiungsrecht, so ist ihre Aussage nichtig (§ 159 Abs 3).

Da die Lebensgefährtin nach Maßgabe des § 72 Abs 2 StGB als Angehörige anzusehen ist und ihr somit ein Aussagebefreiungsrecht zukommt, lag ein Verstoß gegen §§ 156, 159 vor, sodass der Nichtigkeitsgrund des § 281 Abs 1 Z 2 erfüllt ist.

b) Unterläuft der ausdrücklich mit Nichtigkeit bedrohte **Fehler in der HV,** so ist der Nichtigkeitsgrund des § 281 Abs 1 Z 3 heranzuziehen. Im konkreten Fall macht B geltend, dass die Aussage des M zu Unrecht verlesen worden wäre, also ein Verstoß gegen § 252 Abs 1 vorliege. Gemäß § 252 Abs 1 Z 3 dürfen allerdings frühere Aussagen von Mitbeschuldigten dann verlesen werden, wenn diese in der HV die Aussage verweigern (der Mitbeschuldigte ist – anders als der Zeuge – nie zur Aussage verpflichtet). Da die Aussage des M daher zu Recht verlesen wurde, ist der Nichtigkeitsgrund des § 281 Abs 1 Z 3 nicht erfüllt.

c) Verstöße gegen § 55 Abs 2 sind **nicht ausdrücklich mit Nichtigkeit bedroht,** sondern können nur nach Maßgabe des § 281 Abs 1 Z 4 geltend gemacht werden. Danach ist ein Urteil dann nichtig, wenn das Gericht während der HV über einen Antrag des Beschwerdeführers nicht erkannt oder gegen dessen Antrag oder Widerspruch ein Zwischenerkenntnis gefällt hat und durch dieses Erkenntnis Gesetze oder Grundsätze des Verfahrens hintangesetzt oder unrichtig angewendet worden sind, deren Beobachtung durch grundrechtliche Vorschriften, insb durch Art 6 EMRK oder sonst durch das Wesen eines die Strafverfolgung oder Verteidigung sichernden, fairen Verfahrens geboten ist. Dieser Nichtigkeitsgrund muss daher in der HV durch einen entsprechenden Antrag **vorbereitet** werden.

Weil Verstöße gegen § 55 mit dem Grundrecht des Art 6 Abs 1 EMRK in einem Spannungsverhältnis stehen, könnte dieser Nichtigkeitsgrund erfolgreich sein.

3.3 Identität der Tat

Wie bereits dargestellt, müssen – dem Grundsatz der Identität der Tat entsprechend – Anklage- und Urteilsfaktum (nicht aber die rechtliche Beurteilung) übereinstimmen. Jedes Abweichen in die eine oder andere Richtung, dh die unvollständige Erledigung der Anklage (Z 7) einerseits und die Anklageüberschreitung andererseits (Z 8), aber auch das Fehlen der gesetzlichen Anklageberechtigung (Z 9 lit c) belasten das Urteil mit Nichtigkeit.

217. Im Zuge eines Streites in einem Lokal zieht A seine Pistole und gibt, um den X zum Verlassen des Lokales zu bewegen, einen Schuss in die Decke ab (§ 105 Abs 1 StGB). Da sich X nicht einschüchtern lässt, schießt A ein weiteres Mal, wobei das Projektil an einem metallenen Gegenstand abprallt und X verletzt (§ 88 Abs 3

und 4 2. Fall StGB). Als A die Situation erkennt, ergreift er die Flucht (§ 94 Abs 1 StGB).
Aufgrund einer Anzeige des Spitals beantragt der StA die Bestrafung des A wegen „der Verletzung des X"; zur Unterlassung finden sich ausschließlich in einem Aktenvermerk des StA, nicht aber im Strafantrag Hinweise. In der HV kommt die Unterlassung ebenfalls nicht zur Sprache. Der erste Schuss des A wird erst in der HV bekannt, wobei sich der StA dazu nicht erklärt. A wird in der Folge wegen §§ 88 Abs 3 und 4 2. Fall und 105 Abs 1 StGB (wegen des ersten Schusses) verurteilt. Sowohl A als auch der Ankläger erheben gegen das Urteil Berufung. Letzterer, weil das Gericht nicht über die Unterlassung abgesprochen hätte.

Wie werden sie diese begründen und werden sie erfolgreich sein?

Gegenstand der Anklage ist im konkreten Fall ausschließlich der zweite Schuss auf X; insb wurde die Anklage in der HV nicht ausgedehnt, obwohl A in der HV einer anderen Tat beschuldigt wurde, als wegen der er angeklagt wurde (§ 263).

Der Ausspruch über die Nötigung stellt mangels entsprechenden Strafantrages einen Verstoß gegen § 267 und damit eine **Anklageüberschreitung** dar, sodass das Urteil gemäß §§ 489 Abs 1, **281 Abs 1 Z 8** nichtig ist. Dieser Nichtigkeitsgrund kann sowohl von A als auch vom StA geltend gemacht werden.

Nach Ansicht des Anklägers hat das Gericht nicht über die Unterlassung gemäß § 94 Abs 1 StGB abgesprochen. Auch ein solches Urteil, das die **Anklage nicht erledigt**, wäre gemäß §§ 489 Abs 1, **281 Abs 1 Z 7** nichtig.

Da die Unterlassung allerdings nicht Gegenstand der Anklage war, liegt dieser Nichtigkeitsgrund, der im Übrigen zufolge der Rsp vom Beschuldigten nicht geltend gemacht werden kann, nicht vor. Diesbezüglich wird die Berufung daher nicht erfolgreich sein. Vielmehr bleibt dem Ankläger die Möglichkeit, hinsichtlich des Unterlassungsfaktums gesondert Anklage zu erheben.

218. *A hat einen Polizisten, P, bei einer Verkehrskontrolle auf einer stark frequentierten Straße lautstark beschimpft.*

a) *P erhebt Privatanklage. A wird gemäß § 115 Abs 1 StGB verurteilt.*
b) *Nachdem der BA die Ermächtigung des P eingeholt hat, klagt er A gemäß § 115 Abs 1 StGB an. A wird anklagegemäß verurteilt.*

In seiner Berufung bestreitet A, den P beschimpft zu haben. Wie hat das RM-Gericht zu entscheiden?

Wird eine strafbare Handlung gegen die Ehre eines Beamten während der Ausübung seines Amtes begangen, so hat der öffentliche Ankläger den Täter mit Ermächtigung des Verletzten und dessen vorgesetzter Dienststelle zu verfolgen (§ 117 Abs 2 StGB).

Grds hat sich das RM-Gericht in seiner Prüfung auf die geltend gemachten Berufungsgründe zu beschränken. Stellt es aber fest, dass zum Nachteil des Beschuldigten das Strafgesetz falsch angewandt wurde (§ 281 Abs 1 Z 9, 10), so hat es diesen Mangel von Amts wegen aufzugreifen (§§ 471, 290 Abs 1).

a) Da es sich im konkreten Fall um ein Ermächtigungs- und somit um ein Offizialdelikt handelt, fehlt es an einer nach dem Gesetz erforderlichen Anklage. Die **rechtsirrige Zuerkennung des Anklagerechts** führt zur Nichtigkeit des Urteils (§§ 468 Abs 1 Z 4, **281 Abs 1 Z 9 lit c).**

b) Anders als unter a) liegt hier die entsprechende Anklage (durch den BA) vor, jedoch **fehlt** es an einer **Anklagevoraussetzung** (Ermächtigung durch die vorgesetzte Dienststelle). Das Urteil ist daher mit Nichtigkeit gemäß §§ 468 Abs 1 Z 4, **281 Abs 1 Z 9 lit b** behaftet.

Das Berufungsgericht wird folglich in der Sache selbst (durch Freispruch gemäß § 259 Z 1) zu entscheiden haben (§ 474).

219. *A hat vom Sparbuch seiner Großmutter, G, ohne dazu berechtigt zu sein, € 200 behoben (§ 146 StGB). Die Privatanklage wird vom BG zurückgewiesen, weil die Tat nicht im Familienkreis begangen worden sei, zumal der Vermögensschaden des Betruges nicht bei der Großmutter, sondern bei der Bank eingetreten sei.*

G möchte sich mit diesem Urteil nicht zufriedengeben und erhebt Berufung. Mit Erfolg?

Richtigerweise ist der Vermögensschaden bei der Großmutter eingetreten, sodass der Betrug (Täuschung über die Verfügungsberechtigung gegenüber dem Bankbediensteten) im Familienkreis begangen wurde und somit gemäß § 166 Abs 3 StGB ein Privatanklagedelikt vorliegt.

Auch die **rechtsirrige Aberkennung des Anklagerechts** begründet den Nichtigkeitsgrund der Z 9 lit c, sodass das Urteil gemäß §§ 468 Abs 1 Z 4, **281 Abs 1 Z 9 lit c** nichtig ist.

3.4 Mangelhafte Tatsachenfeststellung oder Beweiswürdigung

In diesem Zusammenhang ist zunächst danach zu unterscheiden, ob dem Ersturteil entsprechende Tatsachenfeststellungen bezüglich einzelner Tatbestandsmerkmale überhaupt fehlen **(Feststellungsmangel)** oder ob solche zwar getroffen, aber ihrerseits mangelhaft begründet wurden **(Begründungsmangel).**

Feststellungsmängel können in allen Verfahren mit NB bzw Berufung wegen Nichtigkeit (§ 281 Abs 1 Z 9 lit a und 10) angefochten werden; hinsichtlich der Anfechtbarkeit von Begründungsmängeln ist hingegen zu differenzieren.

Während eine Geltendmachung im BG- und ER-Verfahren im Wege einer Berufung wegen Schuld jedenfalls in Betracht kommt, also eine zweite Tatsacheninstanz besteht, ist eine solche im Verfahren vor Kollegialgerichten nicht vorgesehen. Vielmehr sind Tatsachenfeststellungen und Beweiswürdigung von Schöffen- und Geschworenengerichten grds unanfechtbar (OGH 15.4.1997, 11 Os 26/97). Der OGH ist an die Tatsachenfeststellungen des Erstgerichts bzw an den aus den Akten hervorgehenden Sachverhalt gebunden.

Der Grund für den Verzicht auf eine zweite Tatsacheninstanz liegt in der Laienbeteiligung bei Kollegialgerichten durch Schöffen und Geschworene. Soll dieser verfassungsrechtlich gebotene Grundsatz nicht unterlaufen werden, müssten auch in einer zweiten Tatsacheninstanz Laienrichter an der Wahrheitsfindung mitwirken. Eine derartige Beteiligung ist allerdings weder bei den OLG noch beim OGH vorgesehen.

Hinsichtlich der Beweiswürdigung im Geschworenenverfahren ist darüber hinaus zu beachten, dass die Beweggründe, die zur einen oder anderen Tatsachenfeststellung geführt haben (und damit die Beweiswürdigung), dem Urteil nicht zu entnehmen sind, sondern an ihre Stelle ausschließlich der Wahrspruch der Geschworenen tritt (§ 335). Einen gewissen Ausgleich dafür bieten die strengen, durchwegs nichtigkeitsbewehrten formalen Voraussetzungen der Wahrheitsfindung durch die Geschworenen.

Eine Einschränkung der Unanfechtbarkeit von Tatsachenfeststellungen und Beweiswürdigung durch Kollegialgerichte erfolgte durch die Einführung des Nichtigkeitsgrundes des § 281 Abs 1 Z 5a (§ 345 Abs 1 Z 10a), wonach Urteile dann nichtig sind, wenn sich aus den Akten erhebliche Bedenken gegen die Richtigkeit der dem Ausspruch über die Schuld zugrundeliegenden Tatsachen ergeben. Eigene – über den Aktenstand hinausgehende – Beweiserhebungen darf der OGH jedenfalls nicht durchführen (SSt 30/47).

Auch dieser Nichtigkeitsgrund führt daher nicht zu einer zweiten Tatsacheninstanz im Kollegialgerichtsverfahren, sondern kann allenfalls zu einer Kassation, also einer Aufhebung und Zurückverweisung an das zuständige Gericht zur neuerlichen Entscheidung führen (§ 288 Abs 2 Z 1).

220. *A wird von einem Schöffengericht anklagegemäß gemäß §§ 87 Abs 1 und 2 sowie 88 Abs 3 StGB verurteilt.*

Gegen dieses Urteil möchte er NB ergreifen, weil das Gericht

a) *die Aussage des Zeugen Z falsch gewürdigt hätte (Bedenken gegen diese Beweiswürdigung ergeben sich aus den Akten nicht),*

b) *die Entscheidung hinsichtlich der Alkoholisierung des A auf ein Gutachten stützte, das in der HV nicht verlesen wurde,*

c) *nicht mehr feststellen konnte, ob der Schuss des A oder des B zum Erfolg geführt hat,*

d) trotz entsprechender Rechtfertigung nicht auf das Vorliegen eines Tatbildirrtums eingegangen wäre, sondern vielmehr (aufgrund von Indizien) vom Vorliegen eines entsprechenden Tatvorsatzes ausgegangen wäre.

Wird sie erfolgreich sein?

a) Gegenstand dieser NB ist die **Beweiswürdigung** des Erstgerichts. Diese ist im Schöffenverfahren grds unanfechtbar. Lediglich wenn sich aus den Akten erhebliche Bedenken gegen die Richtigkeit der Beweiswürdigung und der darauf aufbauenden Tatsachenfeststellungen ergeben, kommt der Nichtigkeitsgrund des § 281 Abs 1 **Z 5a** in Betracht.

Da sich im konkreten Fall aus dem Akt keine Anhaltspunkte für die Unrichtigkeit der Beweiswürdigung und der darauf aufbauenden Tatsachenfeststellungen ergeben, kann A die Beweiswürdigung nicht anfechten.

Bei schriftlichen Prüfungen müsste der Sachverhalt erkennen lassen, dass sich derartige Bedenken aus dem Akt ergeben. Finden sich dafür keine Anhaltspunkte, so kann vom Vorliegen dieses Nichtigkeitsgrundes nicht ausgegangen werden.

b) Gemäß § 258 Abs 1 hat das Gericht bei der Urteilsfällung nur auf das Rücksicht zu nehmen, was in der HV vorgekommen ist (zB verlesen wurde).

Stützt das Gericht seine Entscheidung dennoch auf Beweise, die in der HV nicht vorgekommen sind, so liegt eine mangelhafte Begründung vor. Hier ist so vorzugehen, als ob die unzulässiger Weise berücksichtigten Beweise nicht vorgelegen wären. Stützt das Gericht die Feststellung der Alkoholisierung des Angeklagten (§ 81 Abs 2 StGB) ausschließlich auf ein in der HV nicht verlesenes Gutachten, so ist das Urteil so zu beurteilen, als läge dieses Gutachten nicht vor. Für die Feststellung der Alkoholisierung würde es somit am entsprechenden Beweis fehlen, sodass das Urteil gemäß § 281 Abs 1 **Z 5** nichtig wäre.

c) Kann eine bestimmte Tatsache nicht mit ausreichender Sicherheit erwiesen werden, so ist **in dubio pro reo** davon auszugehen, dass diese nicht vorlag (§ 14). Haben daher A und B bei notwendigem Vorsatz unabhängig voneinander auf das Opfer geschossen, kann aber nicht mehr festgestellt werden, wessen Schuss letztendlich zum Erfolg führte, so muss im Verfahren gegen einen Täter jeweils angenommen werden, dass der Schuss des anderen Täters zum Erfolg führte. Im Ergebnis können daher sowohl A als auch B nur wegen §§ 15, 87 Abs 1 StGB verurteilt werden.

Im konkreten Fall hat es das Gericht unterlassen, einen Umstand (Kausalität des Schusses) festzustellen, von dessen Vorhandensein nach richtiger Rechtsansicht die Beantwortung der Frage abhängt, ob sich A der Vollendung des § 87 Abs 1 und 2 StGB schuldig gemacht hat. Das Urteil ist daher mit einem **Feststellungsmangel** behaftet, der mit NB gemäß § 281 Abs 1 Z 10 geltend gemacht werden kann.

Von einem Feststellungsmangel ist daher immer dann auszugehen, wenn hinsichtlich eines Tatbestandsmerkmals im Urteil jegliche Tatsachenfeststellung fehlt.

d) Von dem unter c) geschilderten Fall unterscheidet sich der vorliegende (auch wenn es sich auch hier um ein Problem des Grundsatzes *in dubio pro reo* handelt) insoweit, als das Gericht bezüglich des Vorliegens der inneren Tatseite Beweise aufgenommen und gewürdigt hat, sich also im Urteil Feststellungen finden, aus denen das Vorliegen des Vorsatzes abgeleitet werden kann. War die diesbezügliche Beweiserhebung unvollständig (weil etwa den Vorsatz ausschließende Momente nicht berücksichtigt wurden), so liegt ein **Begründungsmangel** vor, der gemäß § 281 Abs 1 Z 5 geltend gemacht werden kann (SSt 10/49).

Ein Begründungsmangel liegt daher dann vor, wenn das Urteil bezüglich eines Tatbestandsmerkmals zwar entsprechende Feststellungen enthält, diese Feststellungen aber mangelhaft begründet sind.

221. *Josef A wird vom Schöffengericht von der Anklage des Diebstahls eines wertvollen Ringes gemäß § 259 Z 3 freigesprochen. Begründend wird ausgeführt, dass aufgrund eines Kaufvertrages vom 10.11.2024 festgestellt worden sei, dass Josef A den genannten Ring käuflich erworben hat. Im beim Akt befindlichen Kaufvertrag wird aber nicht Josef A, sondern Martin A als Käufer des Ringes genannt.*

Welches RM kann die StA erheben, und was wird sie geltend machen müssen?

Gegen das Urteil des Schöffengerichts kann die StA NB nach § 281 Abs 1 Z 5 erheben, da hinsichtlich der Entscheidungsgründe über den Inhalt des bei den Akten befindlichen Kaufvertrages (Urkunde) ein erheblicher Widerspruch besteht **(Aktenwidrigkeit)**. Fälschlicherweise wurde nämlich Josef A als Eigentümer des Ringes angesehen.

222. *A ist gemäß §§ 75 und 142, 143 StGB angeklagt. In der Rechtsbelehrung an die Geschworenen hinsichtlich des Raubes behauptet der Vorsitzende, dass nach Rsp des OGH auch solche Gegenstände als Waffe iSd einschlägigen Deliktsqualifikation anzusehen seien, die objektiv ungefährlich sind, die Wirkung der Drohung aber verstärken können (A verwendete eine Waffenattrappe). Der Verteidiger von A hat in der HV geltend gemacht, dass A beim Schuss auf G nur mit Verletzungsvorsatz gehandelt hätte. Die Geschworenen bejahen schließlich in ihrem Wahrspruch sowohl die Waffenqualifikation beim Raub als auch den Tötungsvorsatz von A bei den Schüssen auf G. A möchte gegen das Urteil ein RM ergreifen.*

Welches wird er wählen und wie wird er es begründen?

Gegen das Urteil eines **Geschworenengerichts** stehen die RM der NB und der Berufung zur Verfügung (§ 344).

Das Vorbringen, A hätte nur Verletzungsvorsatz gehabt, betrifft **Tatsachenfeststellungen** (bzw die Beweiswürdigung) des Urteiles. Wie bei den Schöffen sind auch hier Tatsachenfeststellungen bzw die Beweiswürdigung grds unbekämpfbar. Da sich im Sachverhalt auch für das Vorliegen des Nichtigkeitsgrundes des § 345 Abs 1 Z 10a keine Anhaltspunkte finden, kann A die Tatsachenfeststellung nicht mehr bekämpfen.

Allerdings wurde den Geschworenen eine **falsche Rechtsbelehrung** erteilt, da Waffenattrappen sowohl nach hL als auch nach stRsp keine Waffen iSd § 143 StGB sind. Hat der Vorsitzende den Geschworenen eine unrichtige Rechtsbelehrung erteilt (§§ 321, 323, 327), so ist das Urteil mit Nichtigkeit bedroht (§ 345 Abs 1 Z 8).

223. *A wurde wegen Diebstahls (§ 127 StGB) anklagegemäß verurteilt, wobei das Gericht seine Entscheidung vor allem auf die Aussage des Opfers stützt und der entlastenden Aussage der Gattin des A weniger Glauben schenkt.*
A möchte aus diesem Grund Berufung erheben. Gleichzeitig beantragt er auch die Vernehmung des Zeugen Z, der ebenfalls seine Unschuld bestätigen könne.

Wie wird das RM-Gericht zu entscheiden haben?

Tatsachenfeststellungen und die zugrundeliegende Beweiswürdigung können im BG-Verfahren mit **Berufung wegen Schuld** (§ 464 Z 2 1. Fall) angefochten werden; der Nichtigkeitsgrund des § 281 Abs 1 Z 5a ist daher im BG-Verfahren demgegenüber nicht anzuwenden (weil entbehrlich).

Anders als im Verfahren vor Kollegialgerichten besteht hier also eine **zweite Tatsacheninstanz** und hat das LG grds in der Sache neu zu entscheiden. Auch besteht **kein Neuerungsverbot,** sodass im Berufungsverfahren auch die Stellung weiterer Beweisanträge (hier: auf Vernehmung des Zeugen Z) zulässig ist (§ 467 Abs 1).

224. *A hat mit seinem Auto einen Fußgänger niedergestoßen und verletzt (Prellungen mit fünf Tagen Krankenstand und zehn Tagen Schmerzen). Er ist im Ortsgebiet nach dem Gutachten des Sachverständigen mit 50 km/h gefahren; dadurch habe er zwar nicht gegen eine generelle Geschwindigkeitsbeschränkung verstoßen, doch hätte er aufgrund der konkreten Umstände (unübersichtliche Straßenstelle, Nebel) höchstens mit 30 km/h fahren dürfen. Bei dieser Geschwindigkeit hätte er noch rechtzeitig bremsen können.*

A möchte in einem RM geltend machen:

a) *„Es mag schon sein, dass ich mich falsch verhalten habe, aber die Verletzung war doch geringfügig, und außerdem habe ich sofort dafür gesorgt, dass dem Opfer sein Schaden ersetzt wird. Das Gericht hätte mich deshalb freisprechen müssen."*

b) *„Es stimmt nicht, dass ich 50 km/h gefahren bin. Ich bin höchstens mit 30 km/h gefahren."*

c) *„Es mag schon sein, dass ich mit 50 km/h gefahren bin, aber auch diese Geschwindigkeit war im konkreten Fall noch zulässig.“*

d) *„Ich bin zwar mit 50 km/h gefahren, hätte aber auch bei 30 km/h den Unfall nicht verhindern können“*

Welches wird er wählen?

Aufgrund der materiellen Angaben ergibt sich, dass gegen A ein Strafverfahren wegen § 88 Abs 1 StGB geführt wird und das Verfahren vor dem BG stattfindet. Gegen das Urteil des BG steht dem A die **volle Berufung** offen (§ 463).

a) Mit diesem Vorbringen möchte A geltend machen, dass das Gericht den festgestellten Sachverhalt rechtlich falsch beurteilt hat. Nach As Ansicht wäre die Tat aufgrund § 88 Abs 2 Z 2 StGB straflos. A wird daher Berufung wegen Nichtigkeit gemäß §§ 468 Abs 1 Z 4, 281 Abs 1 Z 9 lit a erheben.

Mit diesem Vorbringen könnte A aber auch das Vorliegen der Voraussetzungen für ein Vorgehen nach dem 11. Hauptstück relevieren wollen, diesfalls hätte er Berufung wegen Nichtigkeit gemäß §§ 468 Abs 1 Z 4, 281 Abs 1 Z 10a zu erheben.

Schließlich könnte das Vorbringen dahingehend verstanden werden, dass A die Voraussetzungen des § 191 Abs 1 Z 1 als erfüllt erachtet und das Verfahren seines Erachtens dementsprechend einzustellen gewesen wäre. Insoweit wäre Berufung wegen Nichtigkeit gemäß §§ 468 Abs 1 Z 4, 281 Abs 1 Z 9 lit b zu erheben.

b) Mit diesem Vorbringen möchte A eine fehlerhafte Tatsachenfeststellung rügen, er wird daher Berufung wegen Schuld (§ 464 Z 2) erheben.

c) Die Beurteilung dieser Frage hängt davon ab, ob A hier einen Begründungsmangel oder die rechtliche Beurteilung rügen will (der Sachverhalt ist insofern unvollständig bzw undeutlich).

Will A rügen, dass das verkehrstechnische Gutachten zur Frage der konkret zulässigen Höchstgeschwindigkeit (§ 20 Abs 1 StVO) mangelhaft (etwa unzureichend begründet oder unschlüssig) war, so betrifft die Berufung einen Begründungsmangel, sodass A eine Berufung wegen Schuld erheben wird.

Will A hingegen rügen, dass das Gericht aus den an sich zutreffenden Feststellungen des Sachverständigen falsche rechtliche Schlüsse (bezüglich der objektiven Sorgfaltswidrigkeit) gezogen hat, so betrifft die Berufung die rechtliche Beurteilung. A wird daher diesfalls eine Berufung wegen Nichtigkeit gemäß §§ 468 Abs Z 4, 281 Abs 1 Z 9 lit a erheben (seines Erachtens ist nämlich die vom Gericht festgestellte Tat gerichtlich nicht strafbar).

d) Im konkreten Fall betrifft das Vorbringen die Frage der Risikoerhöhung gegenüber rechtmäßigem Alternativverhalten. Wie unter c) ist auch hier danach zu differenzieren, ob A die Mangelhaftigkeit des Gutachtens oder eine auf einem an sich richtigen Gutachten beruhende rechtliche Beurteilung (etwa bezüglich des Beurteilungszeitpunktes) rügen will. Er wird demnach entweder Berufung wegen Schuld oder wegen Nichtigkeit gemäß §§ 468 Abs 1, 281 Abs 1 Z 9 lit a erheben (OLG Linz 22.12.1993, 7 Bs 269/93).

3.5 Unrichtige rechtliche Beurteilung

Mit Nichtigkeit ist ein Urteil ferner belastet, wenn das Erstgericht den festgestellten Sachverhalt rechtlich unrichtig beurteilt hat, weil die jeweilige Tat entweder nicht gerichtlich strafbar oder unter einen anderen Tatbestand zu subsumieren ist oder das Gericht das Vorliegen von Rechtfertigungs-, Entschuldigungs-, Strafausschließungs-, Strafaufhebungsgründen oder Verfolgungshindernissen bzw die Möglichkeit einer diversionellen Erledigung verkannt hat (Z 10a).

Ein Urteil ist dann mit den Nichtigkeitsgründen der Z 9 lit a, 9 lit b oder 10 belastet, wenn die vom Erstgericht getroffene rechtliche Beurteilung nicht mit den entsprechenden Feststellungen übereinstimmen. Erfasst sind daher unter anderem Feststellungsmängel.

Finden sich hingegen im Urteil entsprechende Feststellungen und wurden diese zwar mangelhaft begründet (Begründungsmangel), aber rechtlich richtig beurteilt, so kann dies nicht mit Z 9 lit a, 9 lit b oder 10 geltend gemacht werden. Anfechtungsgegenstand ist in diesen Fällen ausschließlich die Sachverhaltsbeurteilung.

> ***225.*** *Eines Abends begibt sich A mit dem Auto seines Bruders (der ihm die Nutzung ausdrücklich untersagt hat) zum Haus des X, dringt mit einem Dietrich in das Haus ein (Schaden am Schloss: € 200) und erbeutet eine Reihe von Kunstschätzen im Wert von € 350.000.*
>
> *Wegen dieses Vorfalles wird A in der Folge gemäß §§ 127, 128 Abs 2, 129 Abs 1 Z 1 und Abs 2 Z 1 StGB, § 125 StGB und § 136 StGB verurteilt. A möchte gegen das Urteil ein RM ergreifen.*
>
> *Welches wird er wählen und wie wird er es begründen?*

Aufgrund der materiellen Angaben wurde A von einem Schöffengericht verurteilt, sodass ihm die Möglichkeit einer NB und einer Berufung offenstehen (§ 280).

Die Mängel des Urteils liegen in der rechtlichen Beurteilung, sodass eine NB gemäß § 281 Abs 1 Z 9 lit a bzw Z 10 in Betracht kommt.

Zunächst tritt die Sachbeschädigung am Schloss als typische Begleittat des Einbruchsdiebstahls hinter diesen zurück und darf nicht mehr gesondert zugerechnet werden.

Gemäß § 281 Abs 1 Z 10 ist ein Urteil nichtig, wenn die Tat zwar an sich gerichtlich strafbar ist, aber durch unrichtige Gesetzesauslegung unter einen falschen Tatbestand subsumiert wurde; dies gilt – wie im vorliegenden Fall – auch bei falscher

Beurteilung von Scheinkonkurrenzen. Weil das Gericht verkannt hat, dass die Beschädigung des Schlosses nicht gesondert nach § 125 StGB geahndet werden darf, ist das Urteil gemäß § 281 Abs 1 Z 10 nichtig.

Hinsichtlich des Autos bestimmt § 136 Abs 4, dass der Täter unter anderem dann nicht zu bestrafen ist, wenn die Verfügungsberechtigung über das Fahrzeug seinem Bruder zukommt. Anders als im eben dargestellten Fall ist also hier die Tat (Verwenden des KFZ) nicht gerichtlich strafbar, sodass der Nichtigkeitsgrund des § 281 Abs 1 Z 9 lit a zur Anwendung kommt. Das Urteil ist daher auch gemäß § 281 Abs 1 Z 9 lit a nichtig.

226. *E wird strafrechtlich verfolgt, weil sie für X ein Motorrad versteckt habe, von dem sie angenommen habe, dass es gestohlen sei. Tatsächlich hat X dieses Motorrad nur für den Eigentümer in Verwahrung genommen. Das BG verurteilt E deshalb wegen vollendeter Hehlerei.*

a) *Was kann E gegen das Urteil unternehmen? Welche Fristen muss sie beachten?*

b) *E lässt die Rechtsmittelfrist ungenützt verstreichen. Ein Jahr später lernt sie einen Jus-Studenten kennen, der meint, sie sei zu Unrecht verurteilt worden.*

Was kann sie unternehmen?

a) Da es an einer hehlereibegründenden Vortat fehlt, könnte nur versuchte Hehlerei vorliegen (§ 281 Abs 1 Z 10). In diesem Zusammenhang wäre ferner das Tauglichkeitsproblem zu beachten (§ 281 Abs 1 Z 9 lit a).

Das Urteil ist daher wegen falscher Subsumtion nichtig (§§ 468 Abs 1 Z 4, 281 Abs 1 Z 9 lit a oder 10). Die Berufung wegen Nichtigkeit wäre gemäß § 466 Abs 1 binnen **drei Tagen** nach Verkündung **anzumelden** und binnen weiterer **vier Wochen auszuführen** (§ 467 Abs 1).

b) Nach Ablauf dieser Frist kann dieser Beurteilungsmangel nur mehr im Wege einer NBzWdG (§ 23) aufgegriffen werden. E kann die Ergreifung einer NBzWdG bei der GenProk anregen.

227. *A hat den X bei einem Verkehrsunfall fahrlässig am Körper leicht verletzt. Als X in der HV als Zeuge vernommen wird, beginnt A, ihn wüst zu beschimpfen. Nachdem A einer Ausdehnung in der HV nicht zustimmt, wird dem X das Verfolgungsrecht im Urteil vorbehalten. Vier Monate nach der HV stellt X einen Strafantrag, woraufhin A entsprechend verurteilt wird.*

A erhebt gegen das Urteil Berufung. Wie hat das RM-Gericht zu entscheiden?

Gemäß § 263 Abs 4 hat der Ankläger die zur Verfolgung notwendigen Anträge (also den Strafantrag) binnen dreier Monate ab Vorbehalt zu stellen. Diese (Fall-)

Frist tritt zur allgemeinen Notwendigkeit der Antragstellung innerhalb offener Verjährungsfrist hinzu.

Da das Gericht das Vorliegen des Verfolgungshindernisses (Verjährung) verkannt hat, ist das Urteil nichtig (§§ 468 Abs 1 Z 4, 281 Abs 1 Z 9 lit b), sodass das RM-Gericht mit einem Freispruch gemäß § 259 Z 3 vorzugehen hat.

228. *A wird wegen eines Ladendiebstahls (Schaden: € 10 zu einer Geldstrafe von 30 Tagessätzen verurteilt. In einem RM möchte er geltend machen, dass*

a) *die Sache einer diversionellen Erledigung (11. Hauptstück) zugänglich gewesen wäre;*

b) *gemäß § 6 JGG von der Verfolgung abzusehen gewesen wäre.*

Welches RM wird er wählen?

Gegen Urteile des BG steht gemäß § 463 das RM der vollen Berufung offen.

a) Gemäß §§ 468 Abs 1 Z 4, 281 Abs 1 Z 10a ist ein Urteil dann mit Nichtigkeit belastet, wenn nach dem 11. Hauptstück vorzugehen (also die Sache einer diversionellen Erledigung zuzuführen) gewesen wäre. Wurde in der HV ein entsprechender Antrag abgewiesen, so kann dies darüber hinaus nach §§ 468 Abs 1 Z 3, 281 Abs 1 Z 4 geltend gemacht werden.

b) Hat es das Gericht zu Unrecht unterlassen, das Verfahren gemäß § 6 Abs 3 JGG einzustellen, so kann dieser Mangel nicht unter den Nichtigkeitsgrund des § 281 Abs 1 Z 10a subsumiert werden (dieser sanktioniert ausdrücklich nur die Unterlassung eines möglichen Vorgehens nach dem 11. Hauptstück). Herangezogen werden könnten entweder der Nichtigkeitsgrund des § 281 Abs 1 Z 11 1. Fall oder – vergleichbar der bisherigen Rechtslage (vgl § 32 Abs 1 JGG bis zur Strafprozessnovelle 1999) – jener des § 281 Abs 1 Z 9 lit b. Im Hinblick darauf, dass es sich bei der Unterlassung der Berücksichtigung der Einstellungsmöglichkeit nach § 6 Abs 3 JGG in § 281 Abs 1 Z 10a offenbar um ein Redaktionsversehen handelt, könnte aber auch eine analoge Anwendung dieses Nichtigkeitsgrundes erwogen werden.

A wird daher aus den genannten Gründen Berufung wegen Nichtigkeit erheben.

229. *Bei einer routinemäßigen Kontrolle stellt der Lebensmittelinspektor in der Kühltruhe eines Würstelstandes eine Reihe gesundheitsschädlicher Frankfurter sicher und erstattet nach einer entsprechenden Untersuchung Anzeige gemäß § 81 Abs 1 LMSVG. Die StA teilt dem Beschuldigten B mit, bei Zahlung einer Geldleistung von 60 Tagessätzen von der Verfolgung zurückzutreten. B, der sich keiner Schuld bewusst ist, da die Würste ohne weiteres noch essbar gewesen wären, lässt die eingeräumte Zahlungsfrist ungenützt verstreichen. Einige Wochen später erfährt er von einem Kollegen, dass er noch „günstig davongekommen“ wäre, und bringt den Betrag zur Einzahlung. Dennoch wird B in der Folge anklagegemäß verurteilt und wird über ihn eine Geldstrafe von 90 Tagessätzen verhängt.*

B erhebt gegen das Urteil Berufung, da er die „Strafe ohnehin schon bezahlt" hätte und im Übrigen im Urteil keine höhere Strafe verhängt werden dürfte als in der Mitteilung.

Mit Erfolg?

Wird ein Strafverfahren einer diversionellen Erledigung zugeführt, so steht diese Erledigung einer Verurteilung in derselben Sache entgegen (der Verfolgungsverzicht entfaltet Sperrwirkung). Dennoch erlassene Urteile sind gemäß § 281 Abs 1 Z 9 lit b nichtig (Verbrauch des Anklagerechts, entschiedene Sache).

Teilt die StA dem Beschuldigten mit, bei Zahlung einer bestimmten Geldleistung (samt allfälliger Schadensgutmachung) von der Verfolgung zurückzutreten (§ 200), so ruht das Anklagerecht, so lange es dem Beschuldigten möglich ist, sich dem Angebot entsprechend zu verhalten. Die Bindungswirkung erlischt (grds; vgl § 205 Abs 3) ex lege, wenn der Beschuldigte den Geldbetrag nicht vollständig oder nicht rechtzeitig zahlt (§ 205 Abs 2 Z 1). Sie lebt auch nicht wieder auf, wenn der Geldbetrag später entrichtet wird. Im konkreten Fall war die StA daher berechtigt, Anklage zu erheben; der Nichtigkeitsgrund des § 281 Abs 1 Z 9 lit b kann daher nicht mit Erfolg geltend gemacht werden.

B bleibt jedoch die Möglichkeit, die Unterlassung eines Vorgehens nach dem 11. Hauptstück gemäß § 281 Abs 1 Z 10a zu monieren. Diesen Nichtigkeitsgrund hat das RM-Gericht selbst dann aufzugreifen, wenn er vom RM-Werber nicht geltend gemacht wurde (§ 290 Abs 1).

Fraglich ist schließlich, ob das Gericht gegen das **Verbot der reformatio in peius** verstoßen hat (§§ 16, 281 Abs 1 Z 11 1. Fall). Diesem Verbot zufolge darf, sofern ein RM nur zugunsten des Beschuldigten erhoben wurde, keine strengere Strafe verhängt werden, als in der angefochtenen gerichtlichen Entscheidung ausgesprochen wurde. Dieses Verbot **gilt** jedoch im Verhältnis zwischen Mitteilung iSd 11. Hauptstückes und nachfolgendem Urteil **nicht.** Auch insoweit ist der Berufung kein Erfolg beschieden.

3.6 Strafausspruch, Ausspruch über privatrechtliche Ansprüche

Der Ausspruch über Art und Ausmaß der Strafe (oder Maßnahme) kann zum einen durch NB (Berufung wegen Nichtigkeit), zum anderen durch Berufung (Berufung wegen Strafe) angefochten werden. Erstere RM sind zu wählen, wenn das Gericht bei der Zumessung gegen zwingende Regelungen verstößt oder (Ermessens-) Regelungen in unvertretbarer Weise anwendet. Überschreitet das Gericht den gesetzten Ermessensspielraum nicht, erachtet die Partei aber die Sanktion nicht als tat- oder schuldangemessen, bleiben nur letztgenannte RM.

230. *Aufgrund hoher Schulden hat A einen Bankraub begangen, sich aber so ungeschickt angestellt, dass er die Beute bis auf € 10 auf der Flucht verloren hat. Das Gericht verhängt über ihn in Anwendung des § 41 Abs 1 Z 4 StGB eine Freiheitsstrafe von sechs Monaten. Anhaltspunkte für das Vorliegen der Voraussetzungen des § 41 StGB sind dem Akt*

a) *nicht zu entnehmen.*

b) *zu entnehmen.*

Die StA möchte das Urteil wegen der Strafe anfechten. Welches RM wird sie wählen und wie wird sie es begründen?

Anfechtungsgegenstand ist im vorliegenden Fall der Strafausspruch. Hier ist zunächst an den Nichtigkeitsgrund des § 281 Abs 1 Z 11 3. Fall zu denken, wonach ein Urteil dann nichtig ist, wenn das Gericht in unvertretbarer Weise gegen die Bestimmungen über die **Strafzumessung** verstoßen hat. Dieser Nichtigkeitsgrund erfasst nicht nur Fehler in der Festlegung der **Strafhöhe** (§§ 32 ff StGB), sondern auch der **Strafarten** (zB § 37 StGB). Abgesehen davon kann der Ausspruch über die Strafe gemäß § 283 Abs 1 mit **Berufung** angefochten werden. Wurde der Nichtigkeitsgrund der Z 11 geltend gemacht, so ist im Übrigen so vorzugehen, als wenn auch Berufung erhoben worden wäre (§ 290 Abs 1).

a) Da sich im konkreten Fall aus dem Akt keine Anhaltspunkte für die Anwendbarkeit des § 41 StGB ergeben, ist das Urteil gemäß § 281 Abs 1 Z 11 3. Fall nichtig. Eines Rückgriffes auf die Berufung bedarf es daher nicht.

b) Anders als unter a) lassen sich hier erhebliche Bedenken gegen den Strafausspruch nicht erkennen, sodass der Nichtigkeitsgrund nicht erfüllt ist. Der Ausspruch über die Strafe kann daher nur mehr mit Berufung angefochten werden. Hat die StA lediglich NB gemäß § 281 Abs 1 Z 11 erhoben, ist gemäß § 290 Abs 1 so vorzugehen, als wäre auch Berufung erhoben worden.

Die **Zuständigkeit** zur Entscheidung ergibt sich aus §§ 296 Abs 1 und 285i, die je nach Sachverhalt beim OGH oder beim OLG liegt.

231. *A hat dem X € 5.100 gestohlen und wird deshalb verurteilt, wobei das Gericht den hohen Betrag als Erschwerungsgrund ansieht.*

A möchte dagegen eine Berufung erheben. Wie wird er sie begründen?

Gemäß §§ 489 Abs 1, **281 Abs 1 Z 11 2. Fall** sind Urteile eines ER nichtig, wenn er beim Ausspruch über die Strafe für die Strafbemessung maßgebende entscheidende Tatsachen offenbar unrichtig beurteilt hat. Dies ist unter anderem dann der Fall, wenn das Gericht – wie hier – gegen das **Doppelverwertungsverbot** verstößt.

In diesem Sinne ist auch die Heranziehung des die Qualifikation bedingenden gestohlenen Betrages als erschwerend unzulässig und macht das Urteil nichtig.

__232.__ A hat ein Denkmal stark beschädigt und wird in der Folge gemäß §§ 125, 126 Abs 1 Z 3 StGB verurteilt. Gleichzeitig spricht der Richter dem PB Schadenersatz in der Höhe von € 700 zu und verweist ihn hinsichtlich seiner Mehrforderungen von € 700 auf den Zivilrechtsweg.

a) A möchte das Urteil anfechten, weil der zugesprochene Schadenersatz „viel zu hoch" sei. Welches RM wird er wählen?

b) Der PB erhebt ein RM, weil seinem Antrag nicht vollinhaltlich stattgegeben worden ist. Welches RM wird er wählen?

a) Wegen des Ausspruches über **privatrechtliche Ansprüche** kann A gegen das ER-Urteil gemäß §§ 489 Abs 1, 464 Z 3 Berufung erheben.

b) Gegen die (gänzliche) Verweisung auf den Zivilrechtsweg kann der PB gemäß § 366 Abs 3 Berufung erheben. Wird hingegen zwar Schadenersatz, aber nicht in der beantragten Höhe zugesprochen, steht dem Geschädigten im BG- oder ER-Verfahren die Möglichkeit der Berufung nach Maßgabe des § 465 Abs 3 offen.

__233.__ A wird wegen Brandstiftung (§ 169 Abs 1 StGB) verurteilt und den Verletzten Schadenersatz in der Höhe von € 35.000 zugesprochen, obwohl diese Entschädigungen in Höhe von € 50.000 gefordert haben. Die PB möchten aus diesem Grund Berufung erheben.

Mit Erfolg?

Gegen den Ausspruch über die (gänzliche) Verweisung auf den Zivilrechtsweg steht dem PB gemäß §§ 283 Abs 4, 366 Abs 3 das Recht der Berufung zu. Fraglich erscheint, ob die Berufungsmöglichkeit auch bei teilweiser Verweisung besteht; die Rsp verneint dies (RIS-Justiz RS0109956).

3.7 Parteiantrag auf Normenkontrolle

__234.__ A wird ua wegen Suchtgifthandels (§ 28a Abs 1 und 3 SMG) verurteilt; unter einem erklärt das Gericht einen bei ihm sichergestellten Bargeldbetrag von € 2.000 sowie einen (Wertersatz-)Betrag von € 9.440 für verfallen. Begründend führt es aus, dass dem Bruttoprinzip entsprechend allfällige Aufwendungen außer Betracht zu bleiben hatten. Bereits in der HV hatte A verfassungsrechtliche Bedenken gegen § 20 StGB artikuliert: Zum einen verstoße die Norm gegen Art 5 StGG, zum anderen gegen Art 7 B-VG.

a) Welche Möglichkeit stehen im Strafverfahren generell offen, verfassungsrechtliche Bedenken gegen anzuwendende generelle Normen zu relevieren?

b) Wie kann A im konkreten Fall vorgehen?

c) Steht eine solche Möglichkeit auch der StA offen?

d) A erwägt, den Parteiantrag erst anlässlich einer gegen die Berufungsentscheidung des OLG erhobenen Antrags auf Erneuerung des Strafverfahrens (§ 363a) zu stellen. Besteht diese Möglichkeit?

a) Hegt eine Partei des Strafverfahrens verfassungsrechtlichen Bedenken gegen generelle Normen, so steht es ihr zunächst frei, bei Gericht anzuregen, die Bestimmung zum Zweck der Normenprüfung gemäß Art 89 Abs 2 B-VG an den VfGH heranzutragen. Entspricht das Gericht dieser Anregung nicht, kann die Partei

- dies zum einen im Rechtsmittelweg geltend machen (RIS-Justiz RS0127380; der Partei steht insoweit ein subjektives Recht auf Normanfechtung zu [RIS-Justiz RS0129318]) bzw
- seit 1.1.2015 den Weg eines sog **Parteiantrags auf Normenkontrolle** (Art 139 Abs 1 Z 4, 140 Abs 1 Z 1 lit d B-VG) beschreiten. Dieser ermöglicht es einer Person, die als Partei einer von einem ordentlichen Gericht in I. Instanz entschiedenen Rechtssache wegen Anwendung einer verfassungswidrigen generellen Norm in ihren Rechten verletzt zu sein behauptet, aus Anlass eines gegen diese Entscheidung erhobenen Rechtsmittels den VfGH zwecks Normenkontrolle anzurufen.

b) Zumal vorliegend das erstinstanzliche Urteil bereits ergangen ist, wird A zunächst einen solchen Parteienantrag stellen. Er hat dies „aus Anlass“ des Rechtsmittels zu tun, mithin innerhalb der offenen Rechtsmittelfrist frühestens mit Erhebung des Rechtsmittels (VfGH 28.9.2015, G 272/2015), wobei der Antrag unmittelbar beim VfGH einzubringen ist. In weiterer Folge dürfen bis zur Entscheidung des VfGH im Rechtsmittelverfahren nur solche Handlungen vorgenommen bzw Entscheidungen getroffen werden, die durch das Erk des VfGH nicht beeinflusst werden können oder die die Frage nicht abschließend regeln und keinen Aufschub gestatten (relativ aufschiebende Wirkung). Darüber hinaus ist A auch nicht gehindert, die unterlassene Normanfechtung in seiner NB oder Berufung geltend zu machen.

c) Nicht zu den anfechtungsberechtigten Parteien zählen sog Formalparteien, also solche, die keine eigenen subjektiven Rechte wahrnehmen, wie insb die StA. Der Antrag wäre unzulässig.

d) Zumal der Parteiantrag bloß aus Anlass eines gegen eine erstinstanzliche gerichtliche Entscheidung erhobenen Rechtsmittels gestellt werden kann, besteht hier eine solche Möglichkeit nicht. Der Antrag wäre als unzulässig zurückzuweisen (VfGH 2.7.2015, G 203/2015 [Grundrechtsbeschwerde]; 28.9.2015, G 272/2015).

4. Die Entscheidung des RM-Gerichts

4.1 Formalentscheidungen

Wird ein RM erhoben, so ist zunächst dessen Zulässigkeit und Rechtzeitigkeit (in dieser Reihenfolge), dh das Vorliegen der Prozessvoraussetzungen zu prüfen. Liegen diese nicht vor, weil

- es dem RM-Werber an der entsprechenden RM-Legitimation fehlt,
- auf die Erhebung eines RM verzichtet wurde,
- gegen die angefochtene Entscheidung kein oder nur ein anderes als das erhobene RM zur Verfügung steht oder
- das RM verspätet angemeldet oder ausgeführt wurde,

so ist es grds vom angerufenen RM-Gericht (bei NB hingegen vom LG) als unzulässig oder verspätet zurückzuweisen.

Dem RM-Gericht ist es in diesen Fällen grds (vgl aber § 290 Abs 1 hinsichtlich des Aufgreifens materieller Nichtigkeitsgründe) verwehrt, die angefochtene Entscheidung in der Sache einer Prüfung zu unterziehen. Fehler können nur mehr im Wege einer NBzWdG oder einer Wiederaufnahme aufgegriffen werden.

235. *A wird vom BG wegen Betruges zu einer bedingten Freiheitsstrafe von 6 Monaten verurteilt, wobei das Gericht Erschwerungs- und Milderungsgründe falsch beurteilt.*

a) *Nachdem er sich nach Urteilsverkündung Bedenkzeit erbeten hat, meldet er nach Zustellung der Urteilsabschrift (eine Woche nach der HV) Berufung an und führt diese eine weitere Woche später aus.*

b) *A kommt einen Tag danach bei einem Verkehrsunfall ums Leben. Seine Lebensgefährtin, L, meldet zeitgerecht Berufung an und führt diese auch aus.*

c) *A erhebt dagegen rechtzeitig Berufung, woraufhin das RM-Gericht anstelle der bedingten Freiheitsstrafe eine unbedingte Geldstrafe von 360 Tagessätzen verhängt. Dagegen erhebt A „Berufung an den OGH" und bringt diese beim LG ein.*

Wie hat welches Gericht zu entscheiden?

a) Gemäß § 466 Abs 1 ist die Berufung binnen drei Tagen ab Urteilsverkündung anzumelden. Da die Berufung somit verspätet angemeldet wurde, wird sie vom LG gemäß § 470 Z 1 zurückzuweisen sein.

b) Gemäß § 465 Abs 1 kann die Berufung zugunsten des Angeklagten außer von ihm selbst von seinem gesetzlichen Vertreter und von der StA erhoben werden. Da es der L somit an der RM-Legitimation mangelt, wird ihre Berufung vom LG gemäß § 470 Z 1 zurückzuweisen sein. Allerdings bleibt das Urteil ohne Wirkung und erlischt auch eine Verbindlichkeit zur Zahlung der Geldstrafe mit dem **Tod** des Verurteilten ex lege (§ 411).

c) Gemäß §§ 471, 290 Abs 2, 295 Abs 2 darf, sofern Berufung nur zugunsten des Beschuldigten erhoben wurde, keine strengere Strafe verhängt werden, als im Urteil erster Instanz ausgesprochen wurde (**Verbot der reformatio in peius**; § 16). Jedoch darf das LG mit Zustimmung des Beschuldigten anstelle einer bedingten Freiheitsstrafe eine unbedingte Geldstrafe verhängen. Zumal es hier an dieser Zustimmung mangelte, lagen die Voraussetzungen für den gegenständlichen Strafausspruch nicht vor.

Gegen Berufungsentscheidungen des LG ist ein ordentliches RM nicht mehr zulässig (**zweigliedriger Instanzenzug**; § 479). Erhebt der Beschuldigte gegen dieses Urteil dennoch Berufung, so ist diese (wohl vom OGH) als unzulässig zurückzuweisen. A kann jedoch eine NBzWdG anregen.

236. *A wird von einem Schöffengericht verurteilt. Nachdem er sich nach Urteilsverkündung Bedenkzeit erbeten hat, meldet er nach Zustellung der Urteilsabschrift (eine Woche nach der HV)*

a) *Berufung*
b) *NB*
an und führt diese eine weitere Woche später aus.

Wie hat welches Gericht über das RM zu entscheiden? Welches weitere RM steht A gegen die entsprechende Entscheidung zur Verfügung?

Sowohl die NB als auch die Berufung sind **binnen drei Tagen** nach Urteilsverkündung anzumelden (§§ 284 Abs 1, 294 Abs 1). Im konkreten Fall wurden die RM verspätet angemeldet. Auch die Entscheidung, ob ein RM rechtzeitig oder von einer berechtigten Person erhoben wurde, steht grds dem RM-Gericht zu (zB §§ 294 Abs 4, 470 Z 1). Eine Ausnahme besteht bei der NB, über deren Rechtzeitigkeit und Zulässigkeit zunächst das Erstgericht entscheidet (§ 285a). Jedoch steht dem Beschwerdeführer die Möglichkeit offen, im Wege einer Beschwerde eine Entscheidung des OGH herbeizuführen (§ 285b Abs 2).

a) Die Berufung ist vom OLG (also vom RM-Gericht) gemäß § 294 Abs 4 zurückzuweisen. Gegen diese Entscheidung des OLG steht kein ordentliches RM mehr zur Verfügung (zweigliedriger Instanzenzug; § 295 Abs 3).

b) Die NB ist gemäß §§ 285a Z 1, 285b Abs 1 vom Vorsitzenden des Schöffengerichts zurückzuweisen. Gegen diesen Beschluss steht dem Beschwerdeführer gemäß § 285b Abs 2 binnen 14 Tagen die Möglichkeit einer Beschwerde an den OGH zu.

4.2 Materielle Entscheidungen

Liegen die Prozessvoraussetzungen vor, so hat das RM-Gericht in die materielle Prüfung der angefochtenen Entscheidung einzusteigen. Die materielle (meritorische) Entscheidung kann – je nach Mangel der Erstentscheidung bzw nach Kognitionsbefugnis des RM-Gerichts (zweite Tatsacheninstanz) – sowohl

- **reformatorisch** (das RM-Gericht entscheidet in der Sache selbst durch Freispruch oder Verurteilung) als auch
- **kassatorisch** (das RM-Gericht behebt die Erstentscheidung und verweist die Sache zur neuerlichen Entscheidung an das Erstgericht zurück, wobei das Erstgericht an die Rechtsansicht des RM-Gerichts, dh an die tragenden Aufhebungsgründe gebunden ist) sein.

Grds hat das RM-Gericht, sofern das RM nicht aus irgendwelchen Gründen zurückzuweisen ist, in der Sache selbst, also reformatorisch zu entscheiden. Kann der Mangel allerdings vom RM-Gericht nicht saniert werden (was etwa bei Verfahrensfehlern der Fall ist), so hat dieses das angefochtene Urteil aufzuheben und die Sache zur neuerlichen Durchführung einer HV bzw Entscheidung an das Erstgericht (oder ein gleichrangiges Gericht) zurückzuverweisen.

237. Das Erstgericht hat seine Entscheidung vor allem auf die Aussage des Zeugen Z gestützt, obwohl sich aus dem Akt deutliche Anhaltspunkte gegen die Glaubwürdigkeit dieses Zeugen ergeben. Wie hat das RM-Gericht zu entscheiden, wenn das Ersturteil von einem

a) BG
b) Schöffengericht

gefällt wurde?

Der Mangel des Ersturteils liegt in den Tatsachenfeststellungen bzw in der Beweiswürdigung.

a) Gegen derartige Mängel steht im BG-Verfahren die Berufung wegen Schuld gemäß § 464 Z 2 zur Verfügung. Das LG wird nach Durchführung einer neuerlichen Verhandlung, in der (neben der Erhebung allfälliger weiterer Beweise) jedenfalls der Zeuge Z neuerlich zu vernehmen sein wird (§ 473 Abs 2), in der Sache selbst zu entscheiden haben (§ 474; zweite Tatsacheninstanz im BG-Verfahren – **reformatorische Entscheidung**).

b) Gegen derartige Mängel steht im Schöffenverfahren die NB gemäß § 281 Abs 1 Z 5a zur Verfügung. Erachtet der OGH diesen Nichtigkeitsgrund für gegeben, so kann er entweder

- auf entsprechenden Antrag der GenProk oder des Berichters (§ 285c Abs 1) in nichtöffentlicher Beratung der NB Folge geben und die Angelegenheit zur neuerlichen Entscheidung an das Erstgericht zurückverweisen, wenn sich zeigt, dass eine neuerliche HV nicht zu vermeiden ist oder

- der NB nach öffentlicher Verhandlung (§ 286) Folge geben und die Angelegenheit zur neuerlichen HV und Entscheidung an das Erstgericht oder ein anderes gleichrangiges Gericht zurückverweisen (§ 288 Abs 2 Z 1).

Da im Kollegialverfahren keine zweite Tatsacheninstanz vorgesehen ist, kommt eine reformatorische Entscheidung (allenfalls nach ergänzenden Erhebungen durch den OGH) nicht in Betracht (**kassatorische Entscheidung**).

238. *Das Ersturteil ist nichtig, weil der Sachverhalt unter einen falschen Tatbestand subsumiert (§ 281 Abs 1 Z 10) bzw ein Verfolgungshindernis übersehen (§ 281 Abs 1 Z 9 lit b) wurde.*
Wie hat das RM-Gericht zu entscheiden, wenn das angefochtene Urteil

a) *vom ER*
b) *vom Geschworenengericht*

gefällt wurde?

a) Über die Berufung wegen Nichtigkeit wegen unrichtiger rechtlicher Beurteilung (§ 281 Abs 1 Z 9 lit b, Z 10) hat das OLG gemäß §§ 489 Abs 1, 474 reformatorisch zu entscheiden.

b) Über die NB hat der OGH – ausgehend von den Tatsachenfeststellungen des Erstgerichts – gemäß § 288 Abs 2 Z 3 in der Sache selbst, also reformatorisch zu entscheiden.

239. *A will das Ersturteil*

a) *eines BG*
b) *eines Schöffengerichts*

wegen des Ausspruches über die Strafe bekämpfen, wobei er geltend machen will, dass das Erstgericht gegen das Doppelverwertungsverbot verstoßen habe (§ 281 Abs 1 Z 11). Wie wird das RM-Gericht entscheiden, wenn zwar nicht gegen das Doppelverwertungsverbot verstoßen wurde, es aber gegen die Strafzumessung Bedenken hegt?

a) Über die Berufung wegen Nichtigkeit (§§ 468 Abs 1 Z 4, 281 Abs 1 Z 11 2. Fall) hat gemäß § 474 das LG in der Sache selbst, also reformatorisch zu entscheiden. Wenngleich der genannte Nichtigkeitsgrund nicht vorliegt, hat das RM-Gericht durch eine Neufestsetzung der Strafe zu entscheiden, zumal gemäß § 467 Abs 3 zugunsten des Beschuldigten erhobene Berufungen wegen Nichtigkeit auch als solche wegen Schuld und Strafe zu betrachten sind. Dabei hat das Gericht auf das Verbot der reformatio in peius zu achten (§§ 471, 290 Abs 2, 295 Abs 2).

b) Der OGH kann die NB zunächst in nichtöffentlicher Sitzung gemäß § 285d Abs 1 Z 2 verwerfen; allerdings ist gemäß § 290 Abs 1 aE im Falle einer NB wegen § 281 Abs 1 Z 11 2. Fall so vorzugehen, als wäre gleichzeitig Berufung erhoben worden. Über diese hat im konkreten Fall gemäß §§ 296 Abs 1, 285i das OLG zu entscheiden.

Verwirft der OGH die NB hingegen erst in öffentlicher Verhandlung (§ 288 Abs 1), so hat er unter einem über die Berufung (reformatorisch) zu entscheiden (§ 296).

240. *A hat den X bei einem Verkehrsunfall schwer verletzt, wobei er unter Alkoholeinfluss (0,6 ‰) stand und er im Berauschungszeitpunkt wusste, dass er mit dem Auto nach Hause fahren musste. Obwohl sich im Verfahren herausstellt, dass A an einer Alkoholintoleranz leidet und infolgedessen fahruntauglich war, wird er vom BG gemäß § 88 Abs 1 und 4 1. Fall verurteilt. Der Ankläger erhebt dagegen Berufung.*

Wie hat das RM-Gericht zu entscheiden?

Im konkreten Fall hat A den Tatbestand des § 88 Abs 3 und 4 2. Fall StGB verwirklicht, sodass das BG aufgrund der Strafdrohung (Obergrenze 2 Jahre) sachlich unzuständig (§ 30 Abs 1) und das Urteil gemäß § 468 Abs 1 Z 2 mit Nichtigkeit bedroht wäre.

In den Fällen **sachlicher Unzuständigkeit** hat das LG das angefochtene Urteil zu beheben. Die Sache ist jedoch nicht an das zuständige Gericht zu verweisen. (§ 475 Abs 2). Vielmehr liegt es nach § 263 Abs 4 am Ankläger, binnen dreier Monate bei sonstigem Verlust des Verfolgungsrechts von der Verfolgung zurücktreten (§ 209 Abs 1), die Anklage einbringen oder das Ermittlungsverfahren fortführen.

241. *A hat den X bei einem Verkehrsunfall schwer verletzt, wobei der BA bereits zu Beginn der HV rügt, dass der Unfallort im benachbarten BG-Sprengel liegt. Gegen das freisprechende Urteil erhebt er wegen der örtlichen Unzuständigkeit Berufung.*

Wie hat das RM-Gericht zu entscheiden?

Da der Unfall- und damit der Tatort (§ 36 Abs 3) im benachbarten Gerichtssprengel lag, war das BG örtlich unzuständig. Das LG hat daher gemäß § 475 Abs 1 das angefochtene Urteil zu beheben und die Sache zur HV und Entscheidung an das örtlich zuständige BG zu verweisen.

242. *A versetzt dem X im Zuge eines Streites einen leichten Stoß. Dieser kommt so unglücklich zu Sturz, dass er sich einen Schädelbruch zuzieht und eine Woche später seinen Verletzungen erliegt. In der Folge wird A anklagegemäß nach § 86*

Abs 1 StGB verurteilt. In seiner NB macht er geltend, dass ihm der Tod des X objektiv nicht zuzurechnen wäre.

Wie hat der OGH zu entscheiden, wenn er sich der Ansicht des A anschließt?

Kann der Tod des X dem A objektiv tatsächlich nicht zugerechnet werden, so ist das Urteil gemäß § 281 Abs 1 Z 10 mit Nichtigkeit belastet. Der OGH hätte gemäß § 288 Abs 2 Z 3 in der Sache selbst (reformatorisch) zu entscheiden.

Ergibt sich aufgrund der geänderten rechtlichen Beurteilung die Möglichkeit einer diversionellen Erledigung der Sache, so ist darüber hinaus der – amtswegig wahrzunehmende (§ 290 Abs 1) – Nichtigkeitsgrund des § 281 Abs 1 Z 10a erfüllt. Diesfalls hat der OGH die Sache gemäß § 288 Abs 2 Z 2a an dasselbe oder an ein anderes LG, erforderlichenfalls auch an das zuständige BG, mit dem Auftrag, nach den Bestimmungen des 11. Hauptstückes vorzugehen, zu verweisen. Im konkreten Fall ist die Sache – angesichts des Strafrahmens des § 83 Abs 2 StGB – an das zuständige BG zu verweisen.

4.3 Umfang der RM-Entscheidung

Grds ist das RM-Gericht bei seiner Überprüfung an die geltend gemachten RM-Gründe gebunden; lediglich in Ausnahmefällen fingiert das Gesetz das Vorliegen eines entsprechenden Antrages.

243. *A und B haben in das Haus des X eingebrochen und bereits Münzen im Wert von € 6.000 in ihren Hosentaschen verstaut (und damit Alleingewahrsam an den Münzen erlangt), als sich ihnen X in den Weg stellt. Um sich die Beute zu erhalten, stoßen sie X zur Seite und flüchten. X wird dadurch leicht verletzt (§ 131 StGB). A und B werden wegen dieses Vorfalls gemäß § 142 Abs 1 StGB anklagegemäß verurteilt. A erhebt gegen das Urteil NB, weil die Aussage des Zeugen Z in der HV entgegen § 252 verlesen worden wäre. Tatsächlich wurde nicht gegen § 252 verstoßen.*

a) *Wie hat der OGH zu entscheiden, wenn sich darüber hinaus herausstellt, dass die Ehegattin des A nicht ausdrücklich auf ihr Aussagebefreiungsrecht verzichtet hat?*

b) *Was würde sich ändern, wenn A nur Berufung erhebt?*

c) *Was würde sich ändern, wenn A und B durch die offene Terrassentüre ins Haus gelangt sind, X den A und B nur noch vom Tatort weglaufen gesehen hat, sie aber trotzdem anklagegemäß wegen Einbruchsdiebstahls verurteilt werden und A gegen das Urteil eine Berufung wegen Strafe erhebt?*

a) Gemäß § 290 Abs 1 hat sich der OGH **grds** auf die **geltend gemachten Nichtigkeitsgründe** zu **beschränken**. Gelangt der OGH allerdings in einem Verfahren zur Überzeugung, dass das Urteil zum Nachteil des Angeklagten mit **materiellen Nichtigkeitsgründen** (§ 281 Abs 1 Z 9 bis 11) belastet ist, so hat er diese **von Amts wegen** aufzugreifen.

Im konkreten Fall wurde die Tat fälschlich unter § 142 Abs 1 StGB statt §§ 127, 128 Abs 1 Z 5, 131 StGB subsumiert (§ 281 Abs 1 Z 10). Wenngleich die NB gemäß § 281 Abs 1 Z 3 nicht erfolgreich sein wird, wird der OGH die unrichtige Subsumtion aufzugreifen und in der Sache reformatorisch zu entscheiden haben (§ 288 Abs 2 Z 3). Den Verstoß gegen §§ 157, 159 kann der OGH hingegen nicht von Amts wegen aufgreifen.

Kommt der OGH im Zuge einer Prüfung ferner zur Ansicht, dass **dieselben Gründe**, auf denen seine Verfügung zugunsten des Angeklagten beruht, auch hinsichtlich eines **Mitangeklagten** zutreffen, der selbst keine NB erhoben hat, so hat er von Amts wegen so vorzugehen, als hätte auch der Mitangeklagte diesen Nichtigkeitsgrund geltend gemacht (§ 290 Abs 1; **beneficium cohaesionis**). Allenfalls erforderliche Antrags- oder Rügeobliegenheiten muss derjenige jedoch erfüllt haben (OGH 19.8.2010, 13 Os 154/09k).

Im konkreten Fall wird der OGH auch das Urteil gegen B dahingehend abzuändern haben, dass B statt nach § 142 StGB nach §§ 127, 128 Abs 1 Z 5, 131 StGB verurteilt wird.

b) Erhebt A nur Berufung (§ 283), erwächst der Schuldspruch in (Teil-) Rechtskraft. Seine Mängel können nur noch im Rahmen einer NBzWdG aufgegriffen werden.

c) Aufgrund des Strafrahmens liegt ein Urteil des ER vor (§ 31 Abs 4 Z 1). Gegen das Urteil steht die Möglichkeit der vollen Berufung offen (§ 489 Abs 1), wobei für das Verfahren insbesondere § 471 und damit wiederum sinngemäß § 290 Abs 1 gilt. Demnach hat das OLG zum einen aus Anlass der Berufung des A zu seinen Gunsten auch nicht geltend gemachte materielle Nichtigkeitsgründe aufzugreifen. Zum anderen hat es so zu tun, als ob auch ein Mitangeklagter (B) das RM erhoben hätte.

Das OLG hat daher die Urteile gegen A und B so zu ändern, dass sie wegen §§ 127, 128 Abs 1 Z 5 verurteilt werden.

244. *A, B und C sollen in Salzburg eine kriminelle Vereinigung iSd § 278 StGB gegründet bzw sich daran als Mitglieder beteiligt haben, indem sie näher bezeichnete Straftaten nach §§ 146 ff StGB begangen hätten. Während A gegen das entsprechende (alle drei Angeklagte betreffende) Urteil eine auf § 281 Abs 1 Z 5 gestützte NB erhebt (zumal es hinsichtlich des ihn betreffenden Schuldspruchs an jeglicher Begründung fehle), erheben B und C hiegegen bloß Berufung.*

Wie hat der OGH vorzugehen, wenn er der NB des A Berechtigung zuerkennt?

Ist ein Urteil mit einer Nichtigkeit nach § 281 Abs 1 Z 5 belastet, so ordnet der OGH eine neue HV an und verweist die Sache entweder an dasselbe oder an ein anderes LG (§ 288 Abs 1 Z 1).

Im konkreten Fall wenden sich B und C (mit ihrer Berufung) lediglich gegen den Straf- und nicht auch gegen den Schuldausspruch, sodass letzterer grds in (Teil-) Rechtskraft erwachsen würde. Im Hinblick darauf, dass infolge Stattgebung der NB des A jedoch der verbleibende Zusammenschluss von bloß zwei Personen nicht mehr den objektiven Tatbestand des § 278 Abs 1 StGB erfüllt, hat der OGH gemäß § 289 auch den entsprechenden Schuldausspruch bezüglich B und C aufzuheben und die Sache zur neuerlichen Entscheidung an das LG zurück zu verweisen (OGH 17.2.2011, 11 Os 154/10x).

245. *A wird wegen § 81 Abs 2 StGB und § 125 StGB verurteilt. Das Gutachten über die Alkoholisierung des A wurde in der HV nicht verlesen. A erhebt aus diesem Grund Berufung.*

Wie hat das RM-Gericht zu entscheiden?

Da es für die Feststellung der Alkoholisierung an einem im Urteil verwertbaren Beweis fehlt (§ 258 Abs 1), ist das Urteil mit Nichtigkeit gemäß §§ 489 Abs 1, 281 Abs 1 Z 5 belastet. Das OLG wird das angefochtene Urteil hinsichtlich der fahrlässigen Tötung daher aufzuheben und die Sache insofern an den ER zurückzuverweisen haben (§§ 489 Abs 1, 475 Abs 1). Hinsichtlich der Sachbeschädigung tritt hingegen Teilrechtskraft ein.

5. RM gegen rechtskräftige Entscheidungen

5.1 Unrichtige rechtliche Beurteilung

Wurde durch ein Urteil, einen Beschluss oder einen Vorgang eines Strafgerichts das Gesetz verletzt oder unrichtig angewendet, so kann die GenProk entweder amtswegig oder im Auftrag des BMJ eine NBzWdG an den OGH erheben (§ 23). Die Erhebung einer NBzWdG ist an keine bestimmten Fristen gebunden und kommt auch bei formell rechtskräftigen Entscheidungen in Betracht.

Gelangt man daher im Zuge einer Prüfung zum Ergebnis, dass eine gerichtliche Entscheidung mit Rechtswidrigkeit behaftet ist, so ist – vor allem, wenn die Entscheidung bereits rechtskräftig ist – auf die Möglichkeit einer NBzWdG hinzuweisen. Zu beachten ist dabei, dass der einzelne die Erhebung einer NBzWdG nur anregen kann und ihm diesbezüglich kein Rechtsanspruch zukommt.

246. *A hat gegen ein BG-Urteil, mit dem über ihn eine bedingte Freiheitsstrafe von drei Monaten verhängt wurde, Berufung erhoben, über die das RM-Gericht zu As Überraschung dahingehend entscheidet, dass es anstelle der bedingten Freiheits- eine unbedingte Geldstrafe von 180 Tagessätzen verhängt.*

A möchte sich mit dieser Entscheidung nicht zufriedengeben. Was kann er unternehmen?

Wurde die Berufung nur zugunsten des Beschuldigten erhoben, darf das RM-Gericht keine strengere Strafe verhängen, als im Urteil erster Instanz ausgesprochen (Verbot der reformatio in peius). Jedoch darf es mit Zustimmung des Beschuldigten anstelle einer bedingten Freiheitsstrafe eine unbedingte Geldstrafe verhängen (§§ 471, 295 Abs 2). Gegen die RM-Entscheidung steht nach § 479 kein ordentliches RM zur Verfügung **(zweigliedriger Instanzenzug).** A bleibt nur mehr die Möglichkeit, bei der GenProk die Erhebung einer NBzWdG anzuregen (§ 23).

247. *In einem Ehrenbeleidigungsprozess stützt das Gericht seine Entscheidung vor allem auf einen vom Verletzten heimlich in der Wohnung des Beschuldigten, B, hergestellten Tonbandmitschnitt eines Gesprächs zwischen dem Beschuldigten und dessen Gattin. Eine aus diesem Grund erhobene Berufung wird vom RM-Gericht abgewiesen.*

Welche Möglichkeiten stehen B zur Verfügung, dieses Urteil zu bekämpfen?

Da das Urteil des RM-Gerichts rechtskräftig ist, steht dem B nur mehr die Möglichkeit offen, eine NBzWdG (§ 23) anzuregen, wobei er insb die Unverwertbarkeit der Tonbandaufnahme geltend machen könnte (diese bzw die Vorführung in der HV steht mit dem Grundrecht des Art 8 Abs 1 EMRK auf Wahrung der Privat- bzw Intimsphäre in einem Spannungsverhältnis).

Darüber hinaus steht dem B – vor allem, wenn die GenProk seiner Anregung nicht folgt oder der OGH die NBzWdG verwirft – die Möglichkeit offen, beim OGH einen Antrag auf Erneuerung des Strafverfahrens (§ 363a) zustellen. Nach Erschöpfung des innerstaatlichen Instanzenzuges steht ihm die Möglichkeit einer Beschwerde an den EGMR wegen Verletzung des Art 8 Abs 1 EMRK offen (vgl Art 46 Abs 1 EKMR).

5.2 Die Wiederaufnahme

Das Rechtsinstitut der Wiederaufnahme ermöglicht die neuerliche strafrechtliche Prüfung einer an sich abgeschlossenen Sache aufgrund neuer Tatsachen und Beweismittel. Zu beachten sind hier vor allem die unterschiedlichen Voraussetzungen für die Bewilligung einer Wiederaufnahme zum Vor- bzw Nachteil des Beschuldigten, sodass es hier vor allem gilt, die jeweils „richtigen“ Bestimmungen anzuwenden. Zu unterscheiden ist die Wiederaufnahme eines Verfahrens, das durch

- Einstellung vor der HV oder nach dem 11. Hauptstück (§ 352),
- Freispruch (§ 355),
- Verurteilung (§§ 353, 356)

beendet wurde, jeweils zum Nachteil des Beschuldigten, sowie

- eines Verfahrens, das durch Verurteilung oder nach dem 11. Hauptstück beendet wurde zum Vorteil des Verurteilten (§ 353).

248. *A wird aus Mangel an Beweisen freigesprochen, wobei die StA bereits nach Urteilsverkündung RM anmeldet. Eine Woche darauf meldet sich bei der StA ein Zeuge mit einem Videoband, das A bei der entsprechenden Straftat zeigt. Das Urteil wurde von einem*

a) *BG*

b) *Schöffengericht*

erlassen. Wie hat die StA vorzugehen, wenn sie eine Verfolgung des A wegen dieser Sache beabsichtigt?

a) Gegen das Urteil eines BG können die Parteien unter anderem Berufung wegen Schuld erheben, wobei sie berechtigt sind, im RM auch „neue Tatsachen oder Beweismittel … anzuzeigen“ **(zweite Tatsacheninstanz;** § 467 Abs 1). Das nunmehr zur Verfügung stehende Videoband kann daher im Wege einer Berufung wegen Schuld bei der Urteilsfindung (durch das RM-Gericht) Berücksichtigung finden.

b) Anders als bei BG oder ER besteht im RM-Verfahren gegen Urteile von Kollegialgerichten **Neuerungsverbot** (keine zweite Tatsacheninstanz) bzw kommt eine Bekämpfung der Tatsachenfeststellungen nur in sehr eingeschränktem Rahmen (§ 281 Abs 1 Z 5, 5a) in Betracht.

Soll der neue Beweis dennoch im gerichtlichen Strafverfahren Berücksichtigung finden, muss auf die Wiederaufnahme zurückgegriffen werden. Möglich ist eine Wiederaufnahme zum Nachteil des Beschuldigten, wenn

- das Verfahren durch **rechtskräftiges Urteil** abgeschlossen ist,
- die Tat noch nicht verjährt ist und
- ein **Wiederaufnahmegrund** vorliegt (§ 352).

Wurde der Beschuldigte rechtskräftig verurteilt und soll durch die Wiederaufnahme die Bestrafung nach einem strengeren Strafgesetz bezweckt werden, so ist darüber hinaus ein **deutliches Gefälle** zwischen dem angewendeten und dem anzuwendenden Strafgesetz erforderlich (§ 356).

Für den konkreten Fall ergibt sich daraus, dass die StA zunächst die Rechtskraft des Urteils abzuwarten hat. Beachtlich erscheint, dass dem rechtskräftigen Urteil insoweit eine geringere Bestandskraft zukommt als dem nicht rechtskräftigen.

Danach kommt der Wiederaufnahmegrund des § 352 Abs 1 Z 2 in Betracht, da im Nachhinein ein neues Beweismittel bekannt wird, das allein oder in Verbindung mit den früher erhobenen Beweisen geeignet erscheint, eine Bestrafung des A zu begründen.

249. *A wird wegen Beleidigung des X verurteilt, eine Berufung wird abgewiesen. Eine von ihm geheim angefertigte Tonbandaufnahme, die A entlasten würde, legt er aus Angst vor einer Bestrafung nach § 120 StGB im Strafverfahren nicht vor. Ein Jahr danach möchte er unter Vorlage des Tonbandes die Wiederaufnahme beantragen.*

Mit Erfolg?

Gemäß § 353 Z 2 kann der rechtskräftig Verurteilte die Wiederaufnahme beantragen, wenn er neue Tatsachen oder Beweismittel beibringt, die allein oder im Zusammenhang mit früher erhobenen Beweisen einen Freispruch begründen.

Der Angeklagte darf solche Beweismittel auch dann beibringen, wenn sie ihm im Strafverfahren bekannt waren oder er sie sogar absichtlich verschwiegen hat oder sie erst nachträglich entstanden sind **(nova producta).**

Der Wiederaufnahmeantrag wird daher erfolgreich sein.

250. *A wird wegen Beleidigung des X freigesprochen, eine Berufung wird abgewiesen. Eine von X geheim angefertigte Tonbandaufnahme, die die Beleidigung beweisen würde, legt X aus Angst vor einer Bestrafung nach § 120 StGB im Strafverfahren nicht vor. Ein Jahr danach möchte er unter Vorlage des Tonbandes die Wiederaufnahme beantragen.*

Mit Erfolg?

Zum Nachteil des Angeklagten kann ein rechtskräftig abgeschlossenes Strafverfahren gemäß §§ 352 Abs 1 Z 2, 355 dann wiederaufgenommen werden, wenn sich neue Tatsachen oder Beweismittel ergeben, die allein oder im Zusammenhang mit früher erhobenen Beweisen geeignet erscheinen, eine Verurteilung zu begründen. Anders als zugunsten des Angeklagten gemäß § 353 Z 2 dürfen diese Tatsachen dem Ankläger im früheren Verfahren nicht bekannt gewesen sein (lediglich **nova reperta** begründen somit den Wiederaufnahmegrund).

Der Wiederaufnahmegrund liegt daher nicht vor, sodass der Antrag abzuweisen sein wird.

251. *A wird von einem Geschworenengericht wegen fünffachen Prostituiertenmordes aufgrund von Indizien zu lebenslanger Freiheitsstrafe verurteilt. Diverse kleinere Delikte, unter anderem eine Urkundenfälschung, konnten ihm hingegen nicht nachgewiesen werden.*
Vier Jahre danach wird der StA ein Schreiben zugespielt, das A auch der Urkundenfälschung überführen würde.

Nachdem A in seiner Zelle Selbstmord begangen hat, verhaftet die Polizei einen Mann, der die genannten Morde gesteht. Der

a) StA
b) damalige Verteidiger des A
c) Vater des A

möchte die Wiederaufnahme des Verfahrens beantragen. Mit Erfolg?

Im konkreten Fall kommt jeweils der Wiederaufnahmegrund des Hervorkommens neuer Beweismittel (§§ 353 Z 2, 352 Abs 1 Z 2) in Betracht.

a) Zum Nachteil des Angeklagten darf die Wiederaufnahme allerdings nur bewilligt werden, wenn die Strafbarkeit der Tat noch nicht durch Verjährung erloschen ist. Da die Urkundenfälschung jedenfalls verjährt ist (§ 57 Abs 3 StGB), kommt eine Wiederaufnahme bereits aus diesem Grund nicht mehr in Betracht.

Hinsichtlich der Verurteilung wegen der Morde hat die StA, wenn ihr Umstände bekannt werden, die eine Wiederaufnahme zugunsten des Angeklagten begründen können, den Angeklagten oder eine antragsberechtigte Person davon zu verständigen oder selbst den Antrag auf Wiederaufnahme zu stellen (hier freilich ebenfalls ohne zeitliche Beschränkung; § 57 Abs 1 StGB).

b) Zugunsten des Verurteilten kann die Wiederaufnahme unbefristet und selbst noch nach dessen Tod von jenen Personen ergriffen werden, die auch NB oder Berufung zugunsten des Angeklagten erheben können (§ 354).

Da das Mandat des Verteidigers jedenfalls mit dem Tod des Verurteilten endet (§ 1022 ABGB, vgl dagegen § 35 Abs 2 ZPO), kommt ein Antrag auf Wiederaufnahme namens des verstorbenen Verurteilten durch dessen ehemaligen Verteidiger nicht in Betracht.

c) Da Angehörigen, soweit sie nicht gesetzliche Vertreter sind, keine Legitimation zur Erhebung einer NB mehr zukommt (§ 282 Abs 1), kommt eine auf Antrag des Vaters des Verurteilten beruhende Wiederaufnahme nicht in Betracht. Der Vater könnte ausschließlich bei der StA die Stellung eines entsprechenden Antrags anregen.

252. *A wird wegen schweren Betruges verurteilt. Nach Rechtskraft legt A dem Gericht Unterlagen vor, aus denen sich ergibt, dass der Schaden weniger als € 5.000 betragen hat.*

a) Wie ist zu entscheiden?
b) Was kann A gegen eine abschlägige Entscheidung unternehmen?
c) Nach Wiederaufnahme des Verfahrens verhängt das Gericht – aufgrund mittlerweile bekannt gewordener Erschwerungsgründe – eine höhere Strafe als im ursprünglichen Urteil.

Was kann A gegen das Urteil unternahmen?

In Betracht kommt eine Wiederaufnahme gemäß § 353 Z 2. Über den Antrag auf Wiederaufnahme entscheidet im LG-Verfahren das LG (im Geschworenen- und Schöffenverfahren als 3-Richter-Senat, im ER-Verfahren der ER; §§ 31 Abs 5 Z 2, 490), im BG-Verfahren das BG (§ 480).

a) Das Wiederaufnahmeverfahren gliedert sich in zwei Abschnitte, nämlich das Aufhebungsverfahren und das Verfahren nach der Aufhebung.

Erklärt das Gericht die Wiederaufnahme zugunsten des Angeklagten für zulässig, so kann es sogleich ein Urteil fällen, mit dem dieser freigesprochen oder seinem Antrag entsprechend milder bestraft wird (§ 360 Abs 1). Andernfalls hätte es der Wiederaufnahme Folge zu geben und das Urteil (allenfalls teilweise) aufzuheben, wodurch das Verfahren ins Stadium des Ermittlungsverfahrens treten würde (§ 358 Abs 1 und 2).

b) Gegen den Beschluss über den Wiederaufnahmeantrag steht gemäß § 87 die Möglichkeit einer Beschwerde offen.

c) Wurde eine Wiederaufnahme zugunsten des Beschuldigten bewilligt, so darf das neue Urteil keine strengere Strafe verhängen als das ursprüngliche (§§ 16, 358 Abs 5; **Verbot der reformatio in peius).** Zumal gegen das neue Urteil dieselben RM zur Verfügung stehen wie gegen das ursprüngliche (§ 358 Abs 6), kann A Berufung wegen Nichtigkeit gemäß §§ 468 Abs 1 Z 4, 281 Abs 1 Z 11 1. Fall erheben.

253. *A wird wegen Diebstahls von € 700 angeklagt, den er unter den Voraussetzungen des § 313 StGB begangen haben soll. Auf die Vernehmung des Opfers, das nicht zur HV erscheint, wird wegen der Einfachheit des Falles verzichtet und A zu zwei Monaten unbedingter Freiheitsstrafe rechtskräftig verurteilt. Zwei Monate danach meldet sich der Bestohlene, der irrtümlich nicht zur HV geladen wurde, und erklärt glaubhaft, dass € 5.100 gestohlen wurden. Die StA bedauert, nicht auf eine höhere Strafe gedrängt zu haben.*

Kann sie jetzt noch etwas unternehmen?

Da das Urteil bereits rechtskräftig ist und nachträglich ein neues Beweismittel hervorkommt, könnte die Möglichkeit einer Wiederaufnahme zum Nachteil des Angeklagten nach Schuldspruch gemäß §§ 352 Abs 1 Z 2, 355, 356 Z 3 erwogen werden.

Das Verfahren könnte demnach wiederaufgenommen werden, wenn der Angeklagte wegen eines mit nicht mehr als einjähriger Freiheitsstrafe bedrohten Vergehens verurteilt wurde, wohingegen sich die tatsächlich begangene Tat als Verbrechen (§ 17 StGB) darstellt.

Nach hM handelt es sich bei der Bestimmung des § 313 StGB nur um eine fakultativ anzuwendende Strafzumessungsvorschrift (anders etwa §§ 39 und 278c StGB), sodass sich der Strafrahmen nicht ändert und auch ein Vergehen nicht zum Verbrechen machen kann. Auch beim schweren Diebstahl gemäß §§ 128 Abs 1 Z 5 iVm 313 StGB handelt es sich demnach um ein Vergehen, sodass eine Wiederaufnahme nicht in Betracht kommt.

Sieht man hingegen die Bestimmung des § 313 StGB als strafsatzändernd an, so könnte das Verfahren gemäß § 356 Z 3 wiederaufgenommen werden.

254. *Der arbeitslose B möchte zur Finanzierung seines Hauses einen Kredit aufnehmen. Da er dafür unter anderem ein (das Arbeitslosengeld übersteigendes) regelmäßiges Einkommen nachweisen muss, wendet er sich mit der Bitte an seinen Freund A, dieser möge ihm eine entsprechende Gehaltsbestätigung zur Vorlage bei der Bank ausstellen. Dabei teilt er A mit, dass er, B, zwar aus seiner „Pfuschertätigkeit" ausreichend Einkünfte hätte, diese aber gegenüber der Bank nicht angeben könne. Tatsächlich glaubt B nicht, den Kredit jemals zurückzahlen zu können. Als er mit einigen Raten im Rückstand ist, erstattet die Bank Strafanzeige.*

In der Folge wird gegen A unter anderem wegen des geschilderten Sachverhaltes gemäß §§ 12 3. Fall, 146, 147 Abs 3 StGB verurteilt, hinsichtlich einiger anderer Urteilsfakten hingegen freigesprochen. In der Urteilsbegründung führt das Gericht aus, dass der Schädigungsvorsatz des A – trotz dessen gegenteiligen Ausführungen – deshalb anzunehmen wäre, weil er den B schon lange gekannt und daher gewusst habe, dass B arbeitslos sei.

Nachdem die StA gegen die Freisprüche NB erhebt, gelangt der OGH bei Durchsicht des Aktes zur Ansicht, dass gegen die Richtigkeit der Annahme des Schädigungsvorsatzes bezüglich des Betruges im Ersturteil erhebliche Bedenken bestehen.

Kann er diesen Mangel des Ersturteils aufgreifen?

Im konkreten Fall ist das Urteil hinsichtlich des Schädigungsvorsatzes des A mit einem Begründungsmangel behaftet und wäre daher an den Nichtigkeitsgrund des § 281 Abs 1 Z 5 bzw Z 5a (insoweit geht aus dem Sachverhalt zu wenig hervor) zu denken.

Allerdings haben weder A noch die StA eine entsprechende NB erhoben und hat der OGH im Falle einer NB seine Prüfung auf die geltend gemachten Nichtigkeitsgründe zu beschränken (§ 290 Abs 1). Auch kommt eine amtswegige Prüfung nicht in Betracht, weil es sich um keinen materiellen Nichtigkeitsgrund handelt.

Ergeben sich allerdings bei den vorläufigen Beratungen über eine NB erhebliche Bedenken gegen die Richtigkeit der dem Urteil zugrundeliegenden Tatsachen, die auch nicht durch einzelne vom OGH angeordneten Erhebungen beseitigt werden können, so kann der OGH nach Anhörung der GenProk im außerordentlichen Wege und ohne an die Voraussetzungen des § 353 gebunden zu sein, die Wiederaufnahme des Strafverfahrens verfügen (§ 362; RZ 1984/63 zur Rechtslage vor dem StRÄG 1987).

Die Bedeutung der außerordentlichen Wiederaufnahme ist vor allem seit der Einfügung der Nichtigkeitsgründe des § 281 Abs 1 Z 5a sowie des § 345 Abs 1 Z 10a gering.

Im Übrigen könnte dieser Mangel auf Antrag der GenProk im Wege einer NBzWdG (§§ 23, 281 Abs 1 Z 5 bzw 5a) aufgegriffen werden.

5.3 Der Widerruf der bedingten Strafnachsicht

255. *A wurde wegen schweren Diebstahls zu einer bedingten Freiheitsstrafe von*

a) *12 Monaten*
b) *15 Monaten*

verurteilt. Innerhalb der Probezeit begeht er neuerlich einen Diebstahl. Wie hat das BG bezüglich der bedingt nachgesehenen Strafe vorzugehen?

Gemäß § 494a Abs 1 hat das erkennende Gericht anlässlich einer neuen Verurteilung auch über den Widerruf der bedingten Strafnachsicht zu entscheiden. Soll die bedingte Strafnachsicht widerrufen werden, so dürfen Strafen oder Strafreste von

- höchstens einem Jahr vom BG,
- höchstens fünf Jahren vom ER

widerrufen werden (§ 494a Abs 2). Ist das erkennende Gericht nicht berechtigt, den Widerruf auszusprechen, so hat es im Urteil auszusprechen, dass die Entscheidung darüber dem Gericht vorbehalten bleibt, dem sonst die Entscheidung zukäme. Gemäß § 495 Abs 1 entscheidet in diesen Fällen das Gericht, das in erster Instanz erkannt hat.

Aus dem Gesagten ergibt sich, dass das BG zum Widerruf der bedingten Freiheitsstrafe

a) berechtigt ist;
b) nicht berechtigt ist, sondern den Widerruf dem zuständigen Gericht vorbehalten müsste.

256. *Wie 255.b)*
Das BG vergisst, dem zuständigen Gericht den Widerruf der bedingten Strafnachsicht vorzubehalten.

a) *Was kann der BA unternehmen?*
b) *Das Urteil wird rechtskräftig. Anlässlich einer weiteren Verurteilung wegen eines Diebstahls spricht das Gericht aus, dass der Widerruf der bedingten Strafnachsicht vorbehalten werde. A erhebt gegen das Urteil Berufung.*

Mit Erfolg?

a) Beschlüsse über den Widerruf der bedingten Strafnachsicht und sein Unterbleiben können mit **Beschwerde** an das übergeordnete Gericht (hier: LG) bekämpft werden (§§ 87, 494a Abs 4).

b) Hat das erkennende Gericht bei der Urteilsfällung einen Ausspruch gemäß § 494a Abs 1 Z 4 unterlassen und hat der Ankläger die Entscheidung nicht aus diesem Grund angefochten, so darf ein Widerruf aus Anlass einer neuerlichen Verurteilung nicht mehr erfolgen, sofern die frühere Verurteilung aktenkundig war (was idR aufgrund des Strafregisterauszuges der Fall sein wird).

Der Ausspruch des Widerrufs der bedingten Strafnachsicht erfolgt mit Beschluss und ist mit Beschwerde zu bekämpfen. Soweit nur ein Vergreifen im Ausdruck vorliegt, wird der Beschwerde Erfolg beschieden sein.

5.4 Änderung der für die Straffestsetzung relevanten Umstände

257. A wurde von einem Schöffengericht zu einer Geldstrafe von 360 Tagessätzen à € 10 verurteilt und das Urteil vom OLG als Berufungsgericht bestätigt.

a) Infolge dieser Verurteilung wird er fristlos entlassen und bezieht nur mehr ein Einkommen unterhalb des Existenzminimums.
b) In der Folge werden gewichtige Milderungsgründe bekannt.
c) In der Folge werden gewichtige Erschwerungsgründe bekannt.

Welche Möglichkeit der Abänderung des Urteiles bestehen und welches Gericht hat darüber zu entscheiden?

d) Welche Möglichkeit der Geltendmachung hat A, wenn das Urteil noch nicht rechtskräftig ist?

Für die Höhe der Geldstrafe sind zwei Komponenten maßgeblich: die Anzahl und die Höhe der Tagessätze, wobei sich die dafür maßgeblichen Kriterien nach Rechtskraft der gerichtlichen Entscheidung ändern können.

a) Ändern sich nach Rechtskraft des Urteiles die für die Festsetzung des Tagessatzes maßgeblichen Umstände nicht bloß unerheblich, so hat das Gericht den Tagessatz des noch aushaftenden Geldbetrages innerhalb der Grenzen des § 19 Abs 2 StGB neu zu bemessen, es sei denn, der Beschuldigte hat diese Verschlechterung vorsätzlich herbeigeführt (§ 31a Abs 2 StGB).

b) Treten nach Rechtskraft des Urteils Umstände ein oder werden solche bekannt, die zu einer milderen Bemessung der Strafe geführt hätten, so hat das Gericht die Strafe neu zu bemessen (§ 31a Abs 1 StGB).

c) Das nachträgliche Bekanntwerden von Erschwerungsgründen kann nach Rechtskraft des Urteiles nicht mehr aufgegriffen werden.

a) bis c) Über die Neubemessung des Tagessatzes, die nachträgliche Strafmilderung sowie im Übrigen auch über nachträgliche Änderungen bezüglich des Verfalls und des erweiterten Verfalls oder eines Tätigkeitsverbots entscheidet auf Antrag (des Verurteilten oder des Anklägers) das Gericht, das in erster Instanz entschieden hat, hier also das Schöffengericht, mit Beschluss (§ 410 Abs 1).

d) Ändern sich die für die Höhe des Tagessatzes bzw die Strafzumessung relevanten Umstände vor Rechtskraft des Urteils, so kann dies mit Berufung gemäß § 283 bekämpft werden.

258. *Wie 257.b)*

Nachdem das Erstgericht dem Antrag des A auf Strafmilderung keine Folge gibt und dieser resigniert, möchte dessen Ehegattin B ein RM ergreifen.

Wie hätte das RM-Gericht zu entscheiden?

Gegen Beschlüsse gemäß § 410 Abs 1 steht der StA und dem Angeklagten die Möglichkeit einer Beschwerde an das übergeordnete Gericht, hier an das OLG, zu (§ 87).

Dieses wird die Beschwerde der B mangels RM-Legitimation zurückzuweisen haben (§ 89 Abs 2).

259. *Nach Rechtskraft eines Urteils gegen A stellt sich heraus, dass der Schaden, der im Urteil festgestellt wurde, längst vom Vater des A zur Gänze gutgemacht worden ist.*

Kann A diesen Umstand noch irgendwie zu seinen Gunsten geltend machen?

Die vollständige Schadensgutmachung stellt – sofern sie nicht bereits tätige Reue darstellt – einen besonderen Milderungsgrund (§ 34 Abs 1 Z 14 StGB) dar. Soll dieser Milderungsgrund nach Rechtskraft des Urteils geltend gemacht werden, so kann dies im Wege der nachträglichen Strafmilderung gemäß § 410 Abs 1 erfolgen.

A hat die Möglichkeit, einen entsprechenden Antrag bei dem Gericht zu stellen, das in erster Instanz entschieden hat. Das Gericht hat darüber mit Beschluss zu entscheiden, gegen den dem A gemäß § 87 die Möglichkeit der Beschwerde an das übergeordnete Gericht zusteht.

260. *A wird vom ER zu einer Freiheitsstrafe von sechs Monaten verurteilt, wobei das Gericht die verbüßte zweimonatige U-Haft gemäß § 38 StGB nicht anrechnet. Eine Berufung des A wird verworfen, wobei A bis zur Fällung des RM-Urteils weitere 4 Wochen in Haft verbringt.*

Wie kann A die Berücksichtigung der Vorhaft geltend machen?

Da das Gericht den Ausspruch über die Anrechnung der Vorhaft gemäß § 38 StGB zu Unrecht unterlassen hat, kann A das Urteil mit Berufung wegen Nichtigkeit gemäß §§ 489, 281 Abs 1 Z 11 1.Fall bekämpfen.

Abgesehen davon hat der Vorsitzende des Gerichts, das in erster Instanz entschieden hat, auf Antrag oder von Amts wegen jederzeit ein Urteil zu berichtigen, in dem die Anrechnung der Vorhaft fehlerhaft erfolgte (§ 270).

A kann den Mangel daher einerseits mit Berufung wegen Nichtigkeit und andererseits mit Antrag gemäß § 400 Abs 2 geltend machen.

Verbüßt der Verurteilte nach Fällung des Urteiles erster Instanz eine weitere Freiheitsstrafe, so kann der Vorsitzende des Gerichts, das in erster Instanz entschieden hat (hier: der ER), gemäß § 400 Abs 1 über die Anrechnung mit Beschluss entscheiden.

261. *Der Notstandshilfeempfänger A wird vom ER zu einer Geldstrafe von 180 Tagessätzen verurteilt. Nach Zustellung der Zahlungsaufforderung (§ 409 Abs 1) stellt A den Antrag, „die Strafe zu stunden", da ihm die sofortige Zahlung der gesamten Strafe nicht möglich wäre.*

a) *Welche Möglichkeiten könnte A mit „Stundung" ansprechen?*

b) *Dem Antrag wird dergestalt Folge gegeben, dass A jeden Monat 30 Tagessätze zahlen soll. A sieht sich auch dazu außerstande, da er höchstens 10 Tagessätze pro Monat zahlen könne. Er möchte daher gegen den Beschluss ein RM ergreifen.*

Welches wird er wählen und wie wird das RM-Gericht zu entscheiden haben?

a) Würde die unverzügliche Zahlung einer Geldstrafe den Verurteilten unbillig hart treffen, hat der Vorsitzende auf Antrag durch Beschluss einen angemessenen Aufschub zu gewähren (§ 409a Abs 1). Der Aufschub kann den gesamten Strafbetrag betreffen oder aber in der Bewilligung einer Teilzahlung (Ratenzahlung) bestehen.

Im konkreten Fall darf sowohl der Aufschub der gesamten Strafe als auch die Gewährung von Teilzahlungen ein Jahr nicht übersteigen (§ 409a Abs 2 Z 1). Der Beschluss des ER (dem auch die Aufgaben des Vorsitzenden zukommen) ist daher diesbezüglich rechtmäßig.

b) Gegen den Beschluss des ER steht dem Verurteilten die Möglichkeit der Beschwerde an das OLG (§ 87) offen, das diese abzuweisen haben wird.

5.5 Erneuerung des Strafverfahrens

262. *A und dessen Ehegattin B sind des schweren Betruges (§§ 146, 147 Abs 3 StGB) an X angeklagt, wobei die StA ihre Anklage vor allem auf eine von X vorgelegte Tonbandaufnahme eines heimlich in der Wohnung der Beschuldigten auf-*

genommenen Gespräches zwischen diesen stützt. A und B werden in der Folge, gestützt auf diese Tonbandaufnahme, anklagegemäß verurteilt. Einer NB, mit der sie die Unzulässigkeit der Verwertung des Tonbandes geltend machen, wird keine Folge gegeben, da „die Verwertung heimlicher Tonbandaufnahmen nicht ausdrücklich mit Nichtigkeit bedroht" ist (JBl 1994, 188).

Der von B inzwischen geschiedene A wendet sich in der Folge an den EGMR, wobei dieser der Beschwerde wegen Verletzung des Art 8 Abs 1 EMRK Berechtigung zuerkennt.

a) *Welche Folgen hat dieses Urteil des EGMR auf das Strafurteil gegen A und B?*

b) *Im erneuerten Verfahren kann aufgrund von X vorgelegter Unterlagen auch ohne Rückgriff auf die Tonbandaufnahme festgestellt werden, dass A und B den X tatsächlich um einen weit höheren als den ursprünglich angenommenen Betrag betrogen haben, weshalb das Gericht eine höhere Strafe als im ursprünglichen Verfahren verhängt. A und B möchten gegen das Urteil ein RM ergreifen. Welches werden sie wählen und wie werden sie es begründen?*

c) *Wie b) Im erneuerten Verfahren wird über A und B anstelle der ursprünglich ausgesprochenen bedingten Freiheitsstrafe eine unbedingte Geldstrafe verhängt.*

d) *Wie a) Was ändert sich, wenn die Verurteilung nach § 146 StGB erfolgte und A sich gegen das Berufungsurteil des LG an den EGMR wendet?*

Gemäß Art 46 Abs 1 EMRK sind die Mitgliedsstaaten verpflichtet, „das endgültige Urteil des Gerichtshofs (EGMR) zu befolgen". Allerdings entfalten **Urteile des EGMR innerstaatlich keine unmittelbare Wirkung** (etwa dergestalt, dass die angefochtene Entscheidung außer Kraft tritt), sondern normiert Art 46 Abs 1 EMRK ausschließlich eine völkerrechtliche Verpflichtung. Die Art der Umsetzung im konkreten Fall bleibt dem Staat überlassen.

Früher haben diverse Fälle gezeigt, dass mit dem vorhandenen Instrumentarium nicht alle Urteile des EGMR innerstaatlich umgesetzt werden konnten (etwa war eine NBzWdG nicht möglich, wenn der OGH in letzter Instanz entschieden hat). Diese unbefriedigende Situation wurde mit dem im Zuge des StRÄG 1996 eingeführten Rechtsinstitut der „Erneuerung des Strafverfahrens" einer Lösung zugeführt.

Wird durch den EGMR eine Konventionsverletzung durch eine strafgerichtliche Entscheidung festgestellt, so ist das Verfahren insoweit zu erneuern, als nicht auszuschließen ist, dass die Verletzung einen für den hievon Betroffenen nachteiligen Einfluss auf den Inhalt dieser strafgerichtlichen Entscheidung haben konnte (§ 363a Abs 1; vgl OGH 11.11.1997, 11 Os 117/97). Mit diesem Rechtsinstitut können sogar mangelhafte Ermessensentscheidungen aufgegriffen werden.

Über den entweder von der GenProk, von einem Betroffenen oder einem Berechtigten gemäß § 282 Abs 1 – unbefristet – beim OGH einbringbaren Antrag auf Erneuerung des Verfahrens entscheidet der OGH grds nach öffentlicher Verhandlung (§§ 363a Abs 2; 363c Abs 1). Steht hingegen bereits vor der öffentlichen Verhandlung fest, dass das Verfahren zu erneuern ist, so kann der OGH in nichtöffentlicher Beratung

- dem Antrag stattgeben,
- die strafgerichtliche Entscheidung aufheben und
- die Sache erforderlichenfalls an das LG oder das OLG zur neuerlichen Entscheidung zurückverweisen.

Eine Zurückverweisung an das LG erscheint immer nur dann notwendig, wenn der Mangel durch das RM-Gericht nicht behoben werden bzw das RM-Gericht seinerseits nur kassatorisch entscheiden könnte (etwa bei Beweiswürdigungs- und Tatsachenfragen im kollegialgerichtlichen Verfahren).

Im konkreten Fall wird der OGH, da das Urteil hauptsächlich auf das unverwertbare Beweismittel gestützt wurde und es daher richtigerweise gemäß § 281 Abs 1 Z 5 mit Nichtigkeit bedroht ist, in einem ersten Schritt dem Antrag stattzugeben haben. Da die letzte innerstaatliche Entscheidung vom OGH (§ 280) selbst stammte, wird er in einem weiteren Schritt sein eigenes Urteil aufzuheben und zu prüfen haben, ob er den Mangel selbst sanieren und eine (neue) reformatorische Entscheidung fällen kann. Da im konkreten Fall keine Ergänzung des Ermittlungsverfahrens vor dem OGH, sondern nur eine kassatorische Entscheidung in Betracht käme (§ 288 Abs 2 Z 1), hat er die Sache sogleich im Erneuerungsverfahren an das LG zurückzuverweisen.

Wie A ist auch B von der Konventionsverletzung betroffen, sodass sich die Frage stellt, ob auch das gegen sie geführte Verfahren erneuert werden kann bzw zu erneuern ist. Dazu ist zunächst festzustellen, dass es keine ausdrückliche Normierung eines **beneficium cohaesionis** gibt.

Zumal der Antrag auf Erneuerung des Strafverfahrens aber einerseits unbefristet möglich ist und andererseits von der GenProk im Interesse des Betroffenen auch dann (von Amts wegen) zu stellen ist, wenn dieser – zB mangels Kenntnis des EGMR-Urteils – untätig bleibt, kann auch das Verfahren gegen B erneuert werden (hiebei sind die Verfahren des A und des B in analoger Anwendung des § 37 gemeinsam zu führen; OGH 18.3.1998, 13 Os 24/98). Von der Normierung des beneficium cohaesionis konnte daher bei der Erneuerung des Strafverfahrens abgesehen werden.

b) Gemäß § 363b Abs 3 letzter Satz darf im erneuerten Verfahren keine strengere Strafe verhängt werden, als das frühere Urteil ausgesprochen hat **(Verbot der reformatio in peius).** A und B können das Urteil daher mit NB (§ 281 Abs 1 Z 11 1. Fall) erfolgreich anfechten.

c) Wie unter b) stellt sich auch hier die Frage, ob das Gericht gegen das Verbot der reformatio in peius verstoßen hat. Anders als bei den übrigen dieses Verbot regelnden Bestimmungen (zB § 295 Abs 2) ist der gegenständliche Fall hier nicht ausdrücklich geregelt.

Aufgrund der übrigen ausdrücklichen Regelungen, die eine solche Umwandlung nur mit ausdrücklicher Zustimmung des Beschuldigten zulassen (also offenbar von einer möglichen Verschlechterung für den Beschuldigten ausgehen), wird eine solche Umwandlung im konkreten Fall unzulässig sein, sodass das Urteil – ebenfalls gestützt auf den Nichtigkeitsgrund des § 281 Abs 1 Z 11 1.Fall – angefochten werden kann.

Im Übrigen könnte (losgelöst vom vorliegenden Fall) überlegt werden, ob hier von einer durch Analogie zu schließenden planwidrigen Lücke (von einem Versehen des Gesetzgebers) ausgegangen werden kann. Ist der Beschuldigte jedoch mit der Umwandlung nicht einverstanden, stehen ihm mit Erfolg jedenfalls RM zur Verfügung.

d) Da hier aufgrund der materiellen Angaben in I. Instanz das BG und in II. Instanz das LG entschieden hat, wäre dem A neben der Möglichkeit der Anregung einer NBzWdG bei behaupteter Konventionswidrigkeit des Berufungsurteils die Möglichkeit eines Antrags auf Erneuerung des Strafverfahrens an den OGH offen gestanden (vgl zu diesem durch die Rsp kreierten Rechtsbehelf Fall 263). Dieser hätte – wäre er der Ansicht des A gefolgt – das Berufungsurteil des LG zu beheben und die Sache zu neuerlichen Entscheidung an das LG zurückzuverweisen gehabt. Eine Zurückverweisung an das BG wäre deshalb nicht notwendig gewesen, weil das LG im BG-Verfahren eine zweite Tatsacheninstanz darstellt und selbst ein ergänzendes Ermittlungsverfahren durchführen kann. Zumal A dies unterlassen und damit den innerstaatlichen Instanzenzug nicht ausgeschöpft hat, wird die Beschwerde mangels Erfüllung der Prozessvoraussetzungen nicht zugelassen werden (EGMR 6.10.2015, 58842/98 [ATV Privatfernseh-GmbH/Österreich]).

263. *1989 wurde G nach § 209 StGB (Gleichgeschlechtliche Unzucht; als verfassungswidrig aufgehoben mit Fristsetzung 28.2.2003 mit Erkenntnis des VfGH VfSlg 16.565/2002) verurteilt. Gestützt auf eine Reihe von Urteilen des EGMR, mit welchen dieser in der Verurteilung nach § 209 StGB eine Verletzung des Art 14 iVm Art 8 EMRK erkannte, beantragt G gemäß § 363a, die Erneuerung des Strafverfahrens anzuordnen.*

Wie ist über diesen Antrag zu entscheiden?

Dem Konzept der §§ 363a ff entsprechend, erfassen diese Fälle, in denen der EGMR in der Sache selbst (also im Anlassverfahren) eine Verletzung der EMRK feststellt (zB OGH 11.11.1997, 11 Os 117/97; 19.2.2003, 13 Os 3/03). In nunmehr stRsp (beginnend mit OGH 1.8.2007, 13 Os 135/06m) dehnt der OGH den Anwendungsbereich jedoch – unter Annahme einer sich in den §§ 363a ff wiederfindenden planwidrigen Lücke – erheblich aus. So genügt es – der Rsp zufolge – auch, dass der OGH selbst eine Verletzung der EMRK festgestellt hat. Für die Zulässigkeitskriterien des Rechtsbehelfs, mit dem eine solche Feststellung und in weiterer Folge eine Erneuerung des Strafverfahrens bewirkt werden kann, verweist der OGH insb auf Art 34 und Art 35 EMRK. IdS ist eine Erneuerung des Strafverfahrens als **subsidiärer**

Rechtsbehelf der Rsp (zB OGH 23.10.2007, 11 Os 132/06f; 5.6.2008 15 Os 22/08m; 13.12.2010, 11 Os 119/10z) zufolge dann möglich, wenn

- dem Antragsteller die Stellung eines **Opfers iSd Art 34 Abs 1 EMRK** zukommt; dies ist der Fall, wenn er von der strittigen Handlung oder Unterlassung (hier vom Urteil) unmittelbar betroffen ist (zB EGMR ÖJZ 1995, 675 [*Prager* und *Oberschlick*]);
- ein allfälliger eingeräumter **Instanzenzug ausgeschöpft** ist (Art 35 Abs 1 EMRK);
- der OGH in der Sache nicht schon selbst (etwa in einer NB) entschieden hat (Art 35 Abs 2 lit b EMKR);
- der Antrag binnen **sechs Monaten** ab Erlassung der verfahrensabschließenden Entscheidung gestellt wird (Art 35 Abs 1 EMRK);
- keine andere Möglichkeit besteht, das jeweilige Recht iSd Art 13 EMRK wirksam durchzusetzen.

Angesichts dessen, dass diese Frist unzweifelhaft überschritten wurde, wird der Antrag zurückzuweisen sein.

264. *Wie 262 d) Was würde sich ändern, wenn A einen an den OGH gerichteten Erneuerungsantrag auf einen behaupteten Verstoß des Berufungsurteils gegen*

a) *Art 83 Abs 2 B-VG*

b) *Art 50 GRC*

stützt?

Liegt einem Erneuerungsantrag kein Urteil des EGMR zugrunde, so hat dieser ua eine Bezugnahme zu einem durch die EMRK oder eines ihrer Zusatzprotokolle geschützten Recht zu enthalten (Art 34 Satz 1 EMRK). Im vorliegenden Fall stützt A den Antrag jedoch zum einen auf einen Verstoß gegen verfassungs-, zum anderen gegen unionsrechtliche Regelungen. Zumal § 363a ausschließlich nur auf Verletzungen des Konventionsrechts abstellt, kommen dem OGH auch im erweiterten Anwendungsbereich dieser Bestimmung keine Prüfungsbefugnisse zu. Der Antrag erweist sich daher als unzulässig und ist zurückzuweisen (OGH 30.11.2018, 13 Os 49/16d [verst Senat]; eine unionsrechtsbedingte Notwendigkeit einer Erweiterung des Anwendungsbereichs des § 363a verneinend EuGH 24.10.2018, C-234/17).

Anlagen

Organisation der Gerichte sowie der Anklagebehörden und Instanzenzug

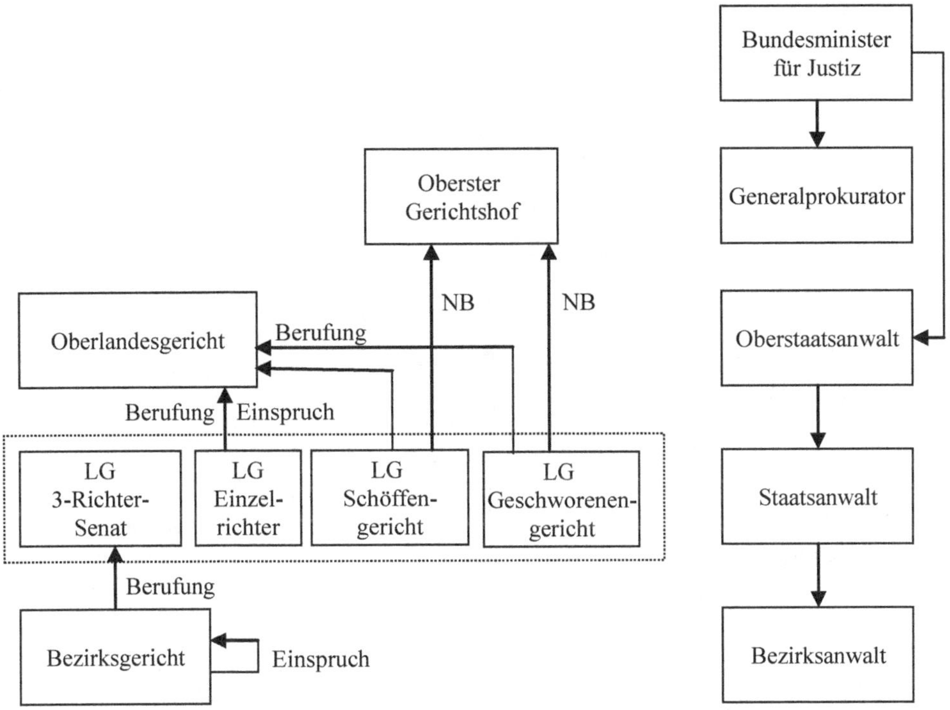

Lösungsschema: Wahl des Rechtsmittels

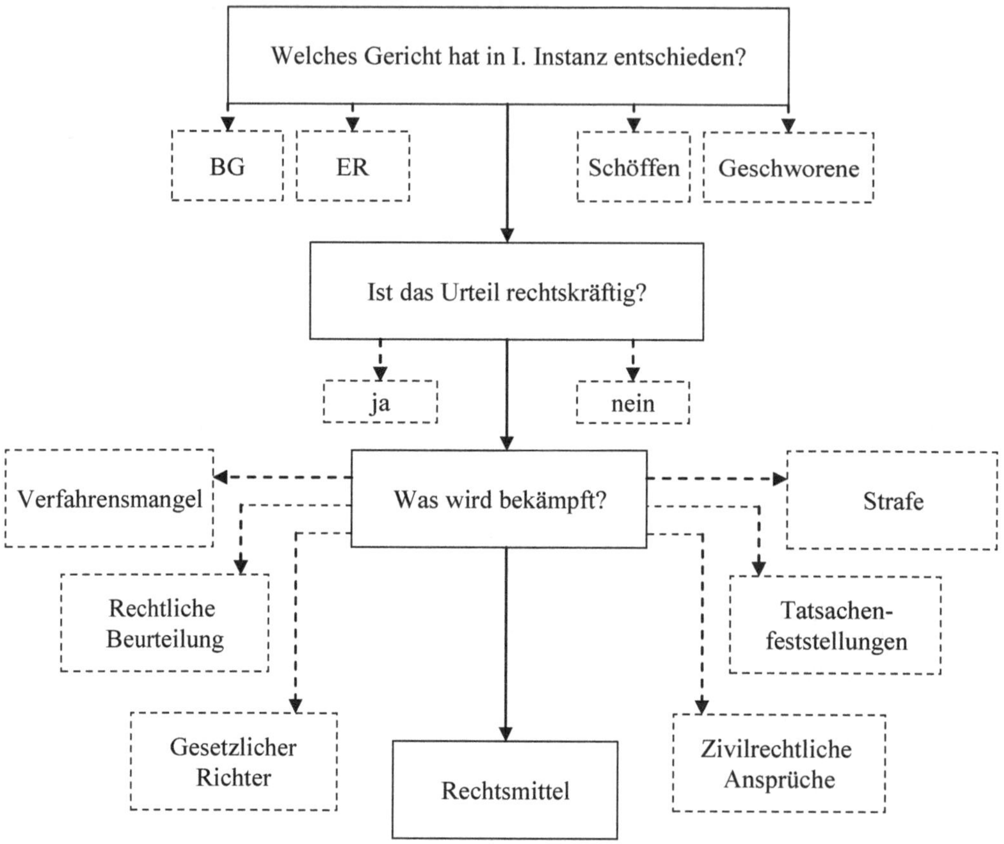

Lösungsschema: Prüfung und Entscheidung durch das Rechtsmittelgericht

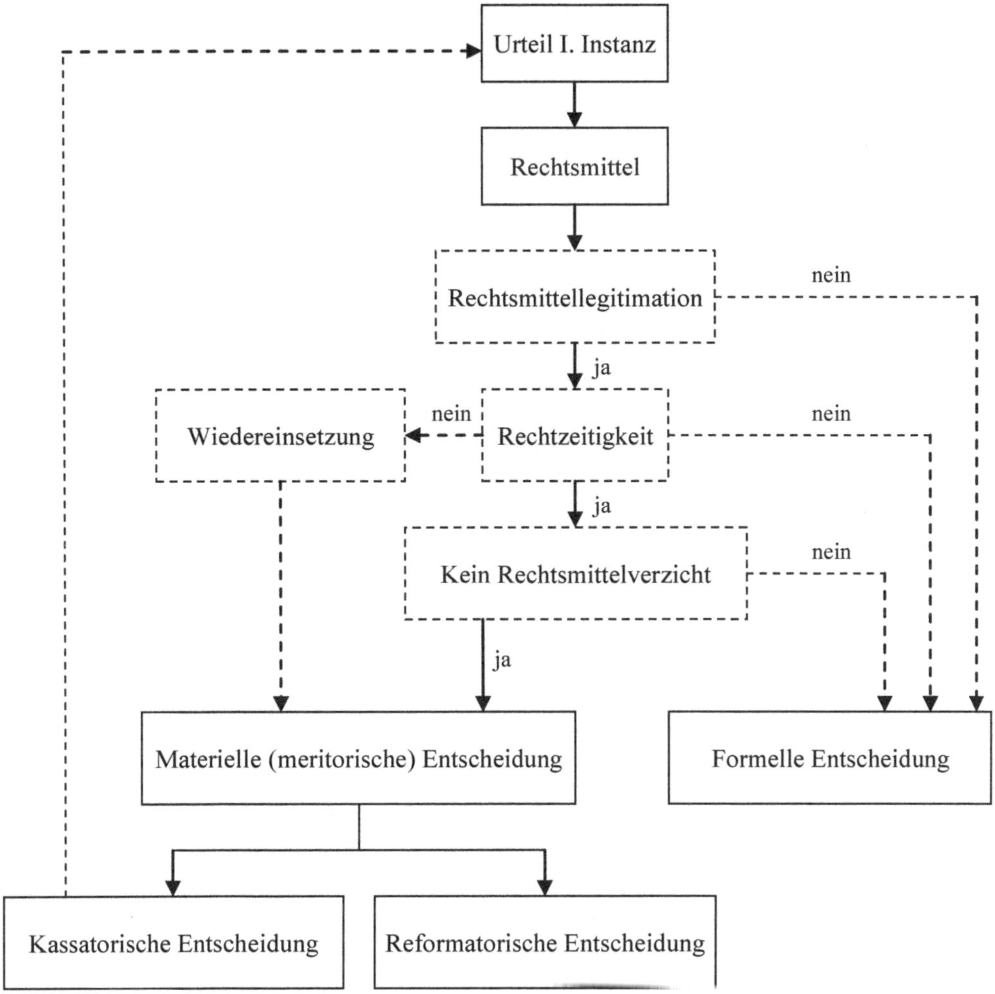

Stichwortverzeichnis